アジア太平洋経済圏史

1500-2000

川勝平太●編
kawakatsu heita

島田竜登
高橋　周
金子晋右
辻智佐子
久米高史
四方田雅史
中村宗悦
宮田敏之
松島泰勝
武藤秀太郎
三田剛史
本野英一
ボアチ・ウリケル
清水　元
鈴木健夫

藤原書店

アジア太平洋経済圏史 1500-2000

目次

アジア太平洋経済圏史

1500-2000

凡例

一　引用者による補足は〔　〕で示した。
一　強調は傍点で示した。
一　引用文中の省略は「……」で示した。

序　海洋アジアのなかの日本

川勝平太

一　地球地域学《グローカロジー》の提唱

二一世紀初頭の日本は、アメリカに次ぐ世界第二のＧＤＰ（国内総生産）をもつ経済大国として、グローバル・エコノミーの重要な一角をしめている。戦後日本の対外関係はグローバルに広がった。冷戦時代には自由主義圏と全方位の関係をもち、冷戦後は北朝鮮を除く万国との関係を深めた。日本のみならず、どの国も相互依存を深め、グローバル化の波に例外なく洗われる一方、それに対抗するかのように、世界経済に影響を与える拠点がアメリカ・ヨーロッパ・日本に三極化する様相を示している。アメリカは北米自由貿易協定（ＮＡＦＴＡ）を推進し、ヨーロッパは欧州連合（ＥＵ）を結成し新通貨ユーロを発行して統合化の実を上げている。

日本にはＮＡＦＴＡやＥＵのような意図的な地域圏形成の動きはない。しかし、だれの目にも明らかなのは、日本がアジア新興経済群（NIES）に追いあげられ、アジアNIESが東南アジア諸国連合（ASEAN）に追いかけられ、そしてそれらのアジア諸国をすさまじい勢いで中国が猛追するという、いわゆる「雁行形態」といわれる経済発展の連鎖である。東北アジア・東南アジア地域の相互依存関係が一段と深まり、まとまりのある経済圏がたくまずして出現している。さしあたって、それを「東北アジア・東南アジア経済圏」とよんでおこう。

「東北アジア・東南アジア経済圏」は、アメリカとヨーロッパのブロック化に促されて出現したかに見える。現実には互いに因となり果となっているところにグローバル化すなわち地球スケールでの相互依存関係の深まりがある。そ の一方で、逆にアメリカとヨーロッパにブロック化を促す一因になっているようにも見える。NAFTAやEUが規模を大きくすることによって経済効率を上げるいわゆる「規模の経済」のメリットを追求していることは明らかである。「規模の経済」で厳しい競争に対処するというのが欧米の姿勢であり、その背景にあるのはこれまでのような一国経済では対処できないという共通の危機感である。危機感は守勢である。一方、「東北アジア・東南アジア経済圏」の諸国・諸地域は、高度成長期の日本がそうであったように、各国・各地域が輸出主導型の経済政策をとり、激しい輸出攻勢をかけてきた。NAFTAやEUの形成の一因は「東北アジア・東南アジア経済圏」からのダイナミックな攻勢への対抗措置とみることはあながち誤りではあるまい。「東北アジア・東南アジア経済圏」の元気のよさは「新しいアジアのドラマ」「アジア・ルネサンス」「リオリエント」「アジア・ダイナミズム」「エイジアン・パワー」「ASEANパワー」などのタイトルをもつ書物が多数市場に出回っていることからもうかがえよう。

NAFTAやEUのような意図的経済圏、あるいは「東北アジア・東南アジア経済圏」のようなたくまずして出現してきた経済圏は、国家単位を超える地域経済圏である。それは「国民経済」を単位とする時代が一段落し、「地域経済」の時代になったということであろう。グローバリズムの波の中でリージョナリズムの動きがあり、世界経済を牽引する基礎単位として「地域」が出現している。地域化とグローバル化とが同時進行している。それゆえ両者を併せてとらえる視角をもつことがもとめられる。

ここで「地域」という用語について一言しておきたい。英語では region、area、locality、district、zone など、広さや脈絡にあわせてさまざまな名称がある。日本語でも「地方」「地区」「区域」「圏」など類似語はあるが、ここでは「地域研究」「地域学」として頻繁に使われる学術的動向に照らして「地域」という語を用いる。これまでの歴史学には「地方史」という分野があった。これは国内の特定地域の歴史研究であり、地方史家には地球を視野に入れるという構えはほとんどない。むしろ国家や世界といった大きなことを論じるのを拒否し、地方に心身ともに密着することが地方史家の美学でさえあった。しかし、今日の地域研究、地域学において「地域」といわれる場合、それが広大な空間をさしていようが狭小な空間をさしていようが、地域史家・地域研究者は地球を視野に入れているという違いがある。ほんの一例であるが、先駆的なものとして『講座東南アジア学』全一〇巻（弘文堂、一九九〇〜九二年）があり、一九九三年〜九六年の文部省重点領域研究「総合的地域研究の手法確立——世界と地域の共存のパラダイムを求めて」がその方向を決定づけ（研究成果の一部は京都大学学術出版会から地域研究叢書として刊行されている）、国立民族学博物館の地域研究企画交流センターの機関誌『地域研究論集』（平凡社）の扱っているテーマを参照すれば、そのことは分かる。

「地域」という言葉は、EU、NAFTA、「東北アジア・東南アジア経済圏」のように国を超える空間から、向こう三軒両隣のような狭小な空間までもふくむ。しかし「隣近所の地域住民が地球環境に配慮してゴミ問題に取り組む」といったように狭小でも地球的視野を踏まえているところに特徴がある。一国の中でも都市地域、農村地域、商業地域、住宅地域などと括れる。日本列島も地域としてとらえうる。さらに東アジア地域、南半球、温帯地域、熱帯地域、イスラム地域などというように括れる。気候、風土、政治経済、宗教など多種多様な規準で地域を切り取ることができるのである。このように、同じ場所が重層的に「地域」概念で括れる。しかし、どのように大きな地域単位をとっても地球を超えることはない。

地「球」を何らかの規準で空間的に区分すると地「域」になる。地球と地域とは全体と部分との関係である。地球という全体なくして地域という部分はなく、地域という部分なくして地球はない。両者は全体と部分との関係である。それは中心対周辺とか、先進対後進とかのような二項対立の関係ではない。すべての地域が関係しあって地球という全体がある。地域間関係の総体が地球である。地球と地域とが、一即多ないし多即一の関係にあるからには、地域間の比較をする際にも地球全体を視野に入れ、比較している地域が互いに関係していることは前提である。地球的視野と地域的観点とが一体であるのが新しい地域研究であり地域学である。その意味で、地球的（グローバル）な視野に立った上で、地域を研究するのである。現代英語ではグローバル（global）とローカル（local）とを合わせたグローカル（glocal）という用語が使われている。そのような地球を視野に入れた地域研究、地域学を地球地域学（グローカロジー glocalogy）と呼んでおきたい。

本書においてわれわれが立脚しているのは、まだ学問的には形成途上にあるとはいえ、グローカロジーである。そのことをまず断っておきたい。

二　時空は「海洋アジア」

さて、「東北アジア・東南アジア」を「東アジア」という一括名で呼ぶのが最近の慣例である。世界銀行が編んだ『東アジアの奇跡』（東洋経済新報社、一九九四年）がその名称を決定づけたようである。

だが、「東アジア」というとき、わが国における用法では「東北アジア」、具体的には日本・中国・朝鮮半島・

台湾（時にヴェトナムを入れることもある）を指すものであった。儒教文化圏という意味合いもあった。また、モンゴルが中国を支配した歴史もあることから、モンゴルあたりまで包摂するイメージもある。

そのような東北アジアと東南アジアをあわせた地理概念として、世界銀行などがいう「東アジア」が東シナ海・南シナ海をとり囲む環シナ海域であるという事実に読者の注意を喚起したい。「東アジア」と呼ばれている地域を特定すれば「海のアジア」なのである。「アジア」というとインド、「東アジア」というと中国のようなユーラシア大陸の諸国をイメージしがちである。経済発展をしているアジア地域に着目するなら、実態に即して「海洋アジア（Maritime Asia）」と呼ぶ方が適切であろう。発展しているのは「東北アジア」の大陸部ではない。中国でも内陸部は立ち遅れており、中国の発展を支えているのは沿海部である。朝鮮半島でも発展しているのは海洋部の韓国であって、大陸系の北朝鮮は貧困にあえいでいる。また「東南アジア」は大陸部と島嶼部からなるが、インドシナ半島の内陸部のカンボジアやラオスは発展からとり残されている。発展しているのはシンガポール、マレーシア、タイ、ヴェトナム、インドネシアなどの海に面した東南アジアである。こうした事実からして陸地イメージを喚起する「アジア」や「東アジア」概念とは決別して、われわれは「海洋アジア」という呼称を用いる。

「海洋アジア」は、広義には、環シナ海、環インド洋、それに両者の中間に位置する東南アジア島嶼部の三地域からなる。環インド洋は「海洋南アジア」、環シナ海と東南アジア島嶼部を「海洋東アジア（Maritime Eastasia）」として区別するのが適切かもしれない。

「海洋アジア」という地域概念はいうまでもなく「大陸アジア」を意識してのことである。それは日本人のアジア認識が「大陸アジア」であるという反省に立つものである。

ヨーロッパ人が「歴史の父」と称えるヘロドトスは著書『歴史』（岩波文庫）の中で「アジア」という語をふんだんに用いている。「アジア」は紀元前から西洋人のもっていた地理概念である。日本人にとっては外来語である。

しかも、日本人が「アジア」という地理概念を知った一九世紀においては、ヨーロッパ社会で「アジア」は蔑称であった。日本の学者の好むヘーゲルやマルクスが「アジア的専制」「アジア的生産様式」を遅れた地域の特徴として用いたことはよく知られているだろう。日本がアジアの一部なのかどうかは疑いうる。「日本はアジアではない」と断言する梅棹忠夫のような学者もいる（梅棹忠夫『文明の生態史観』『文明の生態史観はいま』、両著とも中公叢書）。それは根拠のないことではない。

たとえば、ヨーロッパ・アジアを合わせて略称にしたのがユーラシアであるが、「日本がユーラシアの一部か」と問われれば、日本人の多くはユーラシアとは大陸で、日本はその圏外にある島国だと答えるであろう。つまり、アジアの一部だとは思っていないのである。似たことは、ユーラシア大陸の西に浮かぶ島国イギリスについても言える。イギリス人はヨーロッパのことをコンチネント（大陸）と呼び、つい最近まで自分達と区別してきた。EC（現在のEU）に加入してようやく、みずからをヨーロッパの一員とみなす意識が育ってきた。イギリスがヨーロッパの一部、日本がアジアの一部だという意識が育ってきたのは、それぞれの国民の間では比較的最近である。

では、日本はどのようなアジアの一員なのか。「アジア」という語が日本で広く使われるようになるのは明治以降である。明治十八年に「脱亜論」を書いた福沢諭吉は「（遅れた）アジア」として中国と朝鮮のみを論じた。明治後期に岡倉天心が『東洋の理想』で「アジアは一つ」という一文を書いたが、岡倉のいう東洋（アジア）は中国とインドである。それまで天竺《てんじく》というイメージ世界であったインドをヒマラヤ山脈の向こうにある地域として地理的にとらえた。戦時中に大川周明が『回教概論』を著して、インドのさらに西のイスラム世界を正確に視野にいれた。そのイスラム世界が広く日本人に知られるようになるのは戦後のオイル・ショックを待たなければならない。梅棹忠夫が『文明の生態史観』を著してユーラシア大陸全体をとらえたのも戦後になってからである。

このように、アジアという外来の地理概念に、福沢、岡倉、大川、梅棹などのすぐれた日本の知性が一世紀以上の年月をかけて、朝鮮・中国という日本のすぐ隣にあるアジアから徐々に西方のアジア知識を獲得し、アジア地域の知識を増やしてきた。地理的にはそれでアジア全域をおおった感がある。しかし、そうではない。彼等のアジア認識に共通すること、それはいずれも陸地のアジアであり「大陸アジア」だということである。

彼等が見落としてきたアジアがある。それが「海洋アジア」である。アジアNIESとして括られる韓国、台湾、香港、シンガポールは海に生きるアジアであり、ASEANもそうだ。いずれも中国やインドの周辺に位置して海洋を不可欠の存在条件とする島国か半島である。東シナ海、南シナ海という海域世界を生活舞台にしているアジアは、日本とかかわりの深いアジアであり、その地域をわれわれは「大陸アジア」と区別して「海洋アジア」となづけるのである。日本は「大陸アジア」には属していない。しかし間違いなく「海洋アジア」に属している。

日本は弥生時代以来稲作を基本に据えてきたので、農本主義的立場は共感を得やすい。だが、一方で、日本人は世界一の魚食民族である。栄養源として長らく、炭水化物はコメながら、蛋白質は魚、塩は海塩に依存してきた。日本の食文化は海との係わりを抜きには成り立たない。「津々浦々」というなじみのある表現がある。津とは港、浦とは海のことだから、全国津々浦々とは、港同士が海に開かれたネットワークで結ばれている日本の国柄を表している。『古事記』の大八洲《おおやしま》として誕生する国生み神話にあるとおり、日本人は島国のアイデンティティをもっている。日本の歩みは海洋アジアの道を舶来してくる文物をとりいれてきた。それゆえ、「海洋アジアの中の海洋日本」としての自覚をもつべきだろう。

海洋アジアは大きく三つの海からなる。インド洋、シナ海、それに両者の間に広がる東南アジア多島海だ。日本が歴史的に深くかかわってきたのは東シナ海、南シナ海、東南アジアである。一方、ヨーロッパは環インド洋圏のほとんどが一九世紀に植民地になったほどインド洋と東南アジアとの関係が深い。キリスト教徒の支配がおよぶ以前のインド洋はイスラム教徒がダウ船で自由に往来しており、「海洋イスラム」という特徴をもっていた。ヨーロッパは中世には地中海、近世にはインド洋の「海洋イスラム」に深く影響されている。それはちょうど、日本が環シナ海の中心をなす「海洋中国」に深く影響されたのと相似た関係である。

少し立ち入って補えば、大航海時代のイギリス人と後期倭寇時代の日本人とは、ともに海洋アジアに出かけ、そこから大量の物産を輸入した。それは巨大な貿易赤字を生み、それを解消するためにそれぞれ産業革命、勤勉革命といわれる「生産革命」をおこして輸入代替を果たした。その結果の一つがイギリスのつくりあげた「大西洋経済圏」という開放系の経済システムであり、もう一つが日本の「鎖国」という封鎖系の経済システムである。世界史上にはじめて物づくり中心の社会が出現した。イギリスは「海洋イスラム」から自立し、日本は「海洋中国」から自立したとき、両地域は「近代文明」として世界史に登場した。ユーラシア大陸の両端の海に浮かぶイギリスと日本とに出現した近代文明は本質的に海洋文明である。それは「海洋アジア」からのインパクトを受け、そのレスポンスとしてみずから輸入品を自給生産することによって自立したのである。

日本と世界との関係の歴史では、海洋アジア、特に環シナ海圏との関係はきわめて深い。現状もそうである。ＡＳＥＡＮ一〇ヶ国と日本・中国・韓国の合同首脳会議が開かれるようになり、新しい海洋アジアの協力関係が芽生えている。それは歴史的に十分根拠のあることである。日本にとっての「海洋アジア」の重要性は、歴史的にも現状においても、そして将来においても、変わらないであろう。

三　「アジア間競争」が鍵概念

では、「海洋アジア」ないし「海洋東アジア」という歴史的空間で何がおこっているのか。また、それをとらえる鍵となる概念は何か。それは海洋アジアの諸地域間での激烈な競争である。競争しつつ地域全体が発展している。発展を支えているのは「アジア間競争」である。少し敷延しておこう。

一九八五年のプラザ合意で円高基調になってから、日本の企業は、近隣の海洋アジアに対し、直接投資を進めた。八〇年代後半には日本のNIESへの直接投資と、NIESから日本への輸出が増え、九〇年代には日本・NIESのASEANへの直接投資と、ASEANから日本・NIESへの輸出をセットとする関係が生まれた。日本は海洋アジアの工業製品の輸入国としての役割を果たしている。海洋アジアにおける日本—NIES—ASEAN—中国という経済発展の連鎖は、アジア地域間のメガ・コンペティション（大競争）の別表現でもある。すでに渡辺利夫氏の『韓国』（講談社現代新書、一九八六年）、『転換するアジア』（弘文堂、一九九一年）、『社会主義市場経済の中国』（講談社現代新書、一九九四年）、『現代アジアを読む』（PHP新書、一九九九年）などの一連の研究で明らかにされているように、戦後の日本にとって主要な海洋アジアの競争相手は、最初はアジアNIES（韓国・台湾・香港・シンガポール）、つぎに東南アジアが加わり、現在は中国が日本への猛烈な輸出攻勢をかけている。中国沿岸部がその拠点である。どの地域も東シナ海、南シナ海に面している。現代の海洋アジアで熾烈になっている現実は地域間競争である。

海洋アジア間競争の深まりは二〇世紀最後の四半世紀に初めて生じた現象だと思われているかもしれない。しかし、実際はそうではない。

では、どのくらい遡れるのか。歴史の教科書では、海洋東アジアの近代史への登場は、通常、欧米列強の東漸にともなう南京条約（一八四二年）や安政条約（一八五八年）など、通商条約の締結を起点とされている。確かに、西洋の衝撃による開港によって、中国でも日本でも生糸・茶などの農産加工品を西洋に輸出し、各種工業製品を西洋から輸入した。東西文明間の経済交流が本格化した。そのため海洋東アジアの近代化過程は西洋との関係史という脈絡で論じうる。しかし、西洋の衝撃からアジア間関係を説明するという視角自体が、西洋中心主義的な見方である。

見落とされがちなのは、日本にしろ中国にしろ、開国が他のアジア諸地域への開国でもあったという事実である。それは東シナ海・南シナ海を生活舞台としてきた海洋中国人の貿易活動への公式の開放であった。この点は籠谷直人氏によって精力的に研究されてきた（同氏『アジア国際通商秩序と近代日本』名古屋大学出版会、二〇〇〇年）。アジア地域の間に欧米型の自由貿易システムが導入された結果、アジア地域同士の自由な経済交流が活発になった。日本が開国するや、横浜、神戸などの開港場に入ってきた外国人のうち多数を占めたのは、西洋人ではなく、シナ海域を活動の舞台とする中国人であった。そもそも江戸時代における長崎貿易の最大の相手はオランダ人ではなく、中国人であった。長崎には福建人や広東人などの寺がある。横浜、神戸でも同様であり、中華街はその証しである。欧米のもたらした自由貿易システムは、近代のアジア地域間の貿易を自由にしたのである。近代のアジア間の貿易の推移については、杉原薫氏の『アジア間貿易の形成と構造』（ミネルヴァ書房、一九九六年）がある。これはイギリスの記録を使っているので、イギリスが海洋東アジアに参入する以前については記録がなく、イギリス人の参入当初の数値が小さく、やがて大きくなるのは当然だが、氏の計算によれば、一八八三年から一九一三年の期間、アジア・欧米間の貿易は成長率が輸出で三・二％、輸入で四・三％であったが、アジア間貿易はそれらを上回る五・五％を記録したという。大事な事実発見は、西洋諸国とアジアとの貿易よりも、アジア間貿易のほうが成長率が高かったということだ。ただし、海洋アジアにおける貿易が一九世紀後半から始まったかのごとき杉原氏の結論は、それ以前についての歴史認識が不足しており、誤りである。

一九世紀前半における海洋アジアの域内貿易をグリーンベルクは「カントリー・トレイダー」の名称で明らかにしている。日本との貿易に限っても、江戸時代についてさえ古典的な山脇悌二郎『長崎の唐人貿易』（吉川弘文館、一九六四年）のほか、田代和生『近世日朝通交貿易史の研究』（創文社、一九八一年）、永積洋子編『唐船輸出入品数量一覧』（創文社、一九八七年）の数量的資料、戦国時代から江戸時代初めについては岩生成一『南洋日本人町の研究』（一九六六年）、同『続・南洋日本人町の研究』（岩波書店、一九八七年）、中国についても斯波義信氏の『宋代商業史研究』（風間書房、一九六八年）、あるいは同氏の『華僑』（岩波新書、一九九五年）などをひもとけば、海洋東アジアの活発な貿易の存在はすぐに分かることなのである。ちなみに、古来、日本人が主に接してきた中国人は、北京に代表される大陸的中国よりもむしろ、古くは南京、現代では上海に代表される海商を業《なりわい》とする華僑であり、海洋中国人であった。華僑というと、外国にいる一部の中国人のイメージがあるが、それは偏見である。華僑の原型は八世紀の唐代の福建人に遡る。当時、山がちの福建は陸上からは近づきがたいので北京では海上に浮かぶ孤島だと思われていたといわれる。福建人は農業よりも海上商業に生活の糧を求めた。シナ海に面した地に住む福建ほか華中・華南の沿岸中国人が、アラブのダウ船に接して海洋に乗り出せる造船術をものしたとき、海商という華僑的生き方の歴史が始まったのである。以来、千年以上の歴史を刻んできた。華僑は政治的には辺境ながら、経済的には先進的でありコスモポリタンで、しかも「中国人性」を失わない。現代中国の沿岸部の躍進も華僑に負うところが大きい。台湾の福建人や香港の広東人のほか、シナ海域のダイナミズムを作り上げている華僑こそ日本人にとって身近な中国人の顔であろう。北京中心の大陸中国史のみならず、海洋アジアを舞台にした華僑の生き様を知れば千年の時間軸の上で海洋アジアと日本との関係を位置づけなければならないのである。

華僑を主役の一人とするアジア間競争のダイナミズムの核にあるのは日本と海洋中国の宿命的ともいうべき競合関係である。アジア間競争は潜在する時代と顕在する時代とがある。両者の競合は聖徳太子の頃にまで遡れよう。古代日本は、天皇位の創設、律令の採用、奈良・京都の都城建設など、政治的価値の面で中国と対抗した。それはアジア間競争における第一段階である。

第二段階は、倭寇の時代から今世紀にいたる経済競争の時代である。経済競争は顕在化した室町時代、潜在化した江戸時代、顕在化した明治維新以後の東京時代というサイクルを描いている。一九八五年のプラザ合意による円高誘導で、日本から近隣アジア地域への直接投資が進み、アジアとの貿易が増え、アジア地域間の競争が激化してきた。二一世紀はアジアの時代であり、これから一層強まる「アジア間競争」の現実こそ「海洋アジアの中の日本」という新しい自己認識の核になるべきものである。

経済競争の次に来るのは何であろうか。未曽有のメガ・コンペティションの果てに予想されるのは、それぞれの社会に固有の物産複合（後述）の自覚的再生ではないか。言いかえると、中国は中国人らしい生活様式、日本は日本人らしい生活様式に、互いに誇りをもつ時代の到来である。古代以来、東アジア諸国は互いの華（中心性）を競ってきた。華を競う日・中・朝の三国が文化的に同化する可能性は小さい。たとえば中国料理、韓国料理、日本料理が一つの食文化に収斂することはないであろう。ゆえに、経済競争の果てに展望されるアジア間競争の第三段階は文化的価値の競争である。文化は固有性を本質とするから、それはアジア間の棲み分けへの道だ、と予測しておきたい。

以上に述べてきたことは、ほかでもない、われわれの分析枠組みは西洋規準で日本やその他の諸国を眺めるのではなく「海洋アジア」という地域の枠組みを前提にするべきだということである。そして、「西洋の衝撃」もそれ以前に何度かあった「海洋アジアの衝撃」を新たに誘発することになり、むしろ海洋アジアの衝撃の実態をなすアジア間競争の中で日本史が刻まれてきたということである。

では、海洋アジアにおける最大の世界史的出来事とは何であろうか。それは、まさに現実のものとして、現代における海洋アジアの経済発展である。だがむしろ、それを最初に先導した日本の台頭であるといわねばならない。「アジア間競争」のコンセプトでとらえられる海洋アジアのダイナミズムにおいて世界史的に意味のある最大の出来事は「アジアにおける最初の工業国家」日本の出現である。

海洋アジアのうち日本・中国・朝鮮の「海洋東アジア」は、他の海洋アジアと異なり、西洋列強の植民地にならなかった。それはウェスタン・インパクトが海洋東アジアにおいては、他のアジア地域と比べて相対的に小さかったということである。外圧のあったことは間違いない事実であるから、それは海洋アジアのインパクトがあったことを示唆している。海洋東アジアに対するウェスタン・インパクトの実態は、潜在化していた海洋東アジア域内の「アジア間競争」を顕在化させたと整理できるだろう。鎖国なり海禁さえ同じ国の形を競うアジア間競争の産物であった。競争は潜在的には江戸時代にもあった。これらの点については、一九八九年の社会経済史学会における「アジア交易圏と日本工業化」のシンポジウムでも明らかになっていることでもあるが、核心をなすのは、アジア交易圏の中での「アジア間競争」の中から日本が出現してきたということである。一九七〇年代のアジアＮＩＥＳ、八〇年代のＡＳＥＡＮ、そして九〇年代の中国の二桁台の経済成長率も「アジア間競争」の中から生まれている。もはや日本のみがアジアにおける唯一の経済発展の成功例ではない。海洋アジア域内における地域間競争の歴史的重要性を踏まえると、日本経済史の方法論もおのずと変わらなければならない。では、それを分析する方法論は何か。

日本が隆盛した根拠について、われわれは日本がその一部である海洋東アジア社会の「物産複合」の共通性に求めている。生活の基礎である衣食住は物から成る。生活の物質的基礎となる物産はバラバラに存在しているのではなく、様式をもっている。生活様式とは文化のことだ。そのような文化は地域社会ごとに文化としてのまとまりをもっている。生活様式（文化）を支える物質的基盤はさまざまの物産からなる複合体である。われわれはそれを地域社会の「物産複合（product complex）」という概念でとらえるのである。イギリス社会の食文化の物質的基盤は麦と肉を主要品目とするのに対して、日本社会では米と魚を主要品目としている。イギリス社会の食文化は他のヨーロッパ社会と相似ている。同じように日本社会の食文化は他の海洋東アジア社会のそれと相似ている。海洋東アジアの物産複合は、イギリスを初めとする西洋社会のそれとは異質であった。貿易は相手地域の物産を必要とするから起こる。アジア地域間の貿易が活発になったのは、海洋アジア地域の物産複合をつくりあげている物産のうち、衣食住にかかわる必需品において比較優位の原理が働いて、より安価な供給源が求められるからである。海洋東アジアの地域社会の物産複合が相似ていたという事実があったからこそ、海洋アジア地域間の競争が生まれ、貿易が活発になったのである。

物産複合が似ていた原因は欧米諸国の進出してくる前の時代にある。開国前の海洋東アジアの諸国は「海禁」(ないし鎖国)のもとにあった。海禁政策がとられたのはもともと貿易が存在していたからである。海禁政策をとらざるをえないほど、貿易は政治体制に影響を与えていた。海禁政策のもとでも管理貿易がおこなわれた。無視できない規模の「抜け荷」(密貿易)も存続していた。

日本における海禁政策すなわち鎖国は一六三〇年代に確立するが、それ以前、一四世紀後半の前期倭寇の時代からの三世紀近くアジア間貿易を通してシナ海周縁地域の物産複合は相似たものとなったのである。その時期の海洋アジア間貿易において、日本は中国・朝鮮の両国を初め、東南アジアからも様々な物産を輸入して入超であった。膨大な金銀銅がシナ海域に流出し、その見返りに木綿・生糸・陶磁器・砂糖など、後に世界商品になる物産が流入した。江戸時代にも長崎・対馬を通して中国から物は流入しつづけた。だが、一八世紀後半期に物産の輸入は減り、一九世紀に入る頃には実質的に流入はなくなった。日本が生産革命によって自給を達成したからである。中国から経済的に自立したのである。鎖国の経済的基礎は自給自足であるが、それが達成されたのは日本国内での生産効率が主な輸入相手国の中国よりも上回ったからである。日本人は勤勉革命という労働集約型の生産革命を遂げて生産効率を上げて後進の地位を脱した。ただし、海禁体制のもとで、競争関係は顕在化しなかったのである。自由貿易体制への編入という内容をもつ「西洋の衝撃」は、潜在化していたアジア間競争を再び顕在化させた。類似の物産（木綿、生糸、茶、砂糖等）の間で、内外の市場をめぐって激しいアジア間競争が生じたのである。外圧は海洋中国という手強い競争相手の外圧である。すなわちアジア間競争である。一九世紀の開国は、潜在していた競争を再び顕在化させた。その競争に近代日本は勝ったのである（川勝「日本の工業化をめぐる外圧とアジア間競争」、浜下・川勝編『アジア交易圏と日本工業化　一五〇〇―一九〇〇』所収）。

以上のような共通理解に立ち、それをさらに敷延するために、われわれは本書を次のように編集した。第Ⅰ部「海洋アジア間競争」の五論文は相似た「物産複合」をもつ「海洋東アジア」域内における「アジア間競争」の諸側面をとりあげている。第Ⅱ部「アジア太平洋経済圏」は時代を二〇世紀に設定し、海洋アジアの域内・域外との関係を論じた四論文をおさめた。第Ⅲ部「日本の社会科学とアジア」は「洋学」として日本に舶来した社会科学と中国との関係をあつかう。第Ⅳ部「隣接領域からのコメント」の狙いはアジア経済史の可能性をさぐることである。

日本経済が日本だけで完結していないように、海洋アジアもその海域で完結していない。世界の諸海域とのつながりを探る論理は発展段階論からは出てきにくい。また、日本経済史と西洋経済史という二者のタコ壷的並存はもはや時代錯誤になりつつある。初心にかえって、新たにグローカロジーを立て、日本の世界史的位置をさぐることが求められている。旧説にとらわれない若手研究者が新しいパラダイムを打ち出せるときでもある。全体を論じるにあたって重要なのは、自らが主体になりうる地域としての日本であり、もう一つは海である。海という観点から見れば、日本は海洋アジアの一部である。海洋アジアを含む様々な海からの経済史像を構築することが地球大にネットワーク化した現代にふさわしい。海から歴史を見直す海洋史観の構想は「水（海）の惑星」としてのグローブを射程にいれる梃子になるはずである。本書はそのような志をもつ者による海洋アジアと太平洋を拠点にグローバルな海洋史像を構築する試みの一つである。

I 海洋アジア間競争

1　近世日本の銅輸出削減と朝鮮の銭荒

【近世における潜在的アジア間競争】

島田竜登

はじめに

「潜在的アジア間競争」という概念は、近世のアジア経済に関し、川勝平太氏が提起した概念である[1]。具体的には、一七世紀のいわゆる「鎖国」から一九世紀の「開国」までの近世期にあって、一見すると閉鎖経済であった日本は、実は、中国を代表とするアジア経済と関連性を持ち続けており、かつ各種商品の生産に関して競争関係にあった。そして、このほとんど表面に出ることのなかったアジア間競争のなかで、日本は一種の生産革命を遂げ、これが「開国」以降の日本の貿易や日本の工業化に大きな影響を及ぼしたと論じるものである。ただし、この興味深い概念も仮説的概念であり、十分に検討されているとは言い難い。そこで、この概念をより深める必要があるが、それには次の二つの方法があると考えられる。

第一の方法は、川勝氏も論じているように、モノの流通とその生産を検討する方法である。これは、近世環シナ海地域における分業体制をもった産業構造を明らかにし、[2]さらに、その変化を論じるものである。具体的には、生糸や砂糖、人参、蘇木などの流通（国際貿易）や生産に関する研究をあげることができる。これらの商品は、一七世紀においては日本の輸入品の中心を占めるものであったが、一八世紀には日本国内で国産化されていった商品である。[3]

第二の方法は、第一の方法と同じくモノを扱いながらも、モノとして流通した金・銀・銅といった金属の貨幣的側面に視点をあてる研究である。例えば銅を挙げると、銅は近世期、日本からアジア各地へ輸出される商品であったが、同時に、環シナ海地域で共通の小額貨幣であった銅銭の鋳造原料でもあった。それゆえ、この第二の方法によれば、環シナ海各地での銅の供給状況や銅銭供給量を明らかにし、さらには環シナ海各地での物価動向の分析から各国の経済状況を比較史的に見通すことで、アジア経済の分析を試みることになる。

本稿では、従来の研究では論じられなかった視点である、この第二の研究方法から、「潜在的アジア間競争」について、とりわけ朝鮮を事例に取り上げ、さらに朝鮮と日本との比較をおこない、考察を深めてみることにする。

一　環シナ海地域と銅銭

黒田明伸氏は、その著作『中華帝国の構造と世界経済』の冒頭において、近世の開始期に世界的に共通であった現象を挙げ、それを問題の所在としている。すなわち、一七世紀から一八世紀にかけて世界的な小額貨幣の不足が発生した。アフリカではモルディブ産貝貨の広範な利用が見られた。銅貨流通圏と貝貨流通圏の双方にまたがるインドでは、一七世紀は銅貨不足から貝貨が、一八世紀には銅貨が貝貨を代位した上で流通した。西ヨーロッパでは、従来の金・銀に加え、銅貨鋳造の割合が増え、スウェーデン産、時には日本産の銅がその原料となった。一方、本稿が問題とする東アジアにおいては、旧来より中国製、ないしはそれを模倣した銅銭が広く使われていたが、より大きな銅銭需要に直面し、銭の流通量不足である「銭荒」と呼ばれる現象が広く見られた。以上のような世界各地にわたる小額貨幣需要の増大とその対処は、その時期が近代化に先立つ直前の時期であるだけに、注目に値すると考えられるが、黒田氏はこのうち、東アジア、とりわけ中国における銭荒問題の分析に向かって行く。(4)

本稿が課題とするのは、黒田氏のこの問題提起と同じく、近世期の東アジアの銭荒問題について論及することである。しかし、黒田氏が中国経済史研究の立場で論考したのとは異なり、とくに朝鮮経済をとりあげ、日本経済との関連性を指摘することで、検討してみることにしたい。近世期には、日本は一貫して東アジアに対する小額貨幣原料たる銅の輸出国、すなわち小額貨幣の物質的供給者であったのであり、日本の銅輸出の動向が、銅輸入国の経済動向に何らかの影響を及ぼしたと想定することができるからである。それに加え、日本は一九世紀末に、東アジア世界の中でいち早く近代化を成し遂げており、非西洋世界における最初の工業国家として日本が顕在化する原因のうちのいくつかが、近世における小額貨幣の問題の中に潜んでいたのではないかとも考えられるのである。

日本は中世から銅を輸出していたものの、一七世紀後半になり国内銀産の減少から銀輸出が減り、代わって銅の輸出が増大するようになった。近世期における日本の銅輸出港は長崎と対馬であり、長崎からは、中国船によって中国や東南アジアへ、オランダ船によってインド、ヨーロッパ、東南アジアへ輸出され、対馬からは朝鮮へ輸出された。一七世紀末から一八世紀初めにかけてが日本銅輸出の最盛期であった（次頁**図1**参看）。一七〇〇年頃には、長崎からだけで八〇〇万斤ほどの日本銅が輸出された。この時期、明らかに日本は小額貨幣（素材）の「供給

図1　長崎口銅輸出量（5ヶ年移動平均）

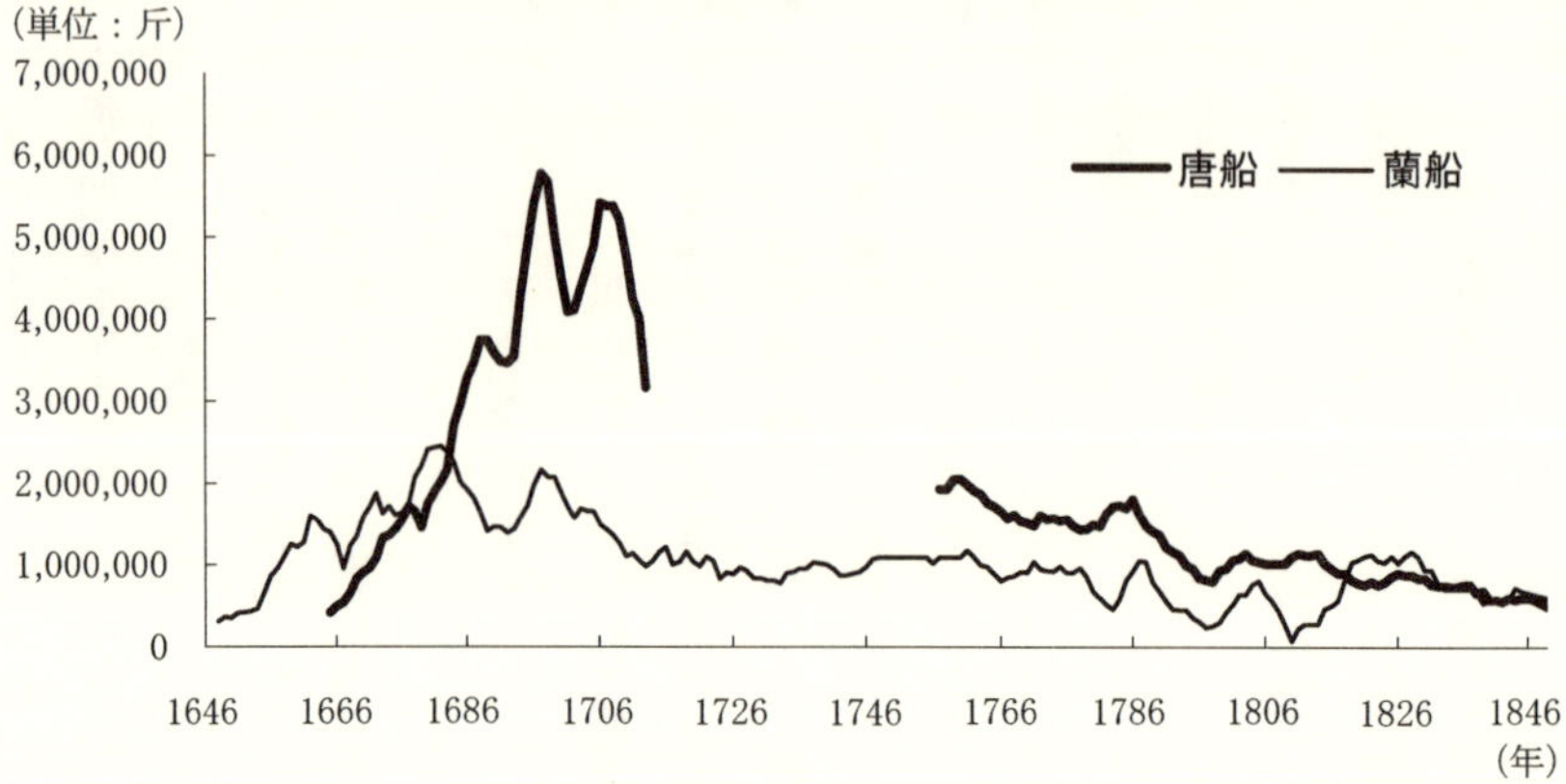

出所：唐船輸出量：1663-1715年「泉屋叢考」第9輯、1755-1789年「吹塵録」、1790-1851年「長崎銅買渡記録」（東京大学史料編纂所所蔵）；蘭船輸出量：1646-1805年鈴木康子「近世銅貿易の数量的考察――オランダ東インド会社の日本銅輸出」『大学院研究年報』文学研究科篇（中央大学）15-4、1986年、1806-1851年「長崎銅買渡記録」（東京大学史料編纂所所蔵）

国[5]」となったのである。だが、正徳新例（一七一五年）以降、徐々に日本は法的に銅輸出を制限し[6]、従来日本から銅の供給を仰いでいた環シナ海諸地域に銅不足を引き起こした。これにより、銭高ないし銭荒という銭不足現象が発生するようになった。つまり、日本が小額貨幣原料の供給国であることが、各国の経済に影響を与えることになったのである。

そもそも、当該期の環シナ海地域において、貨幣としての銅銭は地域全体に共通していた。もちろん国際貿易の決済手段ないしは決済上の名目的通貨は銀であった。しかし、地域内貿易における貿易商品のうち、銅が占める割合は、価格的にも、重量的にも、きわめて大きく、かつ、その銅の原産地はほとんど日本であった。また、各地の一般的小額取引では、銅銭がその決済手段であったことは注目に値する。

それでは、銅銭を小額取引の一般的決済手段として用いるのは、より明確に、どの地域までであっただろうか。それは、普通、東アジア全般として理解されているが、現実にはそうではなかく、より広い範囲を含んでいたようである。当然、中国、日本、朝鮮といった各国は含まれるが、その他にも、インド洋沿岸を除いた東南アジア地域を含むものであったと推定できる。この東南アジア地域での事例はいくつか指摘することができる。一七世紀において広南は日本から銅銭をオランダ船によって輸入していた[7]。また、一九世紀に初めにおいても、オランダは、日本から銅銭を輸出し、バタヴィアの軍隊への給料の支払いなどにあてていた[8]。つまり、銅銭を小額貨幣として用いる地域的範囲は、一五世紀から一七世紀にかけての、いわゆる「商業の時代[9]」に、中国商人が主な交易地としていた地域であったと考えられるのである。すなわち、中国、日本、朝鮮といった東アジア地域に加えて、南シナ海に面する東南アジア地域であった。ここで、インド洋岸の東南アジア地域が除かれるのは、その地域が主に、当時インド商人ないしはイスラム商人の活動領域下にあったためであり、中国商人の影響が希薄であったからである。したがって、銅銭通用地域と中国商人の活動領域はほぼ一致すると考えられ、本稿ではこうした地域を環シナ海地域[10]と呼ぶことにする。

このことを前提とした上で、以下では、朝鮮の事例を取り上げ、日本及び日本以外の環シナ海地域における小額貨幣の供給状況と、そこで日本が輸出貿易を通じて果たしていた役割を考えることにしたい。

二　朝鮮の銭荒

朝鮮における銅銭鋳造の歴史は古いが、銅銭の生産・流通が経済的に意味を持ってくるのは一七世紀後半以降である。一六七八年に常平通宝の鋳造が開始され、その通用政策が取られた。しかし、一六九七年にその鋳造は停止される。続く一八世紀の前半には、一七三一年に常平通宝の鋳造が再開され、続いて一七四二年、一七五〇年の、あわせて三回のみ常平通宝の鋳造がなされた。一八世紀後半期には、常平通宝の鋳造が多くなされたとは

図２　対馬藩銅輸出量

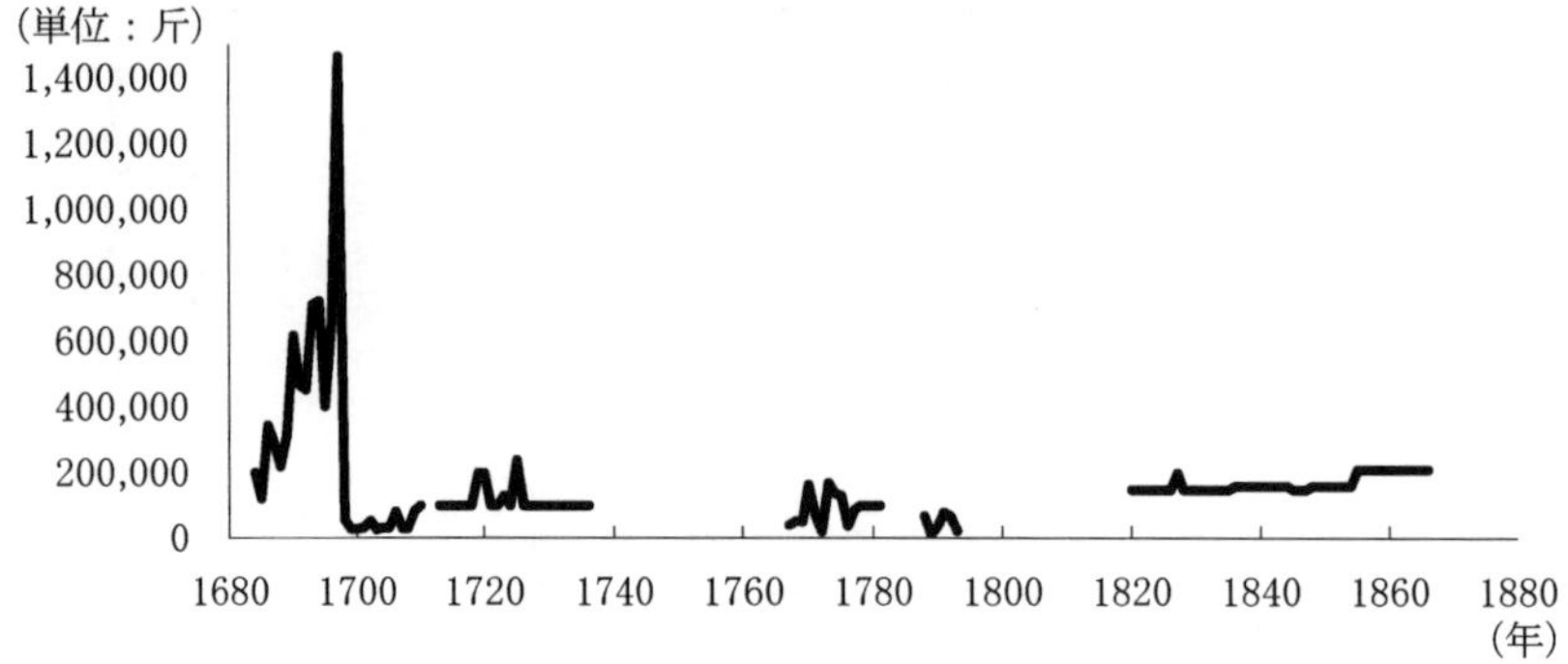

註：1710年までは公貿易、私貿易双方の実際の輸出量。1713-1736年、1820-1866年は幕府輸出許可量。1767-1781年、1788-1793年は対馬藩銅買入量。

出所：田代和生「対馬藩の朝鮮輸出銅調達について――幕府の銅統制と日鮮銅貿易の衰退」『朝鮮学報』、1973年、145、149、164、186、190、203頁。

いえ、毎年鋳造が行なわれた訳ではなく、一七八八年の年例鋳銭制の成立[11]まで、数年おきの鋳造であった[12]。こうした現象は、後述のように、主として銅銭の鋳造原料であった銅の供給不足のためであった。なお、朝鮮後期において貨幣は銅銭が一般的であった。しかし、法制上は銀貨が定められており、銅銭と銀の二本立てであった[13]。ただ、銀は、日本から輸入されたのち、あるいはまた、朝鮮国内で生産されたのち、中国に流出するのがほとんどであり、国内で一般に流通する銀が非常に少なかったのである。

当時の朝鮮において、貨幣鋳造原料たる銅の入手は、基本的に日本から対馬藩を経由した輸入に依存していた。日本からの輸入量は、田代和生氏の対馬側の記録に基づく研究によれば**図2**の通りである。一七世紀においては、日本の朝鮮向け銅輸出量は増加する傾向にあったが、一七世紀末に年一〇〇万斤以上に達したのを境にして（一六九七年に輸出量の最高値を記録する）、その量は急減し、一八世紀には年一〇万斤ほどとなっている。一六九七年の常平通宝の鋳造停止は、銅輸入量の減少に一致する。この銅輸入減少による銅不足のために、一八世紀には銅銭鋳造が停止されている期間がきわめて長かったのである。

もちろん、当局による銅不足への対応はなかった訳ではない。第一の対応としては、自国内での銅山開発が計画・実施されることは度々あったが、[14]日本銅のような良質の銅は確保することはできず、[15]その生産量は微量に過ぎなかった。国産銅を用いて鋳銭が開始したとされる[16]一七八五年における銅銭の鋳造計画案が記録に残っている。この計画案は現実には実施されなかったが、当時の朝鮮での国内銅生産量を垣間見ることはできる。すなわち、この計画では日本銅を用いて生産する銅銭が一〇万五七四〇両、国内銅から製造する銅銭が一万七五一五両であり、全鋳造原料銅に占める国産銅の割合は、全体の一四・二%以下に過ぎなかったのである。[17]

第二の当局の対応は貨幣の悪鋳である。常平通宝の重量を小さくしたり、[18]銅の含有量を減らしたりした。[19]だが、銅銭鋳造にかかる銅以外の金属に関しても、例えば錫は中国から輸入しなければならず、制約が大きかった。[20]それゆえ、朝鮮においての銅銭の銅含有量の減少は、日本や中国といった朝鮮以外の環シナ海地域と比較すると、非常にわずかであったことは特筆すべき点であった。[21]なお、高額銭鋳造の議論もおきたが、一八世紀の段階では実行されることはなかった。[22]

第三の当局の対応として、銅銭の清からの輸入が計画されることがあったが、[23]これもまた一八世紀の段階では、実施されなかった。貨幣発行の自主性が喪失することを恐れたためであるし、中国でも当時、銭の国外持出を禁じられていたからである。

かくして、このような銅不足は朝鮮経済にどのような影響を与えただろうか。第一には、銭価の上昇である。銅不足は、結果として銭高を引き起こした。銀と銅銭との法定交換比率を見ると、一六五五年には銀一両につき銭六〇〇文、一六七八年には銭四〇〇文、[24]一七四四年には銭二〇〇文となっている。[25]すなわち、法定相場においてでさえ、銭価が三倍にまで騰貴していたことになる。

また、第二の影響は、銭建て表示による物価が下落したことである。実際に、銅銭で表示される物価の趨勢は

図3　朝鮮における米価趨勢と鋳銭量の累計値

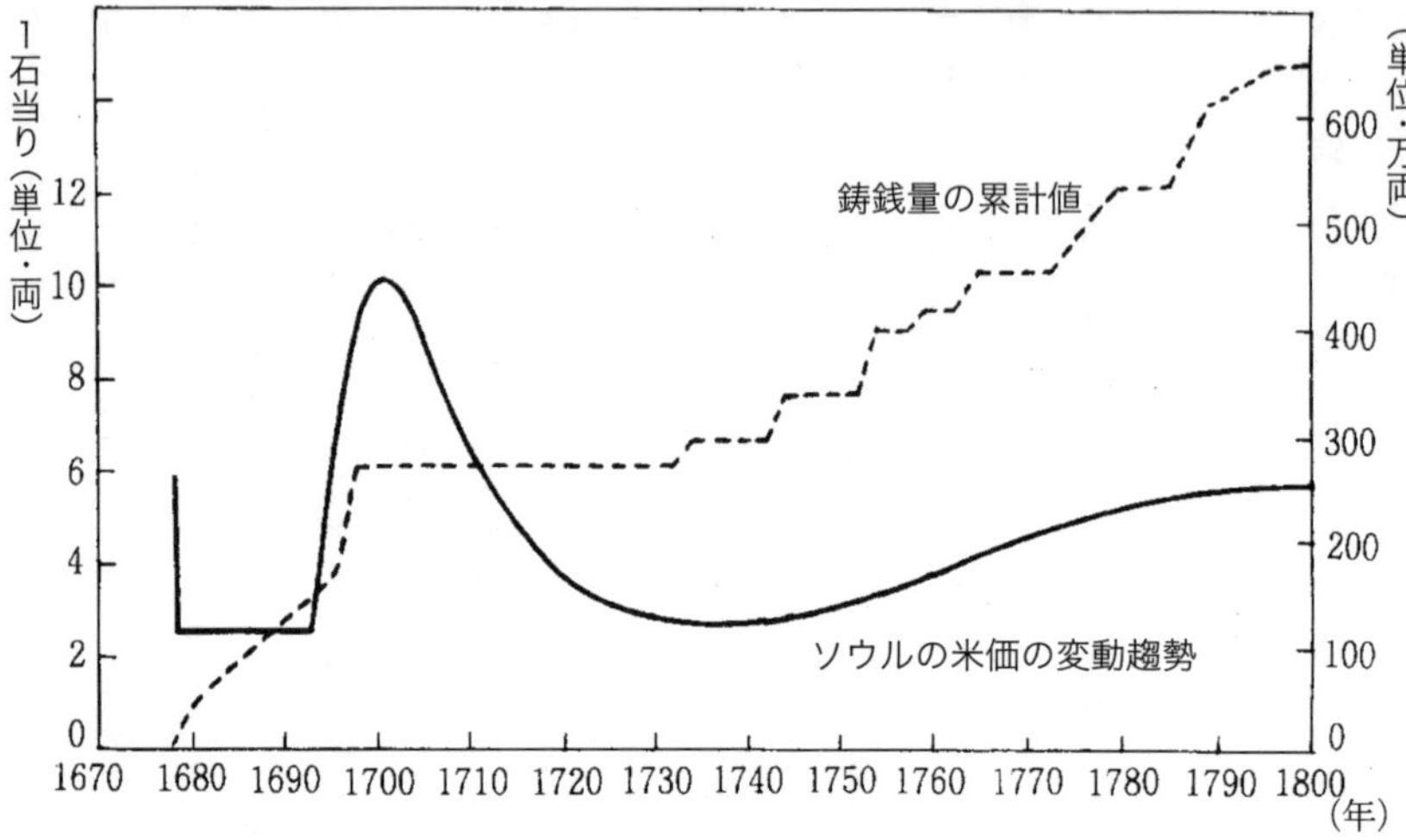

出所：李憲昶「肅宗—正祖朝(1678-1800)米價의 變動」『經濟史學』21、1996年、147頁。

どのようなものであっただろうか。各種の断片的な史料をもとにした李憲昶氏の研究によれば、ソウルにおける米価の変動趨勢は、**図3**の実線のようになる。また、破線は元裕漢氏の研究による各年の銅銭鋳造量を、李憲昶氏が累計値としてまとめたものである。(26) この**図3**から、貨幣数量の増減が物価に強い影響を与えていたことが想起できる。すなわち、銅銭がほとんど鋳造されなかった一八世紀前半期においては、米価は長期的に下落していた。一六九七年の常平通宝の鋳造停止から一七三一年の鋳造再開までの間、鋳銭量の累計地は一定であるのに対し、ソウルの米価の変動趨勢は、一石当り一〇両ほどから三両ほどへと大幅に下落した。米価に対して、銭価が上昇していたのである。この時期が、いわゆる銭荒が最も深刻な時であった。一方、銅銭の鋳造が相次いでなされた一八世紀後半期には、米価は上昇するようになった。一七三一年以降、常平通宝の鋳造が再開され、鋳銭量の累計値が増加するにつれて、ソウルの米価も、およそ七〇年で、一石当り三両ほどから五両ほどへと、緩やかに上昇したのであった。(27) しかし、一八世紀の後半においても、社会全体としては依然として鋳銭原料不足から生じる銭不足（銭荒）がしばしば発生した。[28]

結局のところ、一八世紀前半期には米価に対しても銭価が上昇し、米価が長期的に低落傾向にあったため、銭納化の行われていた地域においては、農民層にとって不利に働いたであろうことが想定できる。また、銭貨の長期的上昇が、あるいは銭荒意識そのものが、銭の退蔵を招き、貨幣経済の進展を遅らせただろうことも推測できるのである。

さらに、以上のことから、次の二つの論点を付け加えることができる。

一九世紀の朝鮮開港後、朝鮮を訪れた日本人の多くには、朝鮮の貨幣経済進展の遅れが感じられた。それがために、朝鮮における貨幣経済の進展の遅れを「朝鮮社会がなお自給自足的経済を主として」[29]いたためであると論じる見解は多い。しかし、むしろ実態は逆であろう。日本と比較して貨幣経済の進展が遅れていたのは、その時代に先立つ、いわば資本主義の萌芽の時代に、十分な貨幣供給がなされず、商品経済の発達が比較上遅れ、ゆえに一見すると自給自足的な経済にとどまっていたと考えられる。

また、一八世紀の朝鮮において数々の貨幣廃止論が現われた。この貨幣廃止論の原因を、儒教的精神といった思想的な側面のみに帰することは言うまでもなく一面的である。あるいはまた、党争の一環として理解することも誤りとは決していえないが、銅不足による鋳銭困難のため貨幣廃止が議論されたことを十分にふまえておくことが必要である。そもそも、銭貨の供給が十分に行われていないならば、基本的に銭価は長期的に上昇傾向をとるはずであり、これは銭貨の退蔵を引き起こす。それゆえ、銭貨の使用が富者をさらに富ませ、貧者をさらに貧困にする（富益富、貧益貧）[30]という当時の認識を、現在の経済学的知識を応用して、既に貨幣経済が浸透し、その結果として生じる弊害があらわれていたと判断することは誤りであると考えられる。むしろ、このような二極分解論的理解は、銭貨の供給量が増大された時期になってはじめて適用可能なのである。

図4　大坂における銭相場

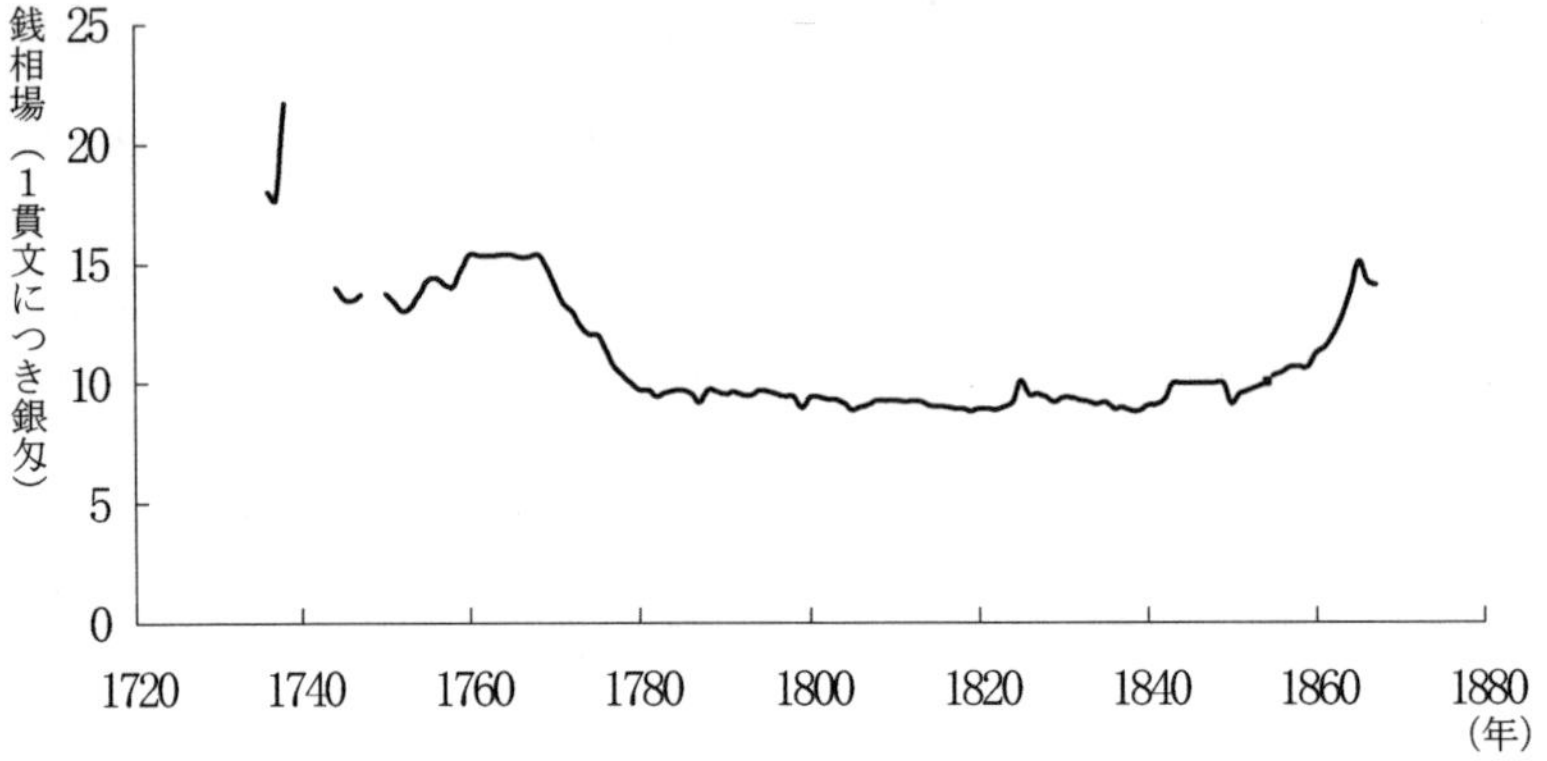

出所：新保博『近世の物価と経済発展』（東洋経済新報社、1978年）171-173頁。

三　日本との比較

以上に明らかとなった一八世紀の朝鮮における銭価動向と物価動向の趨勢を、日本のそれと比較してみることにより、朝鮮の特殊性がより明確に浮かびあがる。以下では、一八世紀における日本の銭価動向（銀表示）と物価動向（銭表示）とを概観し、朝鮮と日本との比較を試みる。

先ず、日本における銭価の動向を考えてみる（**図4**参看）。**図4**は、日本の銭価の動向を銀で表示したものである。それゆえ、貨幣改鋳のような銀価自体の変動に伴い、銀表示の銭価が変動することに注意を要する。さて、一七三〇年代は元文改鋳に伴い、銭相場が高騰したが、その後は銅銭の増鋳、後には鉄銭の新鋳により、一七四〇年代には低落した。一七五〇年代には一時上昇傾向を見せ、一七六〇年代は銭一貫文につき一五匁ほどで推移したが、一七七〇年代には再び低落している。一七八〇年代以降一八五〇年までは、ほぼ九匁ほどで安定的であった。大まかな長期的趨勢としては、元文改鋳の時点が高騰期で、その後一七八〇年頃までは下降期であった。以後は、一八四〇年代まで安定期にあった。[31]

図5　大坂米価（銭価表示換算後）

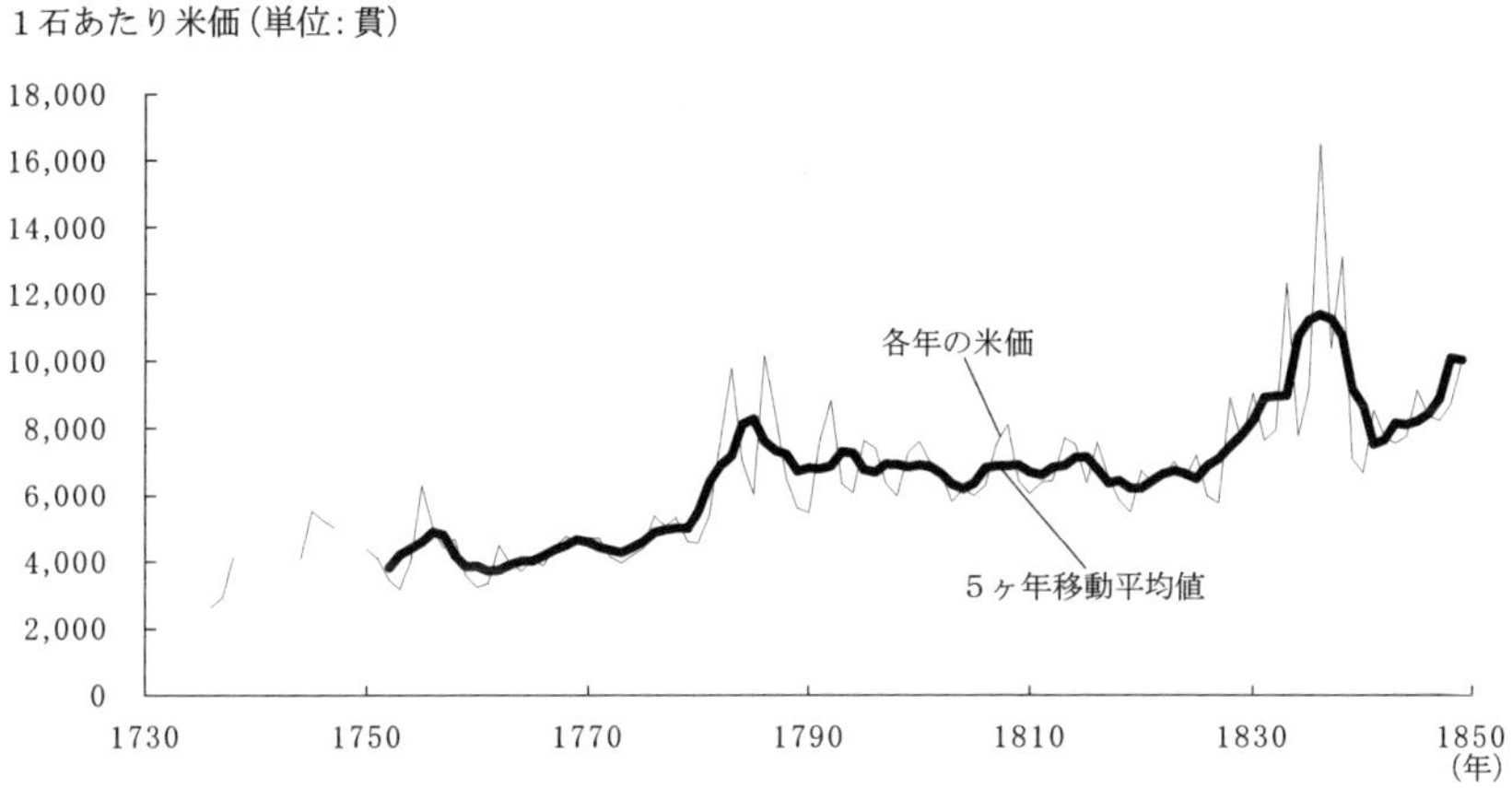

出所：岩橋勝『近世日本物価史の研究』（大原新生社、1981年）、274-276頁に所収の大坂米価を【図4】の大坂銭相場価格により算出。

このような銭貨の下降・安定は、当時の貨幣経済の進展による小額貨幣需要の増大にもかかわらず、銅銭の増鋳のほか、鉄銭の新鋳、あるいは藩札の発行や、南鐐二朱銀や真鍮四文銭といった小額貨幣の新たな発行が[32]、対処した結果だと考えられる。したがって、一八世紀中葉における銭価を押し下げた要因の一つとして、日本の銅輸出の削減による銅銭の増鋳を挙げることもできよう[33]。さらには、鉄銭や藩札などの銅銭に代替する各種の新貨幣の登場と流通界におけるそれらの受容により、銭価は押し下げられていったのである。

また、**図5**は、通常は銀建て表示である米価趨勢（大坂米価）を、銭建てに換算して表示したものである。あえて銭建て表示にするのは、より一般庶民に近い貨幣である銭を基準として、物価の傾向を知るためである。銭建てで表示すると、物価の長期的趨勢は銀建て表示の趨勢と異なる。通説の物価史研究では、銀建てデータに基づき、物価は一七三〇年代から一八一七年までは下降傾向が、また一八一八年以降を物価の上昇傾向が見られるとされている[34]。しかしながら銭建て表示（**図5**）では、むしろ一七八〇年代までを傾向的な上昇期、一七八〇年代から一八二〇年代半ば頃までを緩やかな下降期と見なすことができる。したがって、日本においては長期的に緩やかなインフレーションが生じ、それが経済発展をもたらしたと考えられるのではないだろうか。また、**図5**では示されていない一七〇〇年から一七三〇年にかけては、銀銭換算史料の不足から判断できないが、米沢での小売米価（銭建て表示）によれば、たしかに享保中期に下落が見え米価の高低は見られるものの、むしろ一八世紀は、一七八〇年代まで傾向的な上昇期であって、わずかに享保中・後期に米価が一時的に下落したようである。[35] まして、朝鮮において三〇年間ほど価格が三分の一ほどに減少したような急激な変動は読み取れない。

なお、日本に関しては従来の研究より、さらに言及できる点がある。先述のごとく川勝氏に見られるような、従来の近世日本に関するアジア間交易論の範疇では、貿易の制限が、生糸、砂糖、人参、蘇木等の国産代替化につながり、これが速水融氏の提起する「経済社会」の成立につながるとされた。[36] 速水氏によれば、一八世紀の日本において、経済的動機の高まりなどから勤勉革命（industrious revolution）と名づけうる、労働集約型の生産性の増大が生じており、これは西洋社会に同時期に起きた産業革命（industrial revolution）と対比できるという。[37] 本稿は、この議論を一歩前進させ、速水氏が国内的要因から論じていることを、国際的要因——すなわち、輸入商品の国産代替化と輸入商品の決済手段であった貴金属素材の輸出制限との開始——も含めてより総合的に勤勉革命論や日本における「経済社会」成立論を捉えようとするものである。川勝氏のシェーマでは、日本からの銅を中心とする貨幣鋳造原料たる金属輸出の制限は、どちらかといえば副次的な意味しか持たないものであった。しかしながら、本稿が明らかにしたところでは、小額貨幣の原料である銅の輸出制限が要因の一つとなって、日本は国内向けの小額貨幣供給を維持、拡大することができたのである。この点において、先行研究が明らかにしている見取り図とあいまって、日本における「経済社会」の形成と成立を支えたものと考えることができるのである。

一方、朝鮮では、銅輸入量の減少による小額決済手段たる銭の不足が一八世紀前半期にはデフレーションを引き起こした。日本のように他の金属貨幣が銅銭に代替することもなく、あるいは藩札のような紙幣が銅銭に代替することもなかったことは特筆すべき点であった。かくして、朝鮮のこの状況は、特に農産物を売却する農民層に打撃を与えるものであり、日本のような小農による経済発展は期待しがたいものであった。同時に銭価の上昇とデフレーションは、貨幣の退蔵を招いたのであって、通貨の適切な流通が促進されなかったこともまた、経済発展にはマイナスに作用したものと考えられる。本稿は朝鮮と日本を事例に取り上げて検討してきたが、他の環シナ海地域の状況とも考え合わせると、一八世紀において、環シナ海の各国は、鋳銭原料たる銅の十分な確保が極めて重要だったのであり、その意味で銅をめぐるアジア間競争が潜在的ではあったが存在していたと考えられる。[38]

おわりに

一七世紀末から開始された日本の相次ぐ銅輸出量の削減は、それまで日本から銅を輸入していた諸国に深刻な影響を与えた。環シナ海地域での小額貨幣は日本から輸入した銅を原料とした銅銭が流通していたが、その貨幣供給に危機が生じたのである。本稿は、小額貨幣の供給の如何が、小農における貨幣経済の浸透、及び社会全体の経済発展に大きな影響を及ぼすものであるという視点に立って検討した。[39]

本稿は朝鮮を事例に挙げ、朝鮮における銅銭の鋳造原料調達の過程とそれに関連した経済状況を検討してきた。朝鮮では、一七世紀末より日本銅の輸入が大幅に減少し、銅銭の鋳銭事業は一六九七年に停止された。そのため、一八世紀の前半期は、銭荒が発生するに至り、物価の下落が見られた。一八世紀後半以降における物価上昇の主要因の一つとしては定期的な鋳銭事業の再開があった。しかしながら、一八世紀後半以降の銭貨鋳造も、その原料を日本からの供給に負っており、社会全体としては、依然銭不足の状態にあった。

一方、日本では、一八世紀中葉には銭価が低落傾向を見せ、一七八〇年代以降一九世紀中葉にかけて、銭価は安定傾向をたどる。また、銭建て米価は一八世紀には上昇傾向を見せていた。このように日本と朝鮮とに差異をもたらした要因として、小額貨幣供給量の差異は考慮に入れられるべきである。さらに、経済発展の進度や近代化への萌芽に関し、貨幣経済の浸透度の差を引き起こした要因である日本の銅輸出の削減を挙げることができる。かくして、アジア内部での銅をめぐる潜在的アジア間競争が存在していたと結論づけられる。

また本稿は冒頭で述べたように、方法論的問題提起をも含意したものであった。すなわち、近世期の「潜在的アジア間競争」という仮説的概念をより深めるには、モノの生産・流通及びその変化を扱う第一の研究視角と、この視角の延長上に、モノのうち金属の貨幣的側面に着目した物価史の比較研究という第二の研究視角がある。本稿は、この第二の研究方法の有効性を模索する試みでもあった。いずれも、一見すると各国が閉じられた世界と思われていた近世期の環シナ海地域が、貿易という物資の移動ばかりでなく、各国経済が密接に連関し、潜在的ではあったが、競争関係にあったことをより鮮明にすると考えられる。

ところで、以上の結論にはいくつかの留意点があり、最後にこの点を指摘し、今後の課題としたい。

第一は、物価に関するものである。日本における米価上昇の原因や朝鮮における米価下落の原因を貨幣的側面のみに限定することは若干の危険性を持つと思われる。また、朝鮮における米価動向は、地域間でその動向にばらつきがあったこと(40)に留意しなければならない。とはいえ、外国貿易による貨幣素材の輸出入を考慮した上で、通貨的要因から物価の国際比較を論じたものはほとんどなく、未だ端緒についたばかりではあるが、新しい研究手法の一つになりうるとも考えられる。

第二は、貨幣制度そのものに対する疑問である。本稿は、銅銭を小額貨幣として環シナ海地域に共通していたとして考察した。しかし、日本においては、一八世紀以降、小額貨幣としては、銅銭ばかりでなく、鉄銭や藩札、あるいは南僚二朱銀などの小額銀貨などの役割も大きかった。何故に日本では銅銭に代替する貨幣が受け入れられたのであろうか。一方、朝鮮では、銅銭に代替する貨幣が発生し、大きな役割を担い得なかったのかという疑問がある。

注

（1）川勝平太「日本の工業化をめぐる外圧とアジア間競争」浜下武志・川勝平太編『アジア交易圏と日本工業化　一五〇〇—一九〇〇』（新版、藤原書店、二〇〇一年）、一八三頁。

（2）一七世紀の東アジアにおける国際分業は先見的に浅尾直弘によってかつて示された。朝尾直弘「十七世紀における産業構造の特質」『日本史研究』五六、一九六一年、六七—七〇頁。

（3）具体的な全体像に関しては、荒野泰典『近世日本と東アジア』（東京大学出版会、一九八八年）第一部「近世日本の対外関係と東アジア」を参照。なお、蘇木に関しては、拙稿（「唐船来航ルートの変化と近世日本の国産代替化——蘇木と紅花を事例として」『早稲田経済学研究』四九、一九九九年）が、一八世紀の日本において、染料原料を、輸入品の蘇木から国産品の紅花にシフトさせていった要因を国際関係の変化に求めている。

（4）黒田明伸『中華帝国の構造と世界経済』（名古屋大学出版会、一九九四年）。

（5）川勝平太「日本の工業化と貨幣——覚え書き」『早稲田政治経済学雑誌』第三〇四・三〇五合併号、一九九一年、一五四頁。

（6）現実には、それより数年はやく銅輸出量が削減されている（図1参照）。

（7）「バタヴィア城日誌」一六三四年二月一六日条。村上直次郎訳註・中村孝志校註『バタヴィア城日誌　I』（平凡社、一九七〇年）、一六二—一六三頁。

（8）「ドゥフ・ユニアの秘密日記」一八〇九年二月一八日条。日蘭交渉史研究会訳『長崎オランダ商館日記　四』（雄松堂出版、一九九二年）二七〇—二七一頁。

（9）Anthony Reid, *South Asia in the Age of Commerce 1450-1680*, New Haven, London, Vol. 1, The Lands below the Winds, 1988, Vol. 2, Expansion and Crisis, 1993.

（10）環シナ海地域という用語は、管見のところ、村井章介氏によるものが最初である。村井章介「中世日本列島の地域空

間と国家」『思想』七三一、一九八五年、四七頁。

(11)「備邊司謄録」正祖一二年一〇月四日条。

(12)一七世紀後半期には、一七五一年、一七五二年、一七五七年、一七六二年、一七六五年、一七七二年、一七七四年、一七八五年、一七九一年、一七九三年、一七九五年、一七九八年の各年で鋳銭が行なわれた。(元裕漢『朝鮮後期貨幣史研究』(韓國研究院、一九七五年)、一〇二頁)。

(13)須川英徳「朝鮮時代の貨幣」『歴史学研究』七一一、一九九八年、二九頁。

(14)安邊銅鉱は一七三一年(「備邊司謄録」英祖七年一〇月庚子条)、遂安銅鉱は一七四二年(「英祖実録」英祖七年一〇月丙寅条)にそれぞれ採掘が開始された。

(15)「萬機要覧」によれば、精錬方法に問題があったとされる(「萬機要覧」財用篇四、金銀銅鉛)。

(16)「萬機要覧」財用篇四、金銀銅鉛。

(17)「正祖実録」正祖九年一〇月庚寅条。

(18)重量は一六七八年の時点では、二銭五分であったが、一七四二年には二銭、一七五二年には一銭七分、一七五七年には一銭二分になった(元裕漢『朝鮮後期貨幣史研究』韓国研究院、一九七五年、一一一頁)。

(19)元裕漢『朝鮮後期貨幣史研究』(韓國研究院、一九七五年)、一一七頁。しかし、朝鮮での銭貨の銅含有量減少は中国のそれに比して、わずかだった。それゆえ、後の一九世紀に清銭が輸入された時、清銭による常平通宝の駆逐が生じた。(李碩崙『우리나라貨幣金融史――一九一〇년 이전』博英社、一九九四年、一五一―一五二頁)。

(20)李碩崙『우리나라貨幣金融史――一九一〇년 이전』博英社、一九九四年、一二一―一二二頁。

(21)朝鮮での銭貨の銅含有量減少は中国のそれに比して、僅かであり、後の一九世紀に清銭が輸入された時(一八六七年)には、清銭による駆逐が生じた(李碩崙『우리나라貨幣金融史――一九一〇년 이전』博英社、一九九四年、一五一―一五二頁)。

(22)高額銭である当百銭の鋳造は、一八六六年である(崔虎鎭『韓國貨幣小史』瑞文堂、一九七四年、一五一―一五二頁)。

(23)例えば、一七四二年、朴文秀は高額銭の鋳造を提起している(「英祖実録」英祖一八年四月壬子条)。

(24)宋賛植『李朝의貨幣』한국일보社、一九七五年、七一頁。

(25)「續大典」戸典、国幣。

(26)李憲昶「肅宗―正祖朝(一六七八―一八〇〇)米價의 變動」『經濟史學』二一、一九九六年。

(27)ただし、この結論には、ある程度の留保が伴うことは注意を要する。すなわち、第一に、米価を物価の代表値として

いる点であり、第二に、貨幣数量説の単純な適用という点である。たしかに、この一八世紀前半の物価下落の時期には、米価が他の諸物価に比較して相対的に下落していたという指摘がある（例えば、全成昊「一七二五～一七六一년간 慶尚道 固城地方의 物價水準에 관한 研究——慶尚道 固城縣《勝聽明録》分析」『泰東古典研究』一三、翰林大学校泰東古典研究所、一九九六年）。その意味で、稲作生産性の上昇を考慮せざるを得ないであろう。また、一八世紀後半の米価上昇の原因を単純に貨幣的要因ばかりに帰することは正しいとは言えない。だが、後に見るように、この時期の日本の銭建て米価との比較を行なう際に明らかになるように、長期的な趨勢の際を生み出した原因の主要因として貨幣的要因は軽視すべきではないであろう。

(28) 李碩崙『우리나라貨幣金融史——一九一〇년 이전』博英社、一九九四年、一三四—一三五頁。

(29) 四方博「朝鮮に於ける近代資本主義の成立過程——その基礎的考察」、京城帝国大学法文学会編『朝鮮社会経済史研究』（刀根書院、一九三三年）、四九頁。

(30)「英祖実録」英祖七年八月丙申条。

(31) 新保博『近世の物価と経済発展』東洋経済新報社、一九七八年、一九四—一九七頁。

(32) 日本銀行調査局編『図録日本の貨幣』三（東洋経済新報社、一九七四年）を参照。

(33) 日本国内での銅生産量は一七一一年には約六四〇万斤であったが、一七七〇年には約四三〇万斤となっている（佐々木潤之介「銅山の経営と技術」永原慶二・山口啓二編『講座・日本技術の社会史』第五巻（日本評論社、一九八三年）、一八一頁）。一七一一年の輸出量を約四〇〇万斤であり、銅貿易の制限を行なわなければ、近世後期ではほとんど国内用の銅はなかったことになる。

(34) 新保博『近世の物価と経済発展』東洋経済新報社、一九七八年、四一—四二頁。

(35) 岩橋勝『近世日本物価史の研究』大原新生社、一九八一年、一九九頁。

(36) 川勝平太「日本の工業化をめぐる外圧とアジア間競争」浜下武志・川勝平太編『アジア交易圏と日本工業化 一五〇〇—一九〇〇』（新版、藤原書店、二〇〇一年）。

(37) 速水融「序論 経済社会の成立とその特質——江戸時代社会経済史への視点」社会経済史学会編『新しい江戸時代史像を求めて』（東洋経済新報社、一九七七年）。本稿で言及する勤勉革命（industrious revolution）論は、この速水氏の議論を踏まえたものであり、Jan de Vries 氏のいう、産業革命に先立つ勤勉革命という類型とは質を異にする（Jan de Vries, 'The Industrial Revolution and the Industrious Revolution,' *Journal of Economic History*, 54-2, 1994）。

(38) なお、中国に関して一言しておく。中国は一八世紀前半まで、国内必要銅の多くを日本からの輸入に依存していた。

当時の中国は基本的に朝貢関係にある国家以外とは貿易関係を取り結ばなかったから、銅を輸入するための日本との貿易は極めて例外的であった。それゆえ、一七一五年の正徳新例以降、日本の段階的銅輸出削減は、中国の銅供給は深刻な打撃を与えた（John Hall, 'Notes on the Early Ch'ing Copper Trade', *Harvard Journal of Asiatic Studies*, vol. 12, 1949.）。実際、一八世紀の中国において、銭価は相対的高騰期にあった（岸本美緒『清代中国の物価と変動』研文書院、一九九七年、三三一頁）。たしかに、銅銭などの小額貨幣不足という現象は、一八世紀初期以降、日本を除く環シナ海地域のあらゆるところで見られた現象であったが、中国は一八世紀中葉以降、雲南地域の銅山開発等によって、一八世紀後半期には中国国内での銅需要をかなり満たしたといわれる。ただし、日本と同様、中国においても、銅の含有量の少ない低質銭が発行されていた。こうした中国と日本とにおける銅をめぐる関係も、同様に潜在的アジア間競争の一例であるといえるだろう。

(39) 同様に小額貨幣と経済発展との関係を論じたものに、岩橋勝「小額貨幣と経済発展——問題提起」『社会経済史学』五七—二、一九九一年がある。しかし岩橋氏は、国内的要因からこの問題を扱っており、この点で、本稿の取り扱う手法とは異なっている。

(40) 차명수「우리나라의 시장 발전、一七四四—一九九六」『제뽕겟회 전국역사학대회 발표요지』（제41회 전국역사학대회 준비위원회、一九九八年）、四五一頁。

参考文献

朝尾直弘「十七世紀における産業構造の特質」『日本史研究』五六、一九六一年

荒野泰典『近世日本と東アジア』東京大学出版会、一九八八年

岩橋勝『近世日本物価史の研究』大原新生社、一九八一年

——「小額貨幣と経済発展——問題提起」『社会経済史学』五七—二、一九九一年

川勝平太「日本の工業化と貨幣——覚え書き」『早稲田政治経済学雑誌』第三〇四・三〇五合併号、一九九一年

——「日本の工業化をめぐる外圧とアジア間競争」浜下武志・川勝平太編『アジア交易圏と日本工業化　一五〇〇—一九〇〇』新版、藤原書店、二〇〇一年

岸本美緒『清代中国の物価と変動』研文書院、一九九七年

黒田明伸『中華帝国の構造と世界経済』名古屋大学出版会、一九九四年

——「一六・一七世紀環シナ海経済と銭貨流通」『歴史学研究』七一一、一九九八年

佐々木潤之介「銅山の経営と技術」永原慶二・山口啓二編『講座・日本技術の社会史』第五巻、日本評論社、一九八三年
四方博「朝鮮に於ける近代資本主義の成立過程――その基礎的考察」、京城帝国大学法文学会編『朝鮮社会経済史研究』刀根書院、一九三三年
島田竜登「唐船来航ルートの変化と近世日本の国産代替化――蘇木と紅花を事例として」『早稲田経済学研究』四九、一九九九年
新保博『近世の物価と経済発展』東洋経済新報社、一九七八年
須川英徳「朝鮮時代の貨幣」『歴史学研究』七一一、一九九八年
鈴木康子「近世銅貿易の数量的考察――オランダ東インド会社の日本銅輸出」『大学院研究年報』文学研究科篇（中央大学）一五―四、一九八六年
田代和生「対馬藩の朝鮮輸出銅調達について――幕府の銅統制と日鮮銅貿易の衰退」『朝鮮学報』
――『近世日朝通交貿易史の研究』創文社、一九八一年
日本銀行調査局編『図録日本の貨幣』三、東洋経済新報社、一九七四年
速水融「序論 経済社会の成立とその特質――江戸時代社会経済史への視点」社会経済史学会編『新しい江戸時代史像を求めて』東洋経済新報社、一九七七年
村井章介「中世日本列島の地域空間と国家」『思想』七三二、一九八五年
宋賛植『李朝의〔の〕貨幣』한국일보社、一九七五年
元裕漢『朝鮮後期貨幣史研究』韓国研究院、一九七五年
――『朝鮮後期貨幣流通史』正音社、一九七八年
柳承宙『朝鮮時代鑛業史研究』高麗大学校出版部、一九九三年
柳子厚『朝鮮貨幣考』学芸社、一九三〇年
李碩崙『우리나라〔我国の〕貨幣金融史――一九一〇년 이전〔年以前〕』博英社、一九九四年
李憲昶「肅宗―正祖朝（一六七八―一八〇〇）米價의變動」『經濟史學』二一、一九九六年
全成昊「一七二五～一七六一년간〔年間〕慶尚道 固城地方의〔の〕物價水準에 관한〔に関する〕研究――慶尚道 固城縣《勝聽明録》分析」『泰東古典研究』一三、翰林大学校泰東古典研究所、一九九六年
――「一八世紀米價推移와〔と〕米價政策에 관한 연구〔に関する研究〕」『史學研究』五二、一九九六年
――「一八―一九世紀 物價 趨勢（一七四四―一八六二）――全羅道 靈巖 場巖里 南平文氏 古文書 分析」『朝鮮時代史

學報』、一九九七年
崔虎鎮『韓国貨幣小史』瑞文堂、一九七四年
차명수「우리나라의 시장 발전［我国の市場発展］、一七四四―一九九六」『제41회 전국역사학대회 발표요지［第四一回全国歴史学大会発表要旨］』（제41회 전국역사학대회 준비위원회［第四一回全国歴史学大会準備委員会］、一九九八年）
Anthony Reid, *South Asia in the Age of Commerce 1450-1680*, New Haven, London, Vol. 1, The Lands below the Winds, 1988, Vol. 2, Expansion and Crisis, 1993.
Jan de Vries, 'The Industrial Revolution and the Industrious Revolution,' *Journal of Economic History*, 54-2, 1994.
John Hall, 'Notes on the Early Ch'ing Copper Trade,' *Harvard Journal of Asiatic Studies*, vol. 12, 1949.

＊本稿は、第六八回社会経済史学会全国大会におけるパネルディスカッション「アジア太平洋地域間競争のダイナミズム」（一九九九年五月）及び一九九九年度第二回早稲田大学大学院経済学研究科経済学研究会（二〇〇〇年一月）とにおいて報告した論文に加筆したものである。その後、本稿が多く引用している李碩崙氏の韓国語による先行研究が日本語に翻訳出版された。鈴木芳徳監修・藤田幸雄訳『韓国貨幣金融史――一九一〇年以前』（白桃書房二〇〇〇年）をあわせて参照されたい。

2 近世日本のラッコ皮輸出をめぐる国際競争

高橋　周

はじめに

日本[1]は、アジアの北東、太平洋の北西に位置する。古来よりアジアの諸国・諸地域との交流が密接であり、〃アジアの北東にある日本〃であったといえよう。一九世紀に太平洋を隔てたアメリカとの関係が始まると、〃太平洋の北西にある日本〃という立場を担うようになった。たとえば、前近代における日本の貿易は、アジア諸国・諸地域との貿易が中心であった。一六世紀以降のポルトガル・オランダなどによる貿易も、アジアの物産と日本産鉱物資源を取引するアジア間貿易が中心であった。これは〃アジアの北東にある日本〃による貿易であるといえる。それに対して〃太平洋の北西にある日本〃が意味を持つのは一八五三年以降の「開国」「開港」からである。日本の「開国」を行ったアメリカ合衆国使節[2]が派遣された目的として、太平洋横断航路に必要な石炭補給地としての日本との貿易開始が挙げられている。[3]ここにおいては〝太平洋の北西にある日本〟が重要な意味を持つこととなった。

〝アジアの北東にある日本〟と〝太平洋の北西にある日本〟という二つの立場を結ぶ貿易品に毛皮がある。毛皮は前近代における北東アジアの国際商品であり、ロシア・イギリス・アメリカ合衆国といった非アジア諸国も北太平洋沿岸でとれた毛皮を中国向けの貿易品としていた。[4]毛皮の中でも、筆者が注目するのはラッコ皮である。[5]ラッコはイタチ科の哺乳類で、その生息範囲は、カリフォルニア・アラスカからアリューシャン列島・カムチャッカ半島東岸から千島列島、という三つの地域に限られている。[6]そのため近世までに書かれた日本の史料に登場するラッコは、千島列島において捕獲されたか、少なくとも千島列島を通って運ばれたものである。ラッコの捕獲は先住民によって古くから行われていたが、一七四一(寛保元)年のベーリングによる探検以降に増加した。ラッコはその後の乱獲により二〇世紀初頭に絶滅の危機に瀕し、一九一一(明治四四)年に日本・アメリカ合衆国・イギリス・ロシアによりラッコ・オットセイ保護条約が結ばれ、国際保護動物に指定された。[7]

近世日本の対外関係は、「鎖国」という言葉で表されてきたが、実際にはオランダ・中国・朝鮮・琉球といった国々との対外関係を維持していた。[8]その中で様々な貿易品が輸出されたが、他国と輸出市場が競合するものもあった。本稿が対象とするラッコ皮もその一つである。ラッコ皮と同様に長崎から輸出された蝦夷地産物では、俵物・諸色海産物と呼ばれた煎海鼠・干鮑・鱶鰭・昆布に関して多くの先行研究がある。[9]しかしそれらの海産物は長崎における唐船売渡値段がほぼ一定しており、[10]しかも国内価格のほうが輸出価格よりも高かった。[11]そのため日本以外の貿易の影響を価格から窺い知ることは難しい。この点においてラッコ皮はそれらの輸出品とは異なっていた。一七八〇(安永九)年の「安永九年商賣外持渡代り物仕法」という記録に書かれている価格は、煎海鼠・干鮑・鱶鰭・昆布が「定式直段」であったのに対し、「獵虎《ラッコ》皮」は「通用直段」であった。[12]ラッコ皮は高価であり、一個体ごとに大きさも毛並みも異なるので、このことは当然であろう。それだけに、ラッコ皮は煎海鼠・干鮑・鱶鰭・昆布と異なり価格変動が発生しやすい輸出品なのであった。

諸外国の毛皮貿易が最初に日本へ大きく影響を及ぼしたのは、一八世紀後半に始まるロシアによる通商要求であった。毛皮獣猟を目的としたロシアの勢力拡大は、日本にとっては北からの脅威の出現であった。そのため、一八世紀末から一九世紀初頭の日本の対外関係は緊迫し、それにともない一八〇一（享和元）年には「鎖国」という言葉が誕生した。[13] 幕府は蝦夷地への関与を強め、一七九九（寛政一一）年から一八二一（文政四）年まで直轄とした。通説的には、この直轄は外国との境界を取り締るため、と理解されている。[14] しかしその本質を蝦夷地商品、長崎俵物用商品への専売制指向とする指摘もある。[15] また、一七八五（天明五）年には輸出海産物の集荷体制の再編強化が行われた。[16] 蝦夷地は輸出海産物の主たる生産地であり、長崎での貿易に影響がなかったとは考えにくい。政治的な面だけでなく、経済的な面についても蝦夷地を国際関係の中で捉える必要があろう。

本稿は、アメリカ合衆国の太平洋貿易への進出による中国市場での国際競争が日本に影響を与えたことを、ラッコ皮の貿易を通して論じるものである。そのために、まず第一節では北東アジアの毛皮貿易、特にラッコ皮の貿易を概観し、そこへの日本の関わりを論じる。第二節では一八世紀末から一九世紀初頭に起きたラッコ皮価格の下落について論じていく。そして最後にラッコ皮貿易に見られる国際競争について言及する。

一　北東アジアのラッコ皮貿易

1　ラッコ皮の地位

中国には古来より毛皮に対する需要があった。例えば、中国東北地方の針葉樹林に生息するクロテンは、紀元

表1　北京貿易での毛皮価格

1717年		1727年		1735年	
ラッコ	12ルーブル	ラッコ	5.15テール	ラッコ	9.27テール
シベリアテン	1.5ルーブル	テン	0.36テール	テン	0.32テール
テン	0.16ルーブル	クロテン	1.51テール	クロテン	1.31テール
		カワウソ	1.14テール	カワウソ	1.26テール

出所：吉田金一「ロシアと清の貿易について」（東洋学術協会『東洋学報』第45巻第4号，1963年所収）43頁表2・45頁表4より作成。

前から黒竜江流域諸民族による中原の王朝に対する主要な貢納品となっていた。テン皮は中国の支配層の間で珍重され、明代には宮廷を中心に流行し、清代末期まで交易品の中心であった。[17] 国家をなさない北方諸民族だけでなく、しだいに日本とロシアも中国へ毛皮を供給するようになった。とくに一八世紀のロシアにとっては、毛皮は中国への輸出品の中心であった。以下では中国を市場とした毛皮交易においてラッコ皮がどのように扱われたかをみていく。

ロシアと中国の貿易は、一六八九（元禄二）年のネルチンスク条約締結によって開始された。ロシアの官営隊商が北京へと派遣されたのが北京貿易である。これは当初隔年で行われていたが、しだいに間隔が開いて一七五四（宝暦四）年を最後に途絶えた。また、その後一七二七（享保一二）年にキャフタ条約が結ばれ、個人商人によるキャフタでの国境貿易が開始された。これがキャフタ貿易である。キャフタ貿易におけるロシアの輸出品の中心は毛皮であった。一七六八（明和五）—八五年の統計ではロシアの輸出額の七八・八％を毛皮が占めていた。[18] 毛皮は北東アジアでの国際商品であり、ロシアの中国向け輸出品の主力であった。当時の北東アジアの貿易は毛皮を中心に考えなければならないのである。

毛皮の市場であった中国において、最も高い価格で取引されていたのがラッコ皮である。

表1は吉田金一氏の研究から北京貿易で取引された主な毛皮の価格をまとめたものである。[19] 一七一七（享保二）年の官営隊商ですでにラッコ皮が輸出されている。そし

てどの年を見ても、ラッコ皮が他の毛皮よりも際立って高い評価を受けていたことがわかる。ラッコ皮以外で最も高価とされたクロテン皮との比較でも、一七二七年で約三・四倍、一七三三（享保一八）年で約七・一倍となっている。**表2**は一八〇四（文化元）年から一八一八（文政元）年にアメリカ船によって中国に輸出された毛皮の数とその金額、そしてそこから算出した一枚あたりの平均価格である。ここでもラッコが最も高価な毛皮であったことがわかる。**表2**にはクロテン皮の価格は記載されていないが、ラッコ皮はその次に高価なビーバーやカワウソの毛皮の六倍となっている。

このようにラッコ皮は市場である中国において最高級毛皮としての地位にあった。それだけにロシアにとってラッコ皮の獲得・取引は毛皮貿易の中で重要な問題であっただろう。

表2　1804-1818年のアメリカ船による広東への毛皮輸入

種類	数量	金額	単価
ラッコ	133,385	4,001,550	30
アザラシ	1,371,232	2,056,848	1.5
ヌートリア	195,000	390,000	2
ビーバー	149,389	746,945	5
ウサギ	22,336	16,613	0.74
キツネ	25,752	51,504	2
カワウソ	101,462	507,310	5

出所：*British Parliamentary Papers*,1821(476)VII 'Report [Relative to the Trade with the East Indies and China] from the Select committee of the House of Lords,appointed to inquire into the means of extending and securing the Foreign Trade of the Country, and to report to the House; together with the Minutes of Evidence taken in Sessions 1820 and 1821, before the said Committee: - 11 April 1821', p.408. より作成。単価は引用者による。金額の単位は明示されていないが、同書にある他の表よりドルであると推察される。

2　ロシアの通商要求とラッコ皮

一八世紀にロシアは北太平洋地域での活動の場を大幅に広げていった。一七二五（享保一〇）年から始まるベーリングの探検により、ロシア人の活動範囲はアリューシャン列島やアメリカ大陸にまで及んだ。ロシア人は一七六七（明和四）年にエトロフ島にも渡来し、一七七一（同八）年からはウルップ島でラッコ猟を行うようになった。[20]

このようなロシアの北太平洋地域における活動には二つの問題点があった。一つは物資の不足であった。北太平洋地域はロシアの中心部から遠く離れている。しかしネルチンスク条約によりロシアは黒竜江を利用することができなかった。そのため物資の輸送は陸路ではシベリアを横断せねばならず、海路でもペテルブルグから大西洋に出て南アメリカ大陸をまわり太平洋を横断しなければならなかった。[21]そのため物資の供給は乏しく、輸送のためには多くの費用がかかり、食料などの価格は著しく高くなっていた。例えばクルウゼンシュテルンは、裸麦の価格がロシアのヨーロッパ側とオホーツクとの間では最低でも一六倍の価格差があることを記している。[22]

もう一つの問題は北太平洋地域の産物である毛皮の輸送であった。有力な市場である中国との貿易は、北京貿易・キャフタ貿易ともバイカル湖近くのイルクーツクやキャフタまで毛皮を運ばねばならなかった。北太平洋地域で獲れた毛皮をいったんオホーツクまで運び、さらにキャフタまで送るには二年以上かかっていた。[23]ヨーロッパへの輸送も、物資供給の場合と同じルートを逆に運ぶしかなかったのである。

いかに毛皮が高価な商品であったとはいえ、この二つの問題によってかさむ費用がその利益を大きく圧縮したことは間違いないであろう。一八世紀後半から一九世紀初頭にかけてのロシアの日本への接近は、これらの問題を解決するために行われた。一七九二(寛政四)年に最初の使節としてアダム・ラックスマンが根室に来航し、幕府から長崎入港の許可書である信牌を受けて帰国した。そのため、この帰国の時点でロシアは日本との貿易開始への期待をもっていた。アダム・ラックスマンの復命を受けて書かれたイルクーツク総督による書付には、物資不足の問題を日本との貿易が緩和するであろうという見通しが記されている。そこでは織物類・米麦・上品の銅鉄器などが輸入され、ヤクーツク・オホーツク・カムチャッカといったシベリア一帯に供給されると目されている。特に穀物は、シベリアでは生産できないのでイルクーツクを経て遠く運ばれており、日本からの輸入はロシアの北太平洋地域の活動にとって非常に有益であるとされた。[24]

一方、毛皮輸送の問題の解決も日本との貿易開始の目的であった。この使節派遣に動いたキリル・ラックスマン（アダムの父）がエカテリーナⅡ世に説いたところによれば、日本への輸出品として予期されるものにラッコ皮等の毛皮が挙げられている。(25) 輸送のコストを考えれば、日本に近い千島列島で獲れるラッコ皮は、有力な輸出品になると考えられたであろう。千島列島の先住民によって古くから行われていた交易では、ラッコ皮は日本向けの商品であった。ロシア人が千島列島に進出した時には、北千島の人々はラッコなどの毛皮や鷲羽を南千島の人々と交易して日本品を得ていた。(26) 日本がラッコ皮の輸出先となりうることは、ロシア人にも知られていたであろう。(27)

ロシアの日本への接近は、北太平洋地域での活動の障害となった二つの問題を解決するためであった。毛皮輸送の問題だけでなく、食料等の物資の供給も毛皮猟のためのものであり、日本への接近は毛皮獲得のために起きたとすることができる。一八世紀末からのロシアの接近は、一八五八（安政五）年の日米修好通商条約まで断続的に続けられた欧米諸国による日本への貿易開始要求の先駆けである。毛皮は日本の「開国」・「開港」への最初の一歩を生み出す原動力となったのである。その毛皮の中心に位置するのがラッコ皮であった。

3 ロシアによるラッコ皮輸出に対する日本の認識

ロシアと中国の貿易において、毛皮が、中でもラッコ皮が重要な商品であったことは、日本にとって無視できない問題であった。なぜならば、ロシアのラッコ捕獲は日本への接近と結びついていたからである。ここではロシアから中国へのラッコ皮輸出に対する日本の認識を見ていく。

ロシアの接近に直面していたのは蝦夷地の中でも現在の道東地域であった。一七七八年には松前藩の役人とロシア人との最初の接触が根室半島のノッカマプで行われており、すでに断続的にではあるがウルップ島にロシア人が住んでいた。ウルップ島にはラッコが多く生息しており、彼らはラッコ猟を行っていた。(28) それらの情報から、仙台藩の医師工藤平助は『赤蝦夷風説考』を著してロシアの接近を明らかにし、ロシアとの交易を説いた。『赤蝦夷風説考』は老中田沼意次の知るところとなり、幕府による最初の本格的な蝦夷地調査が一七八五年から行われた。[29] つぎの史料は、この調査に参加した最上徳内が道中での見聞をもとに著したものである。そしてこれは書き改められて『蝦夷草紙』として老中本多忠籌に提出された。[30]

ウルップ嶋の事

（略）

實に名産多く出産する嶋なり。然るに近年になりて、赤人多く渉海して諸土産を横領すること夥く、（略）蝦夷諸嶋は大日本國の屬嶋にして、則日本の國内なるは勿論也。殊に獵虎皮は蝦夷産物の最一の良産物にして、往古よりの定例にて、肥州長崎へ回りて唐船へ交易ありしは古例なり。然るに近年になりて赤人渡海して獵虎をはじめ諸名産を土人等を訛し採揚、或は赤人の獵師をも數多つれ來りて手獵を仕てモスコビヤへ運送し、則ヲロシヤの土産物と為て中華北京口へ出して交易し、大利を得るとの風説なり。

斯の如く、産物の良品はみなヲロシヤへ回りて、今は日本への交易は不足せり。此嶋の土産計りも斯の如く、外諸嶋の土産も多くヲロシヤへ廻る。日本へは至て少く廻るゆへ、近年は日本にて蝦夷産物彌不足となれり。是、日本の瑕瑾にて、最も以て輕からざる事なれば、厚く勘辨有て遠き慮なくて叶ぬ處なり。[31]

「中華北京口へ出して交易」とは、文字通りにとれば官営隊商による北京貿易を指すと考えられる。しかし時期的には北京貿易が途絶えてから三〇年以上経過しており、キャフタ貿易のことも考えられる。いずれにしても幕府による蝦夷地調査が行われた頃には、ロシアと中国によるラッコ皮貿易の情報が知られていたことがわかる。

ここで徳内は日本の支配領域について、「蝦夷諸嶋」＝千島列島は日本の「屬嶋」であって「日本の國内」、という認識に立っている。そのためウルップ島で「赤人」＝ロシア人が産物をとることは、「横領」と考えられたのである。ラッコ皮はここでは「蝦夷産物の最一の良産物」となっているが、書き改められた『蝦夷草紙』では「臘虎は日本の名産」とされている。[32] それをロシア人が「土人等を訛し採揚」ているのであった。そのために本来は日本に送られるはずのものがロシア人の手に渡り、日本はラッコ皮をわずかしか入手できなくなったとしている。ロシアによる中国への貿易はラッコ皮などにより「大利を得る」ものであったとされており、この事態を徳内は「日本の瑕瑾」としている。

当時、対ロシア問題は広く論じられており、幕府内部以外でも多くの書物が書かれた。そのひとつとして会沢正志斎が徳内などによって伝えられたウルップ島の状況について記している。会沢は長崎貿易の代物であり「神州の名産」であるラッコ皮が「北虜」ロシアから中国へもたらされることは、「我属国」を取られた証を外国に示すものであり「遺憾に非すや」としている。[33] 千島列島全体はともかく、ウルップ島が日本の支配領域であるという認識は、幕府の蝦夷地政策担当者にも共通していた。一七九九年からの東蝦夷地直轄化に際して、若年寄や蝦夷地御用取締掛はウルップ島でのロシア人の在住を問題とした。[34] ウルップ島は日本の支配下にあると考えられており、そこで獲れるラッコ皮が本来日本の産物であるとする考えは、徳内や正志斎に限られたものではなかっただろう。

ラッコ皮は日本では「日本の名産」と考えられるものであった。同じ中国市場にラッコ皮を輸出しているということが、ロシアの接近への警戒要素の一つとして作用していた。ラッコ皮によってロシアの南下は起きたが、ラッコ皮によって日本の危機意識は強められたとしても過言ではないであろう。

4　日本のラッコ皮輸出

ラッコ皮は日本から中国への輸出品でもあった。一七一二(正徳二)年に書かれた『和漢三才図会』には「猟虎は蝦夷が島の東北の海中に島有り、猟虎島と名づく。此の物多く之れに有り。其の美之れに比する者無し。価最も貴重なり。其の全体生きたる者を見る人無し。皮の形を以つて之れを察するのみ。其の皮長崎に送りて、中華の人争ひ求む」[35]とある。ラッコは誰も生きている実物を知らないにもかかわらず、「蝦夷が島」の北東で獲れ、その毛皮は長崎で中国人が争い求める輸出品であることが日本人の間で知られていた。ラッコ皮が日本列島を縦断して中国市場へ送られたのである。その日本による近世期のラッコ皮輸出を永積洋子氏の研究からまとめたものが**表3**である。[36]

表3より、一七八五年をラッコ皮輸出の転換点とすることができる。[37]一七六三(宝暦一三)年から一八二一年の五九年間のうち、二九の年にラッコ皮輸出が見られるが、特に一七八五年以降の三七年間に集中している。したがって一七八五年を輸出が本格化した年とすることができる。既述のとおり一七八五年は幕府が蝦夷地調査を開始し、輸出海産物の管理を強化した年であった。この年からラッコ皮輸出が本格化したのである。幕府は調査隊を派遣することによって、輸出品として知られていたラッコ皮の交易に接し、[38]これを意図的に長崎からの輸出品とするようになったと考えられる。

長崎からのラッコ皮輸出の最後の年は一八二一年である。この年の一二月に蝦夷地は幕府の直轄から松前氏に戻された。[39]ラッコ皮輸出は幕府の蝦夷地経営の撤退とともに幕を閉じたのである。これはラッコ皮が幕府には「日本の名産」としての意味があり、松前藩には贈答品という「蝦夷産物」としての意味があったことによるのではないだろうか。[40]そのため、蝦夷地が松前藩に復領され、幕府による蝦夷地への直接の関与がなくなったことにより、ラッコ皮の輸出は途絶えたと考えられる。

表3　長崎貿易におけるラッコ皮輸出量

年代	輸出量	輸出隻数	復元隻数	年代	輸出量	輸出隻数	復元隻数
1763	12枚	2	11	1793	228枚	2	113
1764	44枚	2	10	1794	28枚	1	7
1765	10枚	1	19	1795	10枚	1	8
1766	—	—	13	1795-6	1420枚	5	6
1767	—	—	11	1797	—	—	0
1768	—	—	11	1797-8	20枚	1	8
1769	—	—	12	1798-9	—		8
1770	—	—	13	1799-1800	240枚	4	7
1771	—	—	15	1800-1	20枚	1	13
1772	—	—	11	1801-2	718枚	3	11
1773	—	—	11	1803	—	—	10
1774	—	—	14	1804	3枚	1	11
1775	5枚	1	12	1805	255枚	3	12
1776	—	—	9	1805-6	—	—	5
1777	—	—	14	1807	—	—	6
1778	—	—	10	1808	—	—	8
1779	—	—	7	1809	—	—	11
1780	—	—	12	1810	820枚・1俵	2	11
1781	—	—	13	1811	—	—	10
1782	—	—	7	1812	1395枚	5	14
1783	—	—	17	1813	832俵	2	11
1784	—	—	9	1814	1114俵	6	9
1785	110枚	3	13	1815	72箱	3	11
1785-6	—	—	11	1816	1262俵	3	11
1786-7	70枚	2	7	1817	—	—	6
1787-8	82枚	2	14	1818	810枚	2	8
1788-9	—	—	9	1819	236枚	3	7
1789-90	239枚	5	11	1820	50枚・1俵	2	11
1791	685枚	8	15	1821	660枚	3	7
1792	—	—	12				

出所:永積洋子編『唐船輸出入数量一覧　1637-1833』吉川弘文館、1987年、より作成。

北東アジアでは広く毛皮貿易が行われており、その市場である中国ではラッコ皮が最も高い評価を受けていた。北東アジアの一角に位置する日本も、ラッコ皮貿易の当事者であった。毛皮の猟や貿易要求を原因とするロシアの接近が行われるなか、ラッコ皮は同じ中国市場に日本とロシアが送っている輸出品として認識され、千島列島に対する支配力を示すという政治的意味を持つものとされた。このことは蝦夷地の支配という点で重要であった。それだけに幕府は一八世紀末から一九世紀初頭にラッコ皮流通の管理を行い、中国への輸出を本格化させていったのであろう。

二　ラッコ皮価格の下落

1　根室における価格の下落

幕府による蝦夷地への関与のはじまりは、一七八五年に行われた蝦夷地調査であった。翌年の政変によって蝦夷地政策を推進していた田沼意次が失脚したことで、蝦夷地への幕府の関与が一時中断したが、ロシアの脅威は消えたわけではなく、北方への対策は重大な政治的課題でありつづけた。一七八九（寛政元）年のクナシリ・メナシの戦いでは、アイヌの背後にロシアの勢力があるという疑いが持たれた。そして一七九二年にはアダム・ラックスマンが根室に貿易を求めて来航してきた。このような状況に対処すべく、一七九九年に幕府は東蝦夷地を直轄とした。

この直轄ではアイヌを日本側につけることが重要であった。そのためにはアイヌへの「憮育」が第一とされた。「撫育」の目的は当面の弊害であった交易における不正を正し、アイヌの苦痛・不平を除いて和人に対する信用を高めることであった。具体的な措置としては、蝦夷地における銭通用の開始、交易価格の固定、場所請負制から

表４　天明期・文化期道東産物価格

1786（天明６）年			1809（文化６）・1813（文化10）年			
アッケシ・キイタップ・クナシリ三場所平均			根室場所			出典
産物	数量・品質	価格（米換算）	産物	数量・品質	価格（米換算）	
ラッコ皮	1枚　上	37貫294文（約544升）	ラッコ皮	1枚　上	22貫400文（400升）	A
鷹羽　真羽	1把　上	36貫104文（約527升）	大鳥尻	1把　上	16貫500文（約295升）	A
魚油	1升	68文5歩（１升）	鱒油	1升	67文（約1.2升）	A
煎海鼠	100	90文（約1.3升）	煎海鼠	100	112文（2升）	A
アツシ	1反	48文（約0.7升）	反アツシ		168文（3升）	A
アザラシ皮	1枚　上	72文（約1.1升）	アザラシ皮	1枚　上	448文（8升）	B
熊皮	1枚　上	162文（約2.4升）	熊皮	1枚	672文（12升）迄	B

出所:
　1786年………最上徳内「蝦夷草紙別録」（松前町史編集室『松前町史　史料編　第三巻』1979年、第一印刷出版部、所収）27-30頁。
　A＝1809年……荒井保恵「東行漫筆」（秋葉実『北方史史料集成　第一巻』北海道出版企画センター、1991年、所収）172-173頁。
　B＝1813年……加賀伝蔵「加賀家文書　私領引付産物蝦夷人より買入定直段」（秋葉実『北方史史料集成　第二巻』北海道出版企画センター、1989年、所収）368〜371頁
より作成。（　）は米換算。

直捌きへの移行があった。交易価格の固定は、国内相場の変動がアイヌとの交易に際して場所請負商人に乗ずる機会を与えたと幕府が判断したことによる。幕府は価格の基準となる銭相場と米相場を蝦夷地に限り公定し、その場所・その当時の交換価格をもって永久的なものとし、改めることを禁じた。[41] このような背景の中で、ラッコ皮の価格はどのような変化を見せたのであろうか。

　ラッコ皮価格において、「撫育」政策は貫徹されていなかった。**表4**は、幕府による蝦夷地への関与が始まった当初と直轄後における道東地域の産物価格である。文化年間のもの（一八〇九年および一八一三年）が根室場所についてであるのに対し、一七八六（天明六）年の数値はクナシリ・キイタップ・アッケシの三場所の平均価格である。キイタップ場所が根室場所の前身であり、三場所中で流通ルートの中央に位置しているので、この二つの価格は比較・検討しうるものであろう。代物の中心であった米で換算すると、ラッコ皮の最も上の等級の価格は一七八六年では約五四四升であったが、一八〇九（文化六）年には四〇〇升となり、約二六％の下落となった。[42]

ラッコ皮のこのような価格変化は例外的なものであった。輸出海産物の一つであった煎海鼠は一七八六年には米換算で約一・三升であったが、一八〇九年には二升に上昇していた。輸出海産物とともに蝦夷地漁業の中心であった〆粕については一七八六年の記録がないが、同時に生産された魚油については両年代とも記録がある。それによれば、一七八六年の魚油一升が米一升、一八〇九年の鱒油一升が米約一・二升であり、若干の上昇であった。また、狩猟による交易品であるアザラシ・熊といったラッコ以外の毛皮、さらにアイヌの民族的な産物のアツシ(植物の繊維で織られた布)の価格は大きく上昇した。それに対してラッコ皮の価格は大幅に下落したのであった。

ロシアに近く一七八九年に起きたクナシリ・メナシの戦いの場となった道東地域では、「憮育」が必要不可欠であった。魚油やアザラシ皮などの価格変化は、その政策に沿ったものと言える。にもかかわらずラッコ皮は大幅に価格を下げた。これは「憮育」政策に反するものであった。対アイヌ政策の基本である「撫育」に反してまでラッコ皮価格を下げた理由は何であろうか。

ロシア対策という点からは、価格を下落させての公定は考えにくい。ラッコ皮は千島においてロシアが望む商品であった。東蝦夷地直轄の際には、道東の中心地であったアッケシの惣乙名イコトイが「魯細亞國主」にラッコ皮二枚を送っており、ウルップ島で獲れたラッコ皮の半分をロシア人に渡しているという風聞があった。[43] 加えてカムチャッカの役人が交代し、新役人はアイヌを手厚く扱っている、という情報も伝えられていた。[44] そのような中でラッコ皮価格を下げることは、「憮育」政策に反するものであり、むしろラッコ皮はもっとも「憮育」が徹底されるべき商品であったはずである。

もっとも、根室においても「憮育」が全く無視されたわけではない。仮にラッコ皮の価格決定に際して「憮育」政策が考慮されなかったならば、二二貫四〇〇文は依然として高値ではないか。エトロフ島での価格は最良品でも一一貫六四八文であった。[45] その水準に近づけることも可能であったはずである。そのようにならなかったのは

「憮育」政策ゆえであろう。同時に、「憮育」を考慮しても二二貫四〇〇文まで下げなければならなかったのである。その理由は、これまでの検討からは判断することができない。

また、毛皮獲得から漁業にアイヌの労働力を向かわせるために、ラッコ皮価格を相対的に下げる可能性も考えられる。この時期のアイヌは、日本による支配の強化により場所請負制下の漁業労働力として取り込まれ、縛り付けられていったとされている[46]。しかし**表4**からは逆の傾向が読みとれる。魚油や煎海鼠の価格上昇が小さかったにもかかわらず、アザラシ・熊といった毛皮やアッシのような漁業とは直接関係のない交易品の価格は大きく上昇した。したがって価格設定が労働力移動を意図したものとは考えられず、アイヌを漁業労働力とするためにラッコ皮価格が下げられた可能性は否定できるであろう。

以上のように根室におけるラッコ皮価格の下落は、アイヌと日本の関係からは説明がつかない。その販路である国外の要因が影響していたと考えられる。それはまさにこの時期に輸出市場である中国市場で起きていた価格の下落であった。

2　中国市場における価格の下落

ロシアの中国向け輸出品の中心は毛皮であったので、中国市場への他国の参入はロシアの警戒するところであった。先述のアダム・ラックスマン復命後のイルクーツク総督の書付にもそのことが表れていた。そこには、アメリカの北緯五〇度周辺にいるイギリス人が毛皮を中国や日本に輸出することが、ロシアの貿易の妨げとなるであろうということが記されている[47]。しかしこの書付が書かれた時には、すでにイギリスやアメリカ合衆国による中国市場への参入が開始されていた。

世界周航の成功で知られるクック船長の第三回航海の一行は、一七七九(安永八)年に広東に寄港してラッコ皮を売っている。[48] それ以後イギリスにより中国市場へアメリカ産毛皮がもたらされた。さらに一七八〇年代から九〇年代にかけて、アメリカ合衆国による中国市場への毛皮輸出が本格化した。アメリカ合衆国からは一七八四（天明四）年に試験的なものとしてエムプレス・オブ・チャイナ号が毛皮を積んで広東に入港して三万七二七ドルという純利益をあげ、一七九六（寛政八）年にはアメリカ商人ジョン・ジェイコブ・アスターがイギリス東インド会社を媒体とした中国毛皮市場への独占的輸出権を得ていた。[49] このようなイギリスやアメリカ合衆国の動きに対して、ロシアも海上輸送での広東への毛皮輸出を企図したが成功しなかった。以下ではクルウゼンシュテルンの記録を中心に、この時期における中国市場の様子をみていく。

クルウゼンシュテルンは一七九八（寛政一〇）年と一七九九年の広東での滞在で、アメリカ北西岸から毛皮が広東にもたらされていたことを知っていた。[50] 一八〇五（文化二）年に日本からロシアに戻る途中に広東へ寄港して毛皮を売っている。しかしその市場は、過去の滞在経験やロシアでの情報から予想していたものとは若干異なっていた。次の記録はその際の広東での毛皮貿易の状況についてである。

最も高價な臘虎毛皮類は、一枚最高價格僅か二〇ピアステルにしかならなかつたので、賣ることを止めて再び艦に持ち歸られた。[51]

アメリカ船が廣東に出入せない月はない有様である。その多くはアメリカの西北岸より來り、毛皮類を積んで來る。これは最近にはその價格が甚だ下落した商品であるが、（もつとも臘虎の皮は一枚一八乃至二〇ピアステルを下つたことはないと推察せられる、）それでも之はなほ支那人の間に木綿、錫及び阿片と同程度に確實な販路ある商品である。[52]

表5　アメリカによる中国への輸出毛皮数

年	ラッコ	アザラシ	ヌートリア	ビーバー	ウサギ	キツネ	カワウソ	クロテン	マスクラット
1804-5	11,003	183,173	67,200	8,756					
05-6	17,445	140,297		34,464	3,400				
06-7	14,251	261,330		23,368					
07-8	16,627	100,000		11,750		2,009			
08-9	7,944	34,000		5,170			3,400		
09-10	11,003			20,000		3,500	15,000		
10-1	9,200	45,000	4,800	14,200		4,500	15,000	725	
11-2	11,593	173,886	145,000	20,000			12,000		
12-3	8,222	109,189	1,200	2,330	4,736		2,000		
13-5	6,200	59,000		3,928		284	7,045		
15-6	4,300	109,000		168		12,553	14,364		
16-7	3,650	27,000	17,000	1,579		9,952	5,467		
17-8	4,177	47,290		15,067	300	350	9,400	668	7,000
18-9	7,327	88,240		15,570	15,042	3,020	9,885		
19-20	3,902	19,520		14,677		8,031	10,678		
20-1	5,540	15,229			2,374	8,895	6,017		
21-2	3,507	111,924		17,778		17,084	9,716		
22-3	2,953	11,380	1,294	21,451	6,126	20,410	16,318		
23-4	3,547	12,909	117,684	4,588	100	17,986	10,855	660	
24-5	1,921	52,043		2,532	6,267	19,479	18,552		
25-6	2,550	32,521		4,886	1,010	10,108	14,883		
26-7	1,926	36,822		4,950		12,852	14,525	2,500	
29-30	700	11,902				19,683	12,884		
30-1	329	6,022				5,263	6,454		
31-2	1,591	71		1,828		9,367	11,722		

原註：Errors excepted.
出所：
上段＝*British Parliamentary Papers*,1829ＸＸⅢ,(285)'Papers relating to the Trade with India and China; including Information respecting the Consumption, Price , &c. of Tea in Foreign Countries' p.43.
下段＝*op.cit.*,1833ＸＸＶ(229)'Papers respecting the East India and China trade'p.14.
より作成。

毛皮価格は大きく下落していた。ラッコ皮価格はその中で最も高価であったが、クルウゼンシュテルンの予想より下回っていたとみえ、中国では売却しないでいる。艦に持ち帰られた毛皮はロシアを含むヨーロッパの市場に運ばれたのであろう。「確実な販路ある商品」であるということは需要の堅調さを示すものである。したがってこの価格の下落は需要減少ではなく供給増大によると考えられる。その供給の増大とは、アメリカ西北岸からの毛皮の流入であった。一九世紀初頭にアメリカ船によって中国にもたらされた毛皮の量をまとめたものが前頁**表5**である。このような大量の毛皮の流入はその価格を下落させずにはおかなかったのである。この価格下落によりクルウゼンシュテルンは中国市場とヨーロッパ市場という二つの販路から、ヨーロッパ市場を選択したのであった。ロシアは海路で中国市場へラッコ皮を輸出することを望んでいたが、この価格の下落はその利益を減少させていたのであった。

この中国市場での価格下落が、根室における価格下落を招いたのであろう。ラッコ皮が輸出品として知られていたことを考えれば、輸出市場での価格変動が集荷の際の価格に影響を及ぼしたことは十分に考えられる。販路である中国での価格変動が蝦夷地での集荷価格に影響を与えたのはむしろ当然と言えよう。

結びにかえて――ラッコ皮をめぐる国際競争

ラッコ皮は一八世紀末から一九世紀初頭に日本・ロシア・イギリス・アメリカ合衆国が共に同じ中国市場に輸出していた商品であった。ラッコ皮は道東地域でアイヌから日本にもたらされ、長崎から中国へと輸出されたのである。ラッコ皮交易を通して東アジア地域の結びつきを考えると、アイヌ‐日本交易と日本‐中国貿易を無関係とすることはできない。日本を通してアイヌと中国市場が結びついていたのである。表3・表5を比較すれば、日本のラッコ皮輸出量に対してアメリカ船による輸出量がいかに大きかったかがわかる。それだけに、アメリカ船による中国へのラッコ皮輸出は、日本のラッコ皮輸出に影響を与えたであろう。その具体的な現れが価格の下落であった。このことは中国市場においてラッコ皮をめぐる国際競争が存在していたことを示すものである。この国際競争が旧来からのラッコ皮輸出国であったロシアと日本に対応を迫ったのである。ロシアのクルウゼンシュテルン船長は販路の選択において、中国市場ではなくヨーロッパ市場を選んだ。そして日本では、蝦夷地でのラッコ皮価格が抑制されたのであった。つまり、蝦夷地における価格公定も国際競争に規定されていたのである。

近世を通じて日本は貿易を行っていたが、それは管理され制限的なものであった。しかし、そのことは輸出市場への関心を否定するものではない。幕府による蝦夷地への関与もこの関心と無縁ではなかった。蝦夷地への関与の契機とされる『赤蝦夷風説考』は、ロシアとの貿易開始によって中国やオランダにおける日本からの輸出品の価格を知ることができると説いている[54]。輸出市場への関心は確実に存在していた。そして、そのような中で行われていたラッコ皮交易の分析から、輸出品の市場価格の下落という国際競争の結果に対応する意識を、一八世紀末—一九世紀初頭の日本が持っていたことがわかる。

以上これまで見てきたことは、蝦夷地と日本の関係、あるいは生産の現場にあったアイヌと場所請負商人の関係を検討する上で重要な点であろう。蝦夷地産物の市場（日本および中国）における価格変化を抜きに両者の関係を論じることはできない。そのような視点に立って蝦夷地と日本の関係を見ていくことが今後の課題である。

注

（1）以下本稿では、〝日本〟とは完全に幕藩制国家の支配力が及ぶ範囲を表し、蝦夷地および琉球は含まないものとする。

（2）本稿においては、史料中などに〝アメリカ〟が地理的概念として出てくる。そのためアメリカ大陸を指す場合に〝アメリカ〟という語が用いられるため、国家としてのいわゆる〝アメリカ〟には必ず〝合衆国〟をつけて区別する。

（3）加藤祐三『黒船前後の世界』岩波書店、一九八五年、四七―五〇頁。

（4）拙稿「北太平洋地域の毛皮交易と近代世界」（川勝平太編『グローバル・ヒストリーに向けて』藤原書店、二〇〇二年）参照。なお、アメリカ産毛皮の交易については、岸上伸啓「北米北方地域における先住民による諸資源の交易について――毛皮交易とその諸影響を中心に」（『国立民族学博物館研究報告』二五巻三号、二〇〇一年、所収）に詳しい。

（5）本稿では多くの史料にしたがい「ラッコ皮」と表すが、取り引きされたのはラッコの毛皮である。

（6）吉川美代子『ラッコのいる海』立風書房、一九九二年、二八―二九頁。

（7）同右書、六一―七一頁。

（8）田代和生「徳川時代の貿易」（速水融・宮本又郎『日本経済史　第一巻　経済社会の成立　一七―一八世紀』岩波書店、一九八八年、所収）一二九―一七〇頁。

（9）代表的なものとしては小川国治『江戸幕府輸出海産物の研究』吉川弘文館、一九七三年、荒居英次『近世海産物貿易史の研究』吉川弘文館、一九七五年、同『近世海産物経済史の研究』吉川弘文館、一九八八年、がある。

（10）小川国治『江戸幕府輸出海産物の研究』三八頁。

（11）山脇悌二郎『長崎の唐人貿易』吉川弘文館、一九六四年、二二六―二二七頁。

（12）「長崎會所五冊物　二」（長崎縣史編纂委員會『長崎縣史　史料編　第四』吉川弘文館、一九六五年、所収）八五頁。

（13）ロナルド・トビ著、速水融・永積洋子・川勝平太訳『近世日本の国家形成と外交』創文社、一九九〇年、二二一―二二五頁。

（14）北海道『新北海道史　第二巻　通説一』新北海道史出版印刷共同企業体、一九七〇年、四四一頁。

（15）海保嶺夫『幕藩制社会と北海道』三一書房、一九七八年、二七頁。

（16）荒居英次『近世海産物貿易史の研究』二一七頁。

（17）丹治輝一「明清代中国東北部の交易経済の発達と貂皮」（北海道開拓記念館『「北の歴史・文化交流研究事業」研究報告』一九九五年、所収）二一九頁。清代における黒竜江流域の諸民族の朝貢交易において毛皮が重要な商品であったことは、一八〇九年の間宮林蔵の記録にも書かれている（間宮林蔵著、村上貞助編、洞富雄・谷澤尚一編注『東韃地

方紀行他』東洋文庫、平凡社、一九八八年、一三九—一四二頁。
(18) 以上ロシアと中国の貿易については、吉田金一「ロシアと清の貿易について」(東洋学術協会『東洋学報』)第四五巻第四号、)一九六三年、所収)三九—五〇頁。
(19) 出典(吉田金一「ロシアと清の貿易について」)には、ここで用いたものと同じ一七二七—二八年の隊商に関する統計が掲載されているが、ここではよりラッコ皮の評価が低い方を用いた。
(20) 北海道『新北海道史　第二巻　通説一』三二五頁。
(21) 同右書、三二一—三二二頁。
(22) クルウゼンシュテルン著、羽仁五郎訳註『クルウゼンシュテルン日本紀行　上巻』雄松堂書店、一九六六年、改訂復刻版、二二五頁。
(23) 同右書、三二一頁。
(24) A・S・ポロンスキー著、榎本武揚他訳『千島誌』叢文社、一九七九年、一八七頁。
(25) 同右書、一三二頁。
(26) 同右書、五八—六一頁。
(27) 一八〇四年のレザノフ使節の派遣の際に、ラッコ皮は「ヲロシヤ國王」アレクキサンドルI世から「大日本國王」に「自國之産物」として贈られている(林煒『通航一覧　第七』一九一三年、国書刊行会、一二九頁)。このことなどはラッコ皮を輸出品としたいという意識の現れではないだろうか。
(28) 北海道『新北海道史　第二巻　通説一』三二四—三二九頁。
(29) 同右書、三五一—三五三頁。
(30) 高倉新一郎「蝦夷國人情風俗之沙汰　解題」(高倉新一郎『日本庶民生活史料集成　第四巻　探検・紀行・地誌・北辺編』三一書房、一九六九年、所収)四四〇頁。
(31) 最上徳内「蝦夷國人情風俗之沙汰」(高倉新一郎『日本庶民生活史料集成　第四巻　探検・紀行・地誌・北辺編』所収)四六七頁。
(32) 最上徳内「蝦夷草紙」(大友喜作『北門叢書　第一冊』北光書房、一九四三年、所収)三八〇頁。
(33) 会沢正志斎著、栗原茂之翻刻「千島異聞」(『跡見学園女子大学紀要』二六号、一九九三年、所収)一二八頁。
(34) 羽太正養「休明光記　付録」(北海道庁『新撰北海道史　第五巻　史料一』北海道、一九三六年、所収)六四九—六五四頁。

(35) 寺島良安「和漢三才図会(一)」(『日本庶民生活史料集成　第二八巻』三一書房、一九八〇年、所収)五四五頁。

(36) 表3は必ずしもラッコ皮輸出の全てを記したものではない。例えば山脇悌二郎氏の研究によれば、一七一一(正徳元)年にラッコ皮は一枚と四件(一件あたりの交易量は不明)の貿易が行われていた(山脇悌二郎『長崎の唐人貿易』一一九—一二三頁)が、永積氏の『唐船輸出入数量一覧　一六三七—一八三三』には記されていない。しかし、全体の趨勢はつかむことができるだろう。なお、ラッコ皮については、カワウソの皮との混同があったのではないかという指摘がある(児島恭子「北方交易とラッコ」〈榎森進『アイヌの歴史と文化I』創童舎、二〇〇三年、所収〉二一三頁)。しかしながら、表1ならびに表2などに見られるような輸出市場におけるラッコ皮とカワウソ皮の価格差や手触りの違い(吉川美代子『ラッコのいる海』九一頁)を鑑みると、継続的な両者の混同は難しいと思われる。

(37) ラッコ皮輸出の年代については、川上淳氏は永積氏の研究成果から「松前藩からクナシリ島への交易船の派遣開始は、一七五四(宝暦四)年とすると、一七六三(宝暦一三)年からのラッコ皮の輸出は、クナシリ島への交易船が派遣され始めた直後であり、つじつまが合う。中国へのラッコ皮輸出が寛政年間頃から次第に輸出量が増加するのは、東蝦夷地への場所請負商人(最初は飛騨屋)の進出がはじまり、その交易が活発化したためと考えられる」としている(川上淳「文化年間のラショワ島アイヌの交易と鉄鍋・ラッコ皮」〈『根室市博物館開設準備室紀要』第一一号、一九九七年、所収〉九〇頁)。ラッコ皮輸出を一七六三年からとしているが、『和漢三才図会』や山脇氏の研究からクナシリ島への交易船派遣より前の輸出の存在を知ることができる。またその年代をクナシリ島への交易船の派遣の直後としているが、アンジェリス宣教師による一六一八(元和四)年の記録(「アンジェリスの第一蝦夷報告」〈H・チースリク編、木間瀬精三訳『北方探検記』吉川弘文館、一九六二年、所収〉五六頁)などから、ラッコ皮の入手自体は一七世紀初頭においてもすでに可能なものであったことがわかる。したがってラッコ皮輸出を「一七六三年から」とすることはできず、クナシリ島への交易船の派遣もその根拠とはなり得ないのである。また、輸出量の増加を場所請負商人の進出によるとしているが、一七八五年以前にも場所請負商人によるラッコ皮の取引は行われていた。それが輸出に向けられず、国内消費に向けられていたのである。(平秩東作「東遊記」〈『日本庶民生活史料集成　第二八巻』三一書房、一九八〇年、所収〉四三〇頁)。

(38) たとえば、この調査隊の一員であった福田新三郎は、蝦夷地内でのラッコ皮流通の記録を残している(「天明丙午御試交易之始末」〈海保嶺夫編著『幕政史料と蝦夷地』みやま書房、一九八〇年、所収〉二五五—二八一頁)。

(39) 北海道『新北海道史　第二巻　通説一』六一五頁。

(40) 児島恭子「ラッコ皮と蝦夷錦」(『歴史の道・再発見　第一巻』フォーラム・A、一九九四年、所収)八一頁。

(41) 北海道『新北海道史　第二巻　通説二』五四一—五四五頁。
(42) 銭換算では約四〇％の下落となった。
(43) 『近藤重蔵蝦夷地関係史料　一』東京大学出版会、一九八四年、一一七頁。
(44) 同右書、二六四頁。
(45) 北方歴史資料館（館長・高田嘉七氏）蔵。
(46) 菊池勇夫『アイヌ民族と日本人』朝日新聞社、一九九四年、一六一頁。
(47) A・S・ポロンスキー『千島誌』一八六頁。
(48) キャプテン・クック著、荒正人訳「太平洋航海記」（『世界ノンフィクション全集　一九』筑摩書房、一九六一年、所収）一三三—一三四頁。
(49) 下山晃「毛皮交易史の研究（五）」（同志社大学人文科学研究所『社会科学』五八号、一九九七年、所収）九〇—九一頁。
(50) クルウゼンシュテルン『クルウゼンシュテルン日本紀行　上巻』三〇頁。
(51) クルウゼンシュテルン著、羽仁五郎訳註『クルウゼンシュテルン日本紀行　下巻』雄松堂書店、一九六六年、改訂復刻版、二八九頁。
(52) 同右書、三六四—三六五頁。
(53) 工藤平助「赤蝦夷風説考」（大友喜作編『北門叢書　第一冊』所収）二一九—二二〇頁。

3　生糸をめぐる日中地域間競争と世界市場

【棲み分けと繭生糸品質との連関を中心に】

金子晋右

序　問題の所在

生糸世界市場[1]に供給されたアジア産生糸の主流は、既に明らかにされているように、[2]一九世紀前半がインド糸、後半が中国糸、二〇世紀前半は日本糸という変遷をたどった。これをアジア間競争という視点から捉え直すと、次のように時期区分することができる。まず、中国と日本の開港後から一八八〇年代までは、インド、中国、日本の生糸が欧州市場[3]で激しく競争した「アジア間競争期」であった。その結果インドと日本は脱落し、インドでは蚕糸業が衰退して生糸輸入国へと転落、[4]一方日本蚕糸業は主要な輸出先を新興の米国市場に変更し、[5]同市場の中国糸を駆逐[6]して優位を確立した。一八九〇年代から一九二〇年代までは、欧州市場で中国糸が、米国市場では日本糸が優位に立つ[7]という「棲み分け安定期」であった。さらに米国市場では、生糸を三つの等級[8]に区分した場合、上等糸市場は中国糸（上海糸）と欧州糸、最も大きな比率を占めた中等糸市場は日本糸、下等糸市場は中国糸（広東糸）という棲み分けがみられた。この時期は米国市場の拡大とともに日本蚕糸業が発展したのに対し、欧州市場は停滞傾向であったため、それが中国蚕糸業の相対的停滞の一因となり、日本の生糸輸出量は二〇世紀初頭に中国の輸出量を上回った。世界恐慌後の一九三〇年代は、中国蚕糸業が衰退して日本糸による世界市場の独占状態が出現した「棲み分け崩壊期」であった。[9][10][11][12][13]

本稿の目的は、「棲み分け安定期」において、日本糸と中国糸は部分的には激しく競争することもあったが全体的には棲み分けていた、その理由を明らかにすることにある。この理由は、通説的解釈では、米国とフランスの絹織物業の機械化の差異に単純に帰されている。それをまとめると以下のようなものになろう。米国では力織機が急速に普及したために、繰糸上の問題が多く力織機に対応できない座繰糸が敬遠され、生糸品質が均質で力織機に適した器械糸（初期には改良座繰糸も含む）が要求された。これに対応して日本では急速に器械製糸業が普及したため、日本糸は米国市場を確保することができた。一方、座繰糸が中心であった中国糸は米国市場では劣位に立ったものの、欧州市場では優位に立ち続けた。それは、フランス絹織物業では力織機の普及が緩慢で手織機が根強く残ったからであった。つまり、「米国絹織物業＝機械織機―日本製糸業＝器械製糸」対「欧州絹織物業＝手織機―中国製糸業＝座繰製糸」という構図である。[14][15][16][17][18]

しかしこのような通説的解釈には、大きな難点が存在する。まず第一に、中国華中の近代的製糸工場の普及時期は日本よりも若干遅れたものの、上海では一八九〇年代以降急速に機械製糸業が発展した。したがって「日本製糸業＝器械製糸」対「中国製糸業＝座繰製糸」という理解は、一九世紀末期における一時的な現象に過ぎない。だが前述のように、日中生糸の棲み分けは一九二〇年代まで続いていた。また、日本の製糸業者は欧州式近代製糸技術を導入する際に、欧州の金属製製糸機械をモデルとしつつも、陶器や木材を多用して製作費用を四分の一[19][20][21]

にまで低下させたために、技術水準もまた低下した木造器械を導入した。[22] それに対して、上海では欧州製製糸機械をそのまま導入したため、[23] 常に日本器械糸よりも高品質で高価格の生糸を欧米市場に供給することが可能であった。[24][25] 米国市場の確保が、単に器械／機械製糸業の普及如何によるものであるならば、より進んだ機械製糸業の普及した一八九〇年代以降の中国（上海）製糸業は、日本糸を米国市場から駆逐するはずである。

第二に「手織機—座繰製糸」という仮定、すなわち機械化の遅れた絹織物業に対しては遅れた製糸業がより有利であるという仮定は、大いに疑問の余地があるが、仮にこの仮定が正しいとすれば、一八九〇年代以降の欧州市場では、進んだ上海機械製糸業よりも遅れた日本器械製糸業の方が有利となり、日本器械糸が上海機械糸を駆逐しなければならない。

つまり絹織物業と製糸業における機械化とその連関を重視する通説的解釈に基づくならば、上海機械製糸業の成立以降は、米国では中国糸が、欧州では日本糸が有利になるという日中生糸の棲み分けの逆転が起きるはずである。しかし現実にはこのような事態は生じず、上海製糸業の機械化の進展に関係なく、前述のように一八九〇年代から一九二〇年代にかけて一貫して、米国市場では日本糸が、欧州市場では中国糸が優位に立ち続けたのである。

このような通説的解釈に対して、近年では以下のような説も登場している。例えば大野［1995］は、製糸業の中のある一つの技術である絡交に焦点を当て、日本の製糸業者は米国市場の情報を入手し、米国市場に適合的な絡交に変更したのに対し、中国製糸業は欧州市場に適合的な絡交を維持し続けたことを明らかにした。また内田［1996］は、広東の製糸業者は市場情報を十分に入手し得なかったとし、それが、必要とされる技術革新を妨げ、広東糸の米国中等糸市場への進出を妨げた、とした。さらに中林［2001］は、日本の製糸業者が海外の市場情報から遮断されていたとする石井［1972］の説を批判しつつ、実際には情報の遮断はなく、日本の製糸業者が米国絹織物業者のニーズを的確に把握し、それに応える品質の生糸を生産し、且つその生糸に品質保証を示す商標を付けることによって、米国絹織物業者から高い評価を得ていたとするブランド戦略説を唱えた。

このような市場情報の有無と技術や経営戦略との関係は興味深いものであり、一つの要因としては妥当であろう。だが、もしブランド戦略説が、日本蚕糸業が米国市場を確保した本質的要因ならば、日本糸はブランド戦略を用いて米国市場と同様に欧州市場でも優位に立つことができたはずである。

また中林［1994］は、日本製糸業は米国生糸市場のマクロ的なニーズに合わせて、生糸品質の規格化と一定品質生糸の大量生産を行う「大量斉一」に主体的に取り組んでいたことを指摘したが、ここから少品種大量生産が適した米国市場に対して多品種少量生産が適した欧州市場という構図が成り立つ。しかし日本蚕糸業が米国に標的市場を変更した一八八〇年代においては、欧州生糸市場の規模は米国の二倍弱であった[26]。したがって本来ならば、日本蚕糸業は欧州市場のニーズに合わせて多品種少量生産を行うべきであったが、それは不可能であった[27]。つまり日本蚕糸業は欧州市場のニーズには応えることができなかった[28]が、米国市場のニーズには応えることができたのである。重要なのは、この理由を解明することである。

このように近年の諸説でも、日中生糸による欧米市場の棲み分けを、論理的整合性をもって矛盾なく説明することは困難である。加えて米国の上等糸市場・中等糸市場・下等糸市場における日中生糸の棲み分け、特になぜ日本糸は上等糸・下等糸市場に進出しなかったのか、また上海糸はなぜ中等糸・下等糸市場に進出しなかったのか、についても説明困難である。

上記の諸問題を、全て論理的整合性をもって矛盾なく説明できる理由を提示するのが、本稿の目的である。結論を先取りして言えば、この棲み分けは、蚕種の化性の相異によって生じる生糸品質の差に基づくものであった。製糸業は輸出用・国内用を問わず、養蚕業によって制約を受け、養蚕業の性格は、自然環境のみならず、国内絹織物業の性格、それゆえに国内における絹織物の市場の性格[29]に強く規定されていた。それぞれの地域における絹織物市場の性格、絹織物業、製糸業、養蚕業、そして自然環境との間には、有機的な連関が存在した。本稿ではそれを絹体系[30]と呼ぶこととする。棲み分けの背景には、日中の絹体系の相異が存在したのであった。

以下に、輸出用生糸の品質が各地域の絹体系の制約下にあったことを検証する。

一　中国糸と日本糸の品質

近代において世界市場に輸出された主な中国糸[31]は、二種類に大別できる[32]。一つは華中の浙江・江蘇で生産された繭を用い、同地もしくは上海で製糸された七里糸や上海糸である。他方は主として華南の広東産の繭を用い、同地で生産された広東糸である。本稿では、前者を華中糸[33]、後者を華南糸[34]と呼ぶこととする。生糸の国内消費と輸出の比率は、正確なところは不明であるが、一八七〇年代の輸出は三九・二％で国内消費は六〇・八％、一九二〇年代には輸出が四五％から五五％を占めたと推計されている[35]。中国全体の生糸生産量に占める華中・華南の比率は、一九二九年の推計では上海圏内（浙江・江蘇）が五〇％、広東圏内（広東・広西）が二八％であった[36]。一九三四年の『申報年鑑』では、浙江・江蘇の合計が四七・四％で安徽も加えると四九・七％、広東の比率は二六・四％で広西と合わせると二七・八％であった[37]。

華中糸と華南糸の品質は大きく異なるものであった。華中地域において、器械糸以前に輸出の中心であった七里糸は、「色白く光沢ありて触感能く」、上海器械糸も「光沢に富み、繊度の整斉、らい節の寡少等当時の日本生糸に比して優つて」おり、その繊度の整斉さは「之れ選繭を厳にし、目的繊度に適したる原料繭を以て繰糸するに依る」ものであった。繊維の太さに関しては、「紹興繭は大粒で太物に適し無錫繭は小粒で繊維細く細物に適して」いた。[38]一方華南糸は、「一般に広東糸は繊維細くして十四中程度の生糸を得るに繊度の開差多くしてらい節が頗る多かった。……殊に広東生糸は光沢に富み織物として案外佳良の品質を呈せる」ものであり、「糸の光沢は純白に非ざるも稍黄灰《ママ》色を帯べる白色にして強き光沢あり且つ手触りは比較的軟か」であった。色彩に関しては、「光沢不良にして多くは帯黄褐色なり其優良なる物にて黄緑色を呈す純白の物殆どなし」というものであった。[39]

また、ある英国人の指摘によると、中国糸の華中糸は純白（pure white）、華南（広東）糸は比較的くすんだ色（dirty）、日本糸は一般的に白色であるが、一部は灰白色（greyish white）であった。[40]他の特徴としては、華中糸は、色彩、きめ（texture）、触感（touch）などの自然的条件に基づく糸質は大変良好で、固さ（firmness）、強さ（strong）、緊密さ（compact）という三つの長所があった。一方華南糸にはこの三つの長所が欠如し、ふわふわ（fluffy）しているという欠点があった。[41]華中糸に関する中国側の認識も同様であり、かつての七里糸は、色彩は「純白」、光沢は「豊麗」、地質は堅く、弾性は「豊富」で、世界的に見ても最も優れた品質であった。[42]

華南糸の評価に関しては、日本人と英国人とでは若干異なるものの、色彩に関しては、華中糸、日本糸、華南糸の順に低下すると言えよう。また固さ・強さ・緊密さといった特徴は生糸の強度に関わる評価であるが、これについても華中糸は良好で華南糸は劣等、らい節の数に関しても前者は少なく後者は多かったと言える。ちなみに、強度は強いものが、らい節は少ないものが品質優良な生糸である。[43]以下において、日中生糸の品質について、強度とらい節に絞って具体的な数値を挙げて検討しよう。

ところでらい節とは、「生糸を構成する繭糸のうち一本又は数本が瘤状又は縺状になったもの、或いは糸の端が生糸の糸條から遊離したもの等繭糸が抱合並列していない部分」であり、「生糸検査では特大らい、大らい、中らい、及び小らいの四種に分類」できた。そして「特大らい、大らい及び中らいは主として繰糸工程中の欠点によって生ずる。また小らいは主として原料繭の品質の良否と煮繭の適否とによって生ずる」ものであった。[44]

表1　中国生糸の品質

地域	格付	銘柄	大らい	中らい	小らい	強力(g)	伸度(%)
上海	グランド・ダブル・エキストラ	金双鹿	0.3	0.7	50.0	3.68	20.9
	エキストラA	金猴	0.2	1.1	56.5	3.72	21.0
	エキストラB	三舞踏	0.0	1.1	101.0	3.45	18.7
	エキストラC	親親	0.2	9.5	39.0	3.69	20.9
	グッドAゴールデン・ロード	ロード	0.2	2.0	93.0	3.66	20.7
	新式七里再繰糸	藍龍	1.5	3.4	105.0	3.63	16.7
	同	飛馬	0.8	1.5	119.5	3.80	19.9
広東	旧式ダブル・エクストラ	永昌成	0.6	3.2	2392.5	3.10	17.0
	同エキストラ	赤錨	1.5	3.3	2395.0	3.37	17.4
	同スペシャルスター	白真珠	1.0	1.8	2670.0	3.12	16.4
	新式スター・スペシャル	—	1.0	4.2	3195.0	3.00	16.4
	同ベストNo.1フワボリー	二人娘	0.5	2.7	3190.0	2.93	15.3

註:強力の数値は1デニール当たり。
出所:前掲『支那蚕糸業研究』332-339頁。

らい節や強度等の品質に関しては、戦前期にいくつかの統計的な調査が行われた。昭和五年七月に横浜生糸検査所が行った、上海・広東両市場より購入した標本用生糸の品位検査の一部が**表1**[45]で、またほぼ同時期の各国生糸の検査結果が**表2**[46]である。

表2によると、同じ九〜一一デニールである「支那器械飛切」と「広東器械一等」の小らい数はそれぞれ六六と五一七であり、後者は前者の約八倍である。**表1**では、各生糸のデニールは不明なものの、華中糸の中で最も小らい数の少ないもの（「上海エキストラC」）と華南糸の中で最も多いもの（「新式スター・スペシャル」）はそれぞれ三九と三一九五であり、後者は前者の実に八〇倍以上である。らい節数は生糸のデニールによっても変わるので、本来は同じデニールどうしの生糸を比較しなければならない。しかしその点を考慮しても、華南糸は華中糸に比べて小らい数が大幅に多い。

日本糸も華中糸と比べると小らい数が多く、**表2**によると、一三・五〜一七デニールの「日本器械」は一四六、ほぼ同じデニールである一三〜一五デニールの「支那器械飛切」の一一二と「支那器械一等」の一〇五より、それぞれ約三〇%と約四〇%も多い。したがって小らい数は華中糸、日本糸、華南糸の順に増加し、この点に関する生糸品質は悪化した。

表2　各国／地域の生糸品質

国名産地	等級	繊度	切断数	らい節・大	らい節・小	強力(g)	伸度(%)
広東器械	飛切	16-20	13	10	890	3.31	—
同	一等	9-11	12	1	517	3.52	18.0
同	一等	18-22	5	17	1745	3.93	19.2
日本器械	—	13.5-17	5	1	146	3.25	19.6
日本座繰	—	13.5-17	6	1	131	3.33	19.6
支那器械	飛切	13-15	2	1	112	3.89	20.6
同	一等	13-15	2	2	105	3.73	20.8
同	飛切	9-11	3	1	66	3.77	19.8
同	一等	9-11	7	1	78	4.15	20.4
支那七里揚返	一等	—	4	28	112	—	19.2
伊太利(黄)	飛切	11-13	6	2	86	4.11	22.0
伊太利(白)	一等	10-12	4	1	41	3.89	19.4

註：繊度の単位はデニール。切断数は再繰中における切断の回数。強力は、原資料では生糸１本当たりの数値であったが、１デニール当たりのグラムに修正した。
出所：今村省三『世界繊維界と蚕糸』明文堂、昭和10年、315-318頁の表の一部を抜粋。検査年度は不明。

次ぎに生糸の強度についての数値を検討しよう。強力と伸度[47]は何れも生糸の強度に関するものであり、数値の大きいものの方がより強度が強い。**表1**では、華中糸と華南糸の間には明確な差が認められる。華南糸と華中糸（再繰糸は除く）をそれぞれ比較すると、強力は二・九三〜三・三七g（華南糸）と三・四五〜三・七二g（華中糸）、伸度は一五・三〜一七・四％と一八・七〜二一・〇％である。**表2**でも、華南糸と華中糸（七里糸は除く）を強力、伸度の順に比較すると、三・三一〜三・九三g（華南糸）と三・七三〜四・一五g（華中糸）、一八・〇〜一九・二％と一九・二〜二〇・八％であり、やはり一定の差が認められる。加えて**表2**からは、華中糸はイタリア糸（強力三・八九〜四・一一g、伸度一九・四〜二二・〇％）より伸度でやや劣るものの、日本器械糸（強力三・二五g、伸度一九・六％）よりも高品質であることが明確となる。日本器械糸は強力に関しては広東器械糸よりも低い数値であるが、それ以外の項目では広東器械糸を上回っている。

さらに**表3**は、華中糸の各格付が日本糸のどの格付に相当するかを示したものである。華中糸のグランド・エキストラ格のAからBに相当する日本糸は存在せず、日本糸の主流を占めた

表3　華中糸の格付

華中糸の格付	小分類	該当する日本糸の格付	備考
①グランド・エキストラ	A　(上／下) A-B (上／下) B　(上／下) B-C (上／下) C　(上／下)	該当する日本糸無し 室山、山陰製糸	
②ダブル・エキストラ	同上	河野製糸格	
③エキストラ	同上	熊本格	この格が最も多量
④フェア・エキストラ	同上	矢島格の稍下	
⑤ベストNo.1	同上		
⑥No.1	同上	B-Cが信州上一番格	
⑦No.2	同上	信州上一番格の稍下	

出所：前掲『支那蚕糸業研究』320頁。

信州上一番格[48]に相当する華中糸の格付は、上から六番目で下から二番目であった。そして華中糸の中で量的に主流を占めたエキストラ格は、信州上一番格より三ランクも上であった。したがってここからも、全体的に見た場合には、華中糸の品質が日本糸を上回っていたことが見て取れる。

また、大正九年度の東京高等蚕糸学校による調査では、広東糸のらい節数は一三五一、日本の輸出用生糸の平均は一一三、また強力は前者が三・一グラム、後者は三・五グラム、伸度は共に一八・八％であった。[49]

したがって、生糸の各格付や各銘柄によってばらつきはあるものの、一般的傾向としては、小らい数や強度などの数値として表すことのできる生糸品質は、華中糸、日本糸、華南糸の順に低下したと言うことができる。

この小らい数や強度による生糸品質の差は、世界市場における生糸価格にも反映されていた。一九一四年のニューヨーク市場における平均価格は、「伊国飛切上」が四・一八ドル、「上海蒸気器械良一番」が四・一二ドル、「日本信州上一番」が三・六六ドル、「広東器械飛切上A」が三・一八ドルであった。[50]一九一〇／一三年のニューヨーク市場の平均価格は、イタリア糸の価格を一〇〇とした場合、上海機械糸一〇五・五、日本器械糸八七・七、広東器械糸七九・八であり、同年のリヨン市場では、上海機械糸九七・二、日本器械糸九一・三、広東器械糸七八・七、ベンガル器械糸七五・〇であった[51]。つまり華中糸、日本糸、華南糸の順に小らい数が増加、強度が低下し、その順に世界市場における価格は低下したのである[52]。そして三者の間の大きな価格差と、その逆の、イタリア糸と華中糸の間、華南糸とベンガル糸との間の僅かな価格差を考慮するならば、世界市場全体も上等糸市場、中等糸市場、下等糸市場に細分化することが可能であり、そこでは、上等糸市場は欧州糸と華中糸、中等糸市場は日本糸、下等糸市場は華南糸とベンガル糸といった棲み分けが生じていたと言える[53]。

二　日中の絹体系

上記のような華中糸・華南糸の品質は、何に規定されたものであったのか。生糸の品質は繰糸工程と原料繭の品質とによって決定されるが、小らい数や強度は主として原料繭の品質によって左右され、その繭質は蚕種の化性によって大きく左右される。

化性とは、蚕の一世代が一年に何回あるかを示す用語である。蚕の一生は、卵（蚕種）—毛蚕《けご》（蟻蚕《ぎさん》）—終齢幼虫（熟蚕）—蛹《さなぎ》—蛾（成虫）と変化して一世代を終える。そして一世代が一年一回のものが一化性、二回が二化性、それ以上が多化性と呼ばれる[54]。一化性蚕種は、二化性蚕種や多化性蚕種に比べると、幼虫の経過日数が長く、食桑量が多いため蚕体は肥大し、したがって繭は大きく、糸量が多く、糸質も良好である。しかし、体質は幾分頑強でない。通例は春蚕として飼育される。二化性蚕種は、一化性蚕種に比べて一般に壮健で、夏秋蚕期の飼育に用いられる。多化性蚕種は、一化性蚕種、二化性蚕種に比べると幼虫の発育経過は速やかで体質は強く、よく熱帯地方の飼育に耐えるが、繭質・糸質は劣等である。[55] つまり一化性、二化性、多化性となるにしたがって蚕の体質は強くなり、同時に繭質・糸質は悪化する。前節で検討したように、強度は華中糸、日本糸、華南糸の順に弱くなり、小らい数はその順に多くなった。そして小らい数は「主として原料繭の品質の良否」によって変化するものであった。

華南地域は熱帯のため、華南糸の原料繭は全て多化性蚕種であった。それに対して温帯である華中地域では、用いられた繭の大部分が一化性蚕種であり、その割合は、「総額より見て其の八九割までは春蚕の白繭、一化性、四眠蚕で[56]」あった。

一方、日本は華中地域とほぼ同じ気候であったが、一九一〇年代に入るまでの最大の特徴は、夏秋蚕比率の高さに示されるように二化性蚕種が大きな比重を占めたことにあった。日本も開港前の使用蚕種は基本的に一化性蚕種で華中地域と大差がなかったが、明治初期の秋蚕生産開始以降、急速に夏秋蚕比率が上昇、一八八六年に二八・八%、一九一三年に四三・五%、二九年には五〇・四%にまで達した。[57] 一方の華中地域では、一九二〇年代においても夏秋蚕の生産は春蚕の一割程度であった。[58] 一化性蚕種中心の華中養蚕業に対して、日本養蚕業は相対的に二化性蚕種の比率が高く、その比較の限りにおいては、一化性の華中対二化性の日本といった対比が可能であろう。

また日本では、一九一〇年代以降急速に一代交雑種[59]が普及した。一代交雑種とは、例えば一化性と二化性の両方のプラス面を兼ね備えるように掛け合わせたものである。しかし日本養蚕業が一代交雑種において追求した最大目標は、多糸量性と強健性の両立[60]であったため、当初は繭質の向上は軽視された。例えば昭和初頭には、「相ついで出現せるより多糸量なる品種は、再び小らい問題を惹起[61]」した。さらに一代交雑種は糸の強度が弱く、加えて繭糸の密度が低いため光沢が悪化するという欠点[62]もあった。

さて、ほぼ同じ自然環境である華中地域と日本で、なぜ使用蚕種の相異が生じたのであろうか。その理由は、両者の国内絹織物市場の動向に求めることができる。日本では、維新による封建的規制の撤廃と、一八七〇年代半ばから八〇年代初頭のインフレによる農村の購買力上昇により、下級絹織物や絹綿交織物の需要が拡大した。例えば、足利などの中・下級以下の絹織物・絹綿交織物の産地は急速に発展を遂げ[63]、西陣のようなかつての高級絹織物の産地も、各種の中級絹織物の開発を行い製品構成を変化させた[64]。この時期における生糸国内消費量は、輸出量の約二〜三倍に達するほど大量であった[65]。その後も国内絹織物生産量、生糸消費量は増加傾向であった。例えば近年の推計値によると、一八九〇年から一九〇〇年にかけて、国内生糸生産量は四六五三トンから九六六四トンへ二倍以上に増加し、国内生糸消費量も三四〇四トンから六八八八トンへ約二倍に増加、国内消費率は約七割を維持していた[66]。国内絹織物生産量は、この間に約四八三万反から約一二二九万反へと約二・五倍に増加、絹綿交織物生産量も、約三三四万反から約五九七万反に二倍弱へと増加した[67]。

このような国内絹織物業の動向と、それに伴う中・下級生糸の需要の増大を背景にして、日本の養蚕業は繭の大量生産を最優先課題としたため、二化性蚕種を主として用いる夏秋蚕が普及、その結果繭質の悪化が引き起こされた。しかし夏蚕のような劣悪な品質の繭であっても紬などの最下級絹織物[68]の製造には問題がないため、養蚕業者は繭質の改善には、前述の一代交雑種の例に象徴的に現されているように関心が低かった。

それでは次に、中国の絹織物消費について簡単に検討しよう。一九二八年の統計を用いたある推計によれば、中国の一人当たり生糸消費量は四・四匁から六・四匁であったのに対し、日本は一二・七匁で、米国は七五匁であった。中国国内の全ての生糸が南京緞子《どんす》（約一五〇匁）の製造に用いられたと仮定すると、一人当たり消費量が四・四匁の場合には三四人に一着の割合であり、日本の場合は薄地羽二重（一〇〇〜一二〇匁）と内地向け縮緬（一五〇〜三二〇匁）に換算すると、それぞれ男性四・五人に一着、一一人に一着の割合であった。また米国の場合は、女性一人に対して訪問用婦人服（一五〇匁）ならば一着、婦人用靴下（五匁）ならば三〇足であった。[69]このように一人当たりの絹織物消費量は、日本は米国と比較すると大幅に少ないものの、中国はそれよりもさらに少なく、日本の二分の一から三分の一程度であった。

その理由の一端は、華中地域では、「絹物の需要は主として都会地に限られ其の消費者は上中流を始め商人階級に止ま[70]」っていたからであった。その中国における都市人口の推計は、一八七三年に五・〇％、一九一三年が九・五％、一九三三年に一三・三％であった。[71]したがって中国の人口の大部分は農民によって占められたのであるが、一九二九―三三年に行われたある標本調査では、中国全体の農家における晴着の七九％が綿織物であり、絹織物は七％、生糸が用いられる綾織は四％であった。また中国全体の農家の規模別一戸当たり晴着（上衣と下袴のみ。靴下・帽子等は除く）所有数（及びその内に占める絹織物と綾織の合計比率）は、小農四着（七％）、中農五・九着（一〇％）、大農八・四着（一五％）であった。[72]つまり大農であっても、絹織物の晴着所有数は約一・三着という極めて少ないものであり、中国では絹織物の大衆化は進まなかったと言わざるを得ない。[73]

華中地域の絹織物業は、清時代以前までは官服を生産するなど高級指向[74]が強かったが、それがほぼそのまま維持された。[75]例えば一九三〇年代の浙江省では、絹織物を上等品と下等品に区分した場合、年間生産額は前者が一八万二九一〇元で後者は六万六二九〇元、機台数は五二二六台と一八九四台、職工数は九四七四人と三七六二人であった。[76]つまり、上等品が全体の七割以上を占めていたのである。

ところで、欧州糸の原料繭はほぼ全て一化性蚕種であり、ベンガル糸は多化性蚕種であった。[78]世界市場において、上等糸の使用蚕種は一化性、中等糸は二化性／一代交雑種、下等糸は多化性、という連関が見られた。よって、日本では絹織物の大衆化の進行によって養蚕業の二化性蚕種使用比率が上昇したために、日本糸は、高級絹織物嗜好が強く上等糸を多く需要した欧州市場に不適合となった。一方中国の華中では絹織物の大衆化が進まず、一化性の比率が高いままであったため、華中糸は欧州市場に適合的であり続けた。逆に、日本糸が米国市場に適合的であったのは、当時の米国絹織物業が中級以下の絹織物を中心に成長しつつあったためであった。[79] つまり米国では、日本と同じく絹織物の大衆化が進行していた。例えば、「同国民〔米国民〕は如何に節約して質素なる生活を営まんかといふよりも寧ろ如何にして贅沢に且つ見栄を張らんかに苦心するの常とて、自ら絹織物を普段着にまで使用する傾向を帯び来りし」[80] というように、絹織物は普段着にまで用いられていた。[81] ゆえに、繭質の劣悪さが欧州ほど問題とならなかったのである。日本糸が米国市場で、第一次大戦直前に占有率が七割に達するという圧倒的な優位を占めた理由は、米国市場で大半の占有率を占める中等糸を、日本糸が安価に供給し得たためであった。[82] 中等糸の生産は日本にとっては困難ではなかったが、逆に中国糸にとっては困難を極めた。[83] その理由の一つが、日中の絹体系の相異にあった。

以上をまとめると、華中絹体系は「高級絹織物（奢侈品）―上等糸―一化性良質繭」、日本絹体系は「大衆絹織物（必須品）―中等糸―二化性中等繭」、華南絹体系は「実用絹織物[84]（必需品）―下等糸―多化性劣等繭」という連関を有していた。[85] そしてそれぞれの輸出用生糸は、世界市場において華中糸は上等糸市場、日本糸は中等糸市場、華南糸は下等糸市場、というように棲み分けていた。これらの生糸は絹体系による制約のため、品質の大幅な変更は事実上不可能であった。華中糸・華南糸による米国中等糸市場への安定的な進出が不可能であり、逆に日本糸による同中等糸市場の確保が可能であった理由は、それぞれの絹体系の性格に求められる。華南絹体系の性格を規定した最大の要因は、自然環境であった。亜熱帯ゆえに養蚕業は必然的に多化性を用いた。一方華中と日本の気候は大差がなく、養蚕業も華中は一化性が主で、日本は華中に比べた場合には二化性の比重が大きかったとはいうものの、両者共に一化性と二化性の両方を用いていた。加えて日本でも開港前の使用蚕種はほぼ全て一化性であり、明治期以降に急速に二化性が増加したことを考慮するならば、養蚕業の性格の違いは自然環境に起因するものではなく、両地域における絹織物市場の性格の違いによるものであったと言える。

結びにかえて

本稿では十分な検討を行い得なかったが、絹織物の大衆化が進んでいた日本では、中層以下の市民においても、銘仙などの下級・最下級絹織物が、略服や晴着として、さらには普段着としても数多く用いられていた。[86] 絹体系という視点からの、日本市場の詳細な検討は今後の課題であるが、全農家戸数のうち貧農・雇農が七〇・五%を占めた[87]中国と比較した場合には、日本は中流階級の形成が進み、一般大衆の生活水準も高かったと言わざるを得ない。[88] 例えば前述の一九二九―三三年の標本調査によると、全中国平均の農家一戸当たりの仕事着と晴着の合計点数(靴下・帽子・靴を含む)は、小農が一三・一点、中農が一六点、大農が一九・六点であった。[89] それに対し日本の場合、ほぼ同時代の昭和一〇年頃の日本のある職業婦人の衣服所持点数は五〇点(靴・靴下等は除く。この内半分近くが絹織物)であった。これは月額被服費一二~二三円と推定され、月収七〇~八〇円の自活独身女性、もしくは親と同居の月収四〇~五〇円の未婚女性の一般的な水準であった。[90]

日本と中国における絹織物市場の性格の相異は、両地域の社会構造の差異をも浮き彫りにすると同時に、日米・中欧の市場性格の相対的類似性をも示唆する。[91] 生糸輸出国の市場性格と、輸入国の市場性格が相対的に類似している場合、輸入国市場における当該輸出国生糸の市場占有率が高くなる。欧米生糸市場を巡る日中のアジア間競争で、欧州市場においては中国が、米国市場においては日本が勝利した背景には、輸出入国間の市場性格の相対的類似性が存在したのである。

前述のように、一八五九年の開港以降日本の生糸輸出は急増し続け、二〇世紀初頭にはついに中国の生糸輸出量を凌駕した。この両国における蚕糸業の発展の差は、それぞれが確保した輸出市場によって生じた。戦前期において、最終的に全世界の生糸輸入量の七～八割[92]を占めることになる米国市場を確保したゆえに、日本蚕糸業は発展した。つまり生糸を巡るアジア間競争においては、棲み分けが同時に競争としての側面を有していた。そして一九世紀末から一九二〇年代まで[93]の日中生糸による欧米生糸市場の棲み分けが、長期的には固定的であった理由は、日中両国における強固で安定的な絹体系の存在によるものであり、両国の蚕糸業の発展に対する絹体系の制約は極めて強いものであった。

注

（1）生糸の世界市場に関わる代表的な研究に、石井［1972］、杉山［1979］［1983］、上山［1983］、Sugiyama［1988］など。近年の研究に、井川［1992］、顧他［1993］、中林［1994］［2001］、根岸［1998］、拙稿［2002c］、Federico［1997］など。

（2）生糸世界市場における各アジア産生糸の占有率（量）は、一八二五／三〇年はインド糸一八・一％、中国糸一一・七％、一八七三／七七年は中国糸五四・〇％、日本糸一〇・七％、インド糸三・二％、一九二六／二九年は日本糸六六・五％、中国糸二一・七％、インド糸〇・二％であった（Federico［1997］, p. 200.）。

（3）フランス絹織物業に関する代表的研究に、服部［1971］。

（4）詳しくは、拙稿［2001］。

（5）日本の全生糸輸出量に占める米国向け生糸の比率は、一八八四年に五〇・五％となり半数を超えた（横浜市［1980］、一八一頁）。

（6）米国市場の中国糸と日本糸の占有率（量）は、一八七六／八〇年にそれぞれ五三・七％と二九・二％であったが、一八八六／九〇年には二一・七％と五二・八％になり逆転した（Sugiyama［1988］, p. 104.）。

（7）一九二五／二九年におけるフランス生糸市場の中国糸占有率は五三・九％で日本糸占有率は七・九％、米国市場は日本糸が八一・五％で中国糸は一五・一％であった（Federico［1997］, pp. 214,216.）。

（8）詳しくは、上山［1983］。なお、石井［1972］は経糸部面と緯糸部面とに二分割した。

(9)日本の生糸輸出量は一八六〇年に四八五〇キンタル(一キンタル=一〇〇kg)であったが、一九〇九年には約一六倍の八万八二〇キンタルに急増した(Federico [1997], pp. 197-198.)。

(10)一八八四/八八年のフランスと米国の生糸消費量は、それぞれ三五八六トンと一九二三トンであった。その後前者は停滞したが後者は急速に拡大し、一九二五/二九年には三七七二トンと三万三二八九トンとなり、米国生糸消費量はフランスの九倍近くとなった(Federico [1997], p. 213.)。

(11)一九世紀後半から二〇世紀初頭の中国生糸輸出は年平均成長率が二・四五%と、日本の七・〇八%より遙かに低く、相対的に停滞していた(顧他 [1995])。中国蚕糸業の技術的停滞を指摘した研究に、清川 [1975]。日中養蚕業を比較し、中国蚕糸業の停滞を指摘した研究に、井川 [1998]。しかし中国の生糸輸出量も一八六〇年の三万八一四二キンタルから一九〇九年には七万九三一一キンタル(Federico [1997], pp. 197-198.)へと絶対量では約二倍に増加していた。量的拡大から、中国蚕糸業の発展を肯定的に捉える代表的な研究に、Li [1981]。

(12)山田 [1934] は一九〇九年(四一頁)に、清川 [1975] は一九〇六年(二四一頁)に逆転したとする。また、銭(承)[1940] も、最初の逆転は一九〇六年としている(一二頁)。なお、一九二九年における両国の生糸輸出量は、日本は三四万四九一〇キンタル、中国は一一万五六三七キンタル(Federico [1997], p. 199.)となり、両国の差は拡大した。

(13)一九三四年の世界生糸生産量(アジア諸国は輸出量のみ)のうち、日本が八二・三%、中国は七・五%を占めた(東亜研究所 [1942]、二頁)。

(14)例えば、米国絹織物業の機械化と日本の器械製糸業普及との関連について指摘したものに、横浜市 [1965]、一〇九一一一五頁。

(15)座繰製糸技術の構造上の欠陥と糸質悪化の問題については、詳しくは、根岸 [1987]。

(16)糸質向上の観点から器械製糸技術導入を検討したものに、中村秀 [1967]、根岸 [1992] など。原料繭の品質と器械製糸技術との関連を考察したものに、大野 [1991]。糸質に焦点を当てつつ、改良座繰製糸業と器械製糸業を考察したものに、差波 [1996]。

(17)山田 [1934] によると、一八九四年に器械糸が座繰糸の生産量を凌駕した(同書、四一頁)。

(18)一九〇〇年に、米国は力織機四万四二五七台に対し手織機一七三台であったが、フランスのローヌ県では力織機三万六三八台に対し手織機五万六〇四三台であった(大野 [1984]、四、六頁)。

(19)本稿では、木造製糸器械を用いている場合に「器械」、金属製糸機械を用いている場合には「機械」と表記することとする。なお、この表記に関して、マニュファクチュアか否かによって区分し、整理したものに、藤井 [1987](三七—四二、五四—五六頁)。

(20) 詳しくは清川［1975］、曾田［1994］など。なお、原料繭の供給不足等により近代製糸業が停滞した(詳しくは、Shih [1976], pp. 52~54.)のは一時的な現象であった。例えば上海の製糸工場の釜数は、一八九八年の七七〇〇釜から一八九九年の五八〇〇釜へ急減したが、一九〇一年には七八三〇釜と回復した。その後一九〇三年に八五二六釜、一九〇七年に九六八六釜、一九〇八年に一万六釜となって一万釜の大台に乗り、一九一三年には一万三三九二釜、一九二八年には二万三五三四釜となった(東亜研究所［1943］、一一九—一三三頁)。

(21) もっともこの理解は、一八七〇年代よりはじまり、上海よりも急速に発展した広東器械製糸業を無視したものである。広東器械製糸業について、詳しくは、曾田［1994］など。

(22) 詳しくは、竹内［1983］、二二〇—二三八頁。

(23) 詳しくは清川［1975］、曾田［1994］など。

(24) Federico［1997］, p. 230を参照。

(25) なお、上海糸の原料であった無錫繭の平均価格は、日本繭平均価格の七割以下であった(井川［1998］、二一八頁)。つまり原料繭は日本より低価格であったにもかかわらず、生糸価格は日本より高価格だったのである。

(26) 註10参照。

(27) 例えば、開港後しばらく経った日本の製糸業者は、色彩の異なる繭を混ぜて適切な注意を払わずに製糸し、しかも多くの生糸は提糸造にされたために、欧州の製造業者は、開港直後のように多様な用途に適合する品質の生糸を選ぶことができなくなっていた(横浜市［1961］、七二頁。British Parl. Papers［1870］p. 13.)。

(28) 例えば、中林［2000］(一七八—一七九頁)ではこの点が見落とされ、米国市場のニーズへの適応のみが指摘されている。

(29) 本稿では、各国・各地域市場における上級・中級・下級品の価格帯の比率構成を、主として念頭に置いている。

(30) 綿業において、東アジアと西欧が異なる体系を有していたことを明らかにした代表的な研究として、川勝［1977］など。

(31) 近代中国蚕糸業の主要な研究に、清川［1975］、永瀬［1975］、奥村［1978］［1979］［1989］、古田［1984］、上野［1986］、鈴木［1992］、弁納［1993］［1994］、曾田［1994］、石井摩［1998］など。日本製糸資本の海外進出という視点から中国蚕糸業を検討したものに、藤井［1987］。華中養蚕業と日本養蚕業との比較を行った研究に、井川［1998］。また栽桑業の研究に、田尻［1999］。近代的製糸工場を商業的側面から検討したものに、Motono［2000］。欧米の主要な研究に、Shih [1976]、Li [1981]、Eng [1986]、So [1986]、Bell [1999] など。中国における近年の研究に、張（国）[1989]、王 [1989] [1999]、李 [1989] [1993]、林・唐 [1990]、徐・張 [1991]、章（楷）[1995]、彭 [1999] など。

（32）なお、銭（承）[1940]（二―六頁）は中国の蚕糸業地域を四つに区分しており、中部区は浙江・江蘇・安徽、南部区は広東・広西・福建、西部区は湖北・四川・湖南、北部区は山西・山東・河北・東三省より成る。

（33）本稿の華中糸とは、江蘇省・浙江省及びその周辺で生産された家蚕糸の白糸を主として指し、黄糸である四川糸や柞蚕糸は除外する。一八六八／一九一一年の中国生糸総輸出量に占める柞蚕糸の比率は一六・一%、家蚕糸に占める黄糸の比率は一二・五%であった（顧他 [1994]、三九四―三九五頁）。一九一二／四九年の中国生糸総輸出量に占める比率は、柞蚕糸が一六・二%、家蚕糸の黄糸が一五・二%であった（濱崎他 [1995]、一五頁）。

（34）華南糸の大部分は広東糸であるが、本稿では華南地域経済との連関を視野に入れているため、華南糸と呼ぶこととする。

（35）東亜研究所 [1943]、三―六頁。

（36）蚕糸業同業組合 [1929]、一七頁。

（37）申報 [1934]、K―二七頁（比率は筆者が計算。以下同様）。ただし元の資料は、上原重美による一九二六―二七年における推計。この推計によると、繭生産量は浙江省一一四万担、江蘇省五四・五万担であった。世界恐慌後は両省とも激減し、一九三四年には繭生産量が浙江省約二〇・九万担、江蘇省約二七・四万担（實業部 [1936]、E - 七七―七八）と、両省の生産量は逆転した。また、一九四六年には、中国全体に占める「蘇浙区」の蚕糸生産量比率は五六・三%、「広東区」は一二・九%であった（朱（斯）[1947]、三一二頁）。

（38）明石 [1918]、一二五頁。東亜研究所 [1943]、三一七―三一九頁。

（39）水野 [1920]、一四七、一五〇頁。東亜研究所 [1943]、三二一頁。

（40）英語では上海から輸出された生糸を"Chinas"と呼び（Rawlley「1919b」, p. 15.）、拙稿における華中糸にほぼ相当する。

（41）Rawlley [1919a], pp. 244-246.　Rawlley [1919b], pp. 14-16,28. 各アジア産生糸の特徴及び生糸の欠点については、詳しくは、拙稿 [2001]。

（42）銭（天）[1936]、一二九頁。また、章（有）[1957]（九三五頁）によると、華中の生糸は日本糸よりも品質が良く、欧州市場で好まれた。

（43）今村 [1935]、三二三頁。もちろん生糸の品質に関わる要因は他にもある。

(44) 繊維辞典刊行会［1951］、一三一八頁。
(45) 東亜研究所［1943］、三三二―三三九頁。
(46) 今村［1935］、三一五―三一八頁の表の一部を抜粋。検査年度は不明。なお支那器械・支那七里揚返は、本稿における華中糸である。
(47) 強力とは生糸が切れる直前まで釣り下げられる重量の大きさで、伸度とは生糸が切れる寸前まで引き延ばした時の伸びた比率である（大塚［1891］、一六八―一七〇頁）。
(48) 横浜市場の輸出生糸「格」別割合において、「武州格並びに信州上一番格」が、一九一二年度（六月～翌年五月）には四〇・四％と主流を占めていた。一九二〇年度になると二六・三％まで低下したが、「郡是・羽子板以上」の一九・二％、「毬格以上」の一五・八％、「矢島格」の一三・四％、「八王子格」の一八・六％を上回っていた（瀧澤［1978］、一一二頁）。なお、石井［1972］の分類によると、「矢島格」以上が優等糸で、「八王子格」以下（武州・信州上一番等）が普通糸である（同書、八七―八九頁）。
(49) 水野［1920］、一四八頁。日本糸は大正七年度の調査。
(50) 東亜研究所［1943］、四〇九―四一〇頁。元資料は米国絹業協会半年報。同年のパリ市場における各国生糸価格は、支那器械糸（上海機械糸）・日本器械糸・同再繰及掛田糸・広東器械糸・支那七里糸及び再繰糸の順であった。元資料は仏国モニトル誌（同書、四一一頁）。
(51) Federico［1997］, p. 230.
(52) アジア産機械／器械糸の価格は、ニューヨーク市場とリヨン市場ともに、一九世紀末から第一次大戦前まで一貫して、上海機械糸、日本器械糸、広東器械糸の順に低下した（Federico［1997］, p230.）。
(53) これはマクロ的な観点によるものであり、ミクロ的には中等糸である日本糸の一部と、下等糸である華南糸の一部との競争が激化した事例もある。詳しくは、拙稿［2002b］。
(54) 中江［1996］、一〇二頁。
(55) 繊維辞典刊行会［1951］、一二三、九五四、八一一頁。
(56) 蚕糸業同業組合［1929］、一〇〇頁。
(57) 農林省［1961］、八―一一頁の表から計算。
(58) 蚕糸業同業組合［1929］、一五五頁。
(59) 一代交雑種の急速な普及については、詳しくは、清川［1995］。

(60) 農林水産省［1995］、五三五頁。
(61) 大日本蚕糸会［1936］、四五三頁。
(62) 呂・甲斐・橋本・飯塚［1996］、六二—六四頁。現在における日中生糸の品質は、密度（g／cm^3・雄）の平均は、中国（華中）の在来種一・三五六、改良種一・三四〇。日本の在来種一・三四二、改良種一・三〇二。強度（g／den・雄）の平均は、中国の在来種四・二一七、改良種三・八一六。日本の在来種四・二五二、改良種四・〇一四と低下している（同書、六四頁）。
(63) 絹織物・絹綿交織物の価格は低下し、かつての高級織物は庶民の衣生活の中に定着していった（田村［2000］）。なお、絹織物・絹綿交織物産地の成長に対する輸入毛織物の影響について指摘した最近の研究に、田村［2001］。
(64) 内田［1997］、九〇—九一頁。
(65) 内田［1995］、四一頁。
(66) 内田［1995］、三六頁。
(67) 各年度『農商務統計表』より。
(68) 徳川後期における絹織物は、用途と原料生糸とによって、上級絹織物・普通絹織物・下級絹織物・最下級絹織物の四種類に分類できる。詳しくは、拙稿［1999］。
(69) 東亜研究所［1943］、六—九頁。
(70) 蚕糸業同業組合［1929］、二三—二四頁。
(71) 狭間他［1996］、五頁。
(72) バック［1938］、五三八頁。
(73) 例えば一九三七年の華中蚕糸業地域の調査によると、一戸当たり年平均被服費が二五・七六元である無錫（江蘇省の代表的蚕糸業地）の絹製品購入比率はわずか一・九％であり、一九・四〇元の嘉興（浙江省の代表的生糸生産地の一つ）の衣服購入は全て木綿製品であった（満鉄［1942］、四五頁。比率は筆者が計算）。生糸・絹織物の自家消費分を差し引いて考慮する必要があるが、華中農村の絹織物消費は低調であったと言える。また、張（東）［2001］（四九—五〇頁）によると、一八八七年から一九三三年にかけて富裕階層・一般階層間の消費水準の格差は縮小したものの、国民の衣料消費は依然として「初級段階」にあった。
(74) 詳しくは、東亜研究所［1943］、一六五—一六七頁、農商務省［1899］、二二一—二三三頁、朱（新）［1985］、一五一—一五八頁、など。また Li［1981］（pp. 39-46）は、明清時代の華中絹織物業の発展について、宮廷の需要と共に民間需要も重視しているが、宮廷は民間絹織物業者からも多く購入していた点を考慮するならば、民間の絹織物業も極めて高級指向が強かったと言える。

（75）一九世紀後半の中国では、内乱、飢饉、自然災害などにより、六千万人とも八千万人にとも推計される民衆の大量死が生じた（小林［1992］、二四七頁）。中国の人口は、一八四〇年の四億人から、一八七三年には三億五千万人に減少した（狭間他［1996］、五頁）。とりわけ太平天国の乱（一八五一―六四年）による人口減少は甚だしく、厳［1955］（三六七―三七〇頁の表から計算）によると、江蘇省では一八五二年の約四四四九万人から一八七四年には約一九八二万人に減少（五五％減少）、浙江省では一八五九年の約三〇四〇万人から一八六六年には約六三九万人に減少（七九％減少）した。またこの時期の安徽省では人口が約一六〇三万人減少（約四三％減少）して約二〇六〇万人となった（行［1991］、三四頁）。太平天国の乱の終結後、江蘇省・浙江省の地方官僚や郷紳は、蚕糸業の振興に積極的に取り組んだ（詳しくは、田尻［1999］）。だがこのような大規模な人口変動があったにもかかわらず、華中絹体系の基本的性格は変わらなかったと言えよう。

（76）景気研究所編［1938］、一一四頁。

（77）化性の地域分布は、「一化性のカイコはヨーロッパ種の全部、日本種・シナ種の一部を含み、二化性のものはシナ種・日本種にあり、多化性は中国南部より南方諸国に分布する。」（八杉他編［1996］、二一九頁）。

（78）インド蚕糸業については、詳しくは、拙稿［2001］［2002c］。

（79）米国絹織物業は、自国市場向けの中級絹の生産が中心であったのに対し、フランス絹織物業は欧州向けの高級絹生産が中心であった（Sugiyama［1988］, p. 77.）。

（80）河合［1911］、一四頁。

（81）また、米国では欧州よりも女性の社会進出が進み、それが女性の衣服購入費の増加をもたらしたため、絹製品の消費増加につながったという見解もある（高島［1924］、八七―八八頁）。米国では、一九一〇年には全労働力の二〇％が女性であった（秋元［1995］、一五〇頁）。

（82）詳しくは、上山［1988］。

（83）この点を情報の視点から検討したものに、内田［1996］。

（84）華南では苦力の労働服にも絹織物が用いられており、さらに油布という絹製の雨具があるなど、絹織物の実用度が高かった。詳しくは、農商務省［1921］、五頁、蚕糸業同業組合［1929］、二四頁。

（85）華中・華南絹体系については、拙稿［2002b］も参照。

（86）例えば、矢木［1978］、一〇二―一〇八頁、などを参照。最下級絹織物の用途については、拙稿［1999］を参照。
（87）支那経済年報刊行会［1938］、六六・六八頁。
（88）日本では、一九二〇年代には、限界を内包しつつも都市住民を中心に大衆消費社会が展開した（中村宗［2002］、二七―三〇）。
（89）バック［1938］、五三七―五三八頁。
（90）矢木［1978］、一〇三―一〇五頁。
（91）インド輸入生糸市場とオーストラリア市場も検討した結果、世界の生糸輸出国と輸入国の関係は、中国―欧州・インドと、日本―米国・豪州とに二分された。それは中・欧・印と日・米・豪の生糸と絹布の市場性格が、前者のグループは相対的に階級間格差の大きな社会が維持されたために高級志向が強く、一方後者のグループは大衆消費社会の成立に伴い絹織物の大衆化が進んだがゆえに中級指向が強いというように、それぞれ相対的に類似していたからであった。詳しくは、拙稿［2002a］［2002c］を参照。
（92）東亜研究所［1942］、八―一一頁。一九二〇年代後半から三〇年代にかけての割合。
（93）なお、一九三〇年代の中国蚕糸業については拙稿［2002b］を参照。

引用文献

明石［1918］明石弘『支那の蚕糸業』臨時産業調査局
秋元［1995］秋元英一『アメリカ経済の歴史――一四九二―一九九三』東京大学出版会
石井［1972］石井寛治『日本蚕糸業史分析』東京大学出版会
石井摩［1998］石井摩耶子『近代中国とイギリス資本』東京大学出版会
井川［1992］井川克彦「製糸業とアメリカ市場」高村直助編『企業勃興――日本資本主義の形成』ミネルヴァ書房
井川［1998］『近代日本製糸業と繭生産』東京経済情報出版
今村［1935］今村省三『世界繊維界と蚕糸』明文堂
上野［1986］上野章「経済建設と技術導入――江蘇省蚕糸業への一代交雑種法の導入を例に」中国現代史研究会編『中国国民政府の研究』汲古書院
上山［1983］上山和雄「第一次大戦前における日本生糸の対米進出」『城西経済学会誌』第一九巻第一号
上山［1988］「蚕糸業における中等糸生産体制の形成」高村直助編『日露戦後の日本経済』塙書房

内田［1995］内田金生「戦前期日本の生糸国内市場――生糸国内消費量の推計及び長期需給の考察」『経営史学』第二九巻第四号
内田［1996］「輸出産品の競争力と組織間関係――戦前期における対米生糸輸出の日中比較分析」松本貴典編『戦前期日本の貿易と組織間関係』新評論
内田［1997］「在来産業と伝統市場――明治前期の西陣絹織物原料糸市場をめぐって」中村隆英編『日本の経済発展と在来産業』山川出版社
大塚［1891］大塚良太郎『蚕業家必携（全）』第二版、文昌堂
大野［1984］大野彰「欧州絹業と米国絹業の比較考察」『関西学院経済学研究』一七号
大野［1991］「わが国に於ける洋式製糸技術の適正化をめぐる諸問題――信州式製糸法の事例を中心に」『京都学園大学経済学部論集』第一巻第三号
大野［1995］「二〇世紀初頭の日本製糸家による米国市場情報入手の経路」『京都学園大学経済学部論集』第五巻第一号
奥村［1978］奥村哲「恐慌下江浙蚕糸業の再編」『東洋史研究』第三七巻第二号
奥村［1979］「恐慌前夜の江浙機械製糸業」『史林』第六二巻第二号
奥村［1989］「恐慌下江南製糸業の再編再論」『東洋史研究』第四七巻第四号
景気研究所編［1938］景気研究所編『中南支経済総観』千倉書房
拙稿［1999］金子晋右「開港後の青梅における輸入綿布の防遏」『地方史研究』第二七九号
拙稿［2001］「戦前期インド蚕糸業研究序説」『横浜市立大学大学院生論集・社会科学系列』第七号
拙稿［2002a］「海洋アジアの地域間競争と世界市場――近代における日本・中国・インドの蚕糸業を中心に」川勝平太編『グローバル・ヒストリーに向けて』藤原書店
拙稿［2002b］「戦前期中国蚕糸業研究序説」『横浜市立大学大学院生論集・社会科学系列』第八号
拙稿［2002c］「戦前期の世界生糸市場を巡るアジア間競争――インドの蚕糸業と輸入生糸市場を中心に」『アジア研究』第四八巻第二号
河合［1911］河合清『我が生糸と米国』有隣堂
川勝［1977］川勝平太「明治前期における内外綿関係品の品質」『早稲田政治経済学雑誌』第二五〇・二五一合併号
清川［1975］清川雪彦「戦前中国の蚕糸業に関する若干の考察（1）」『経済学研究』（一橋大学）第二六巻第三号
清川［1995］『日本の経済発展と技術普及』東洋経済新報社

顧他［1993］顧国達・濱崎實・宇山満「近代生糸世界市場の成立要因とその需給関係（一八四二―七二年）」『日本蚕糸学雑誌』第六二巻第五号
顧他［1994］顧国達・宇山満・濱崎實「清末期における中国輸出生糸の産地分布の推計（一八六八―一九一一）」『日本蚕糸学雑誌』第六三巻第五号
顧他［1995］顧国達・濱崎實・宇山満「清末期における中国生糸輸出量変動の要因分析（一八六八―一九一一）」『日本蚕糸学雑誌』第六四巻第二号
小林［1992］小林一美『清朝末期の戦乱』新人物往来社
差波［1996］差波亜紀子「初期輸出向け生糸の品質管理問題――群馬県における座繰製糸改良と器械製糸」『史学雑誌』第一〇五編第一〇号
蚕糸業同業組合［1929］蚕糸業同業組合中央会編纂『支那蚕糸業大観』岡田日榮堂
支那経済年報刊行会［1938］支那経済年報刊行会編『支那経済年報』一九三八年上半期、第一輯、白揚社
杉山［1979］杉山伸也「幕末、明治初期における生糸輸出の数量的再検討」『社会経済史学』第四五巻第三号
杉山［1983］「日本製糸業の発展と海外市場」『三田学会雑誌』第七六巻第二号
鈴木［1992］鈴木智夫『洋務運動の研究――一九世紀後半の中国における工業化と外交の革新についての考察』汲古書院
繊維辞典刊行会［1951］繊維辞典刊行会編『繊維辞典』財団法人商工会館出版部
曽田［1994］曽田三郎『中国近代製糸業の研究』汲古書院
大日本蚕糸会［1936］大日本蚕糸会編纂『日本蚕糸業史』第三巻、大日本蚕糸会発行
高島［1924］高島容孝編『欧州の絹業と生糸の消費』（蚕糸業同業組合中央会報告号外）
瀧澤［1978］瀧澤秀樹『日本資本主義と蚕糸業』未来社
竹内［1983］竹内壮一「近代製糸業への移行」『講座・日本技術の社会史・紡織』第三巻、日本評論社
田尻［1999］田尻利『清代農業商業化の研究』汲古書院
田村［2000］田村均「明治前期の東京織物市場と流行織物――縞木綿を中心に」老川慶喜・大豆生田稔編『商品流通と東京市場――幕末―戦間期』日本経済評論社
田村［2001］「在来織物業の技術革新と流行市場――幕末・明治前期の輸入毛織物インパクト」『社会経済史学』第六七巻第四号
張（東）［2001］張東剛（加島潤・三品英憲・奥村哲訳）「近代中国における消費需要の変動に関するマクロ分析」『近き

に在りて』第四〇号
東亜研究所［1942］東亜研究所『支那生糸の世界的地位』
東亜研究所［1943］『支那蚕糸業研究』大阪屋号書店
中江［1996］中江克己『新装版染織事典』泰流社
永尾［1922］永尾龍造『支那民俗誌』第一巻、国書刊行会、昭和四八年再刊（初版は大正一一年）
永瀬［1975］永瀬順弘「一九世紀末における中国蚕糸業の動向」『桜美林エコノミックス』第四号
中林［1994］中林真幸「養蚕業の再編と国際市場――一八八二―一八八六年」『土地制度史学』第一四五号
中林［2000］「養蚕業の発展と原料繭流通」老川慶喜・大豆生田稔編『商品流通と東京市場――幕末―戦間期』日本経済評論社
中林［2001］「大規模製糸工場の成立とアメリカ市場」『社会経済史学』第六六巻第六号
中村秀［1967］中村秀子「小野組深山田製糸場の経営――外国機械移植の一側面」『経営史学』第二巻第三号
中村宗［2002］中村宗悦「日本の大衆消費社会」大杉由香・上遠野武司・斉藤真事・中島正人・中村宗悦・渡部茂『第二版・日本経済の経済学』学文社
根岸［1987］根岸秀行「幕末開港期における生糸繰糸技術転換の意義について」『社会経済史学』第五三巻第一号
根岸［1992］「初期器械製糸経営における技術移転をめぐって――飛騨の事例を中心に」『朝日大学経営論集』第七巻第一号
根岸［1998］「近代移行期の日本生糸とヨーロッパ市場」『朝日大学経営論集』第一三巻第一号
農商務省［1899］農商務省商工局商事課『清国染織業視察復命書』有隣堂
農商務省［1921］農商務省農務局（松下憲三郎）『支那製糸業調査復命書』
農林省［1961］農林省農林経済局統計調査部『養蚕累年統計表』農林統計協会
農林水産省［1995］農林水産省農林水産技術会議事務局編『昭和農業技術発達史・畜産編／蚕糸編』第四巻、社団法人農林水産技術情報協会
狭間他［1996］狭間直樹・岩井茂樹・森時彦・川井悟著『データでみる中国近代史』有斐閣
バック［1938］ジョン・ロッシング・バック編（塩谷安夫他訳）『支那の農業――一九二九―三三年、支那二二省、一六八地方における一六七八六農場、三八二五六農家家族の調査』改造社
服部［1971］服部春彦「一九世紀フランス絹工業の発達と世界市場」『史林』第五四巻第三号

濱崎他［1995］濱崎實・顧国達・宇山満「民国期（一九一二―一九四九）における中国生糸輸出の研究――輸出量変動の要因及び輸出生糸の産地構成」『京都工芸繊維大学繊維学部学術報告』第一九巻
藤井［1987］藤井光男『戦間期日本繊維産業海外進出史の研究』ミネルヴァ書房
古田［1984］古田和子「近代製糸業の導入と江南社会の対応」平野健一郎編『近代日本とアジア』東京大学出版会
弁納［1993］弁納才一「中国の農業近代化に対する抵抗――一九二〇―三〇年代浙江省の蚕種改良事業に見る」『社会経済史学』第五九巻第一号
弁納［1994］「中国農村工業の一軌跡――一九二〇―三〇年代の浙江省蕭山東郷合作糸廠を例として」『史潮』新三五号
満鉄［1942］満鉄調査部「中支に於ける蚕糸業」『満鉄調査月報』第六七号
水野［1920］水野健吉『広東生糸（全）』
矢木［1978］矢木明夫『生活経済史』大正・昭和篇、評論社
八杉他編［1996］八杉龍一・小関治男・古谷雅樹・日高敏隆編集『岩波生物学辞典』第四版、岩波書店
山田［1934］山田盛太郎「日本資本主義分析」『山田盛太郎著作集』第二巻、岩波書店、昭和五九年（ただし初版は一九三四年）
横浜市［1961］横浜市『横浜市史』第三巻上
横浜市［1965］『横浜市史』第四巻上
横浜市［1980］『横浜市史』資料編二（増訂版）
呂・甲斐・橋本・飯塚［1996］呂群・甲斐豊健・橋本龍也・飯塚英策「中国における在来・改良品種群繭糸の物理的性質の比較研究」『日本蚕糸学雑誌』第六五巻第一号
Bell［1999］Bell, Lynda S., *One Industry, Two Chinas: Silk Filatures and Peasant-Family Production in Wuxi County, 1865-1937*, Stanford : Stanford University Press.
British Parl. Papers［1870］*British Parl. Papers*, 1870 LXV [C. 72], 'Report on the central silk districts of Japan.'
Eng［1986］Eng, Robert Y., *Economic Imperialism in China: Silk Production and Exports, 1861-1932*, University of California, Berkeley, Center for Chinese Studies.
Federico［1997］Federico, Giovanni, *An economic history of the silk industry, 1830-1930*, Cambridge University Press.
Li［1981］Lillian M. Li, *China's Silk Trade : Traditional Industry in the Morern World 1842-1937*, Cambridge, Mass. : Harvard University Press.

Motono [2000] Motono, Eiichi, *Conflict and Cooperation in Sino-British Business, 1860-1911 : The Impact of the Pro-British Commercial Network in Shanghai*, Macmillan Press.
Rawlley [1919a] Rawlley, Ratan C., *Economics of the Silk Industry : A Study in Industrial Organization*, London : P. S. King & Son, Ltd.
Rawlley [1919b] *The silk industry and trade : A study in the economic organization of the export trade of Kashmir and Indian silks, with special reference to their utilization in the British and French markets*, London : P. S. King & Son, Ltd.
Shih [1976] Shih, Min-hsiung, *The Silk Industry in Ch'ing China*, The University of Michigan Center for Chinese Studies.
So [1986] So, Alvin Y., *The South China Silk District: Local Historical Transformation and World-System Theory*, State University of New York Press.
Sugiyama [1988] Sugiyama, Shinya, *Japan's Industralization in the World Economy 1859-1899 : Export Trade and Overseas Competition*, The Athlone Press.
行［1991］行竜「論太平天国革命前後江南地区人口変動及其影響」中国社会科学院経済研究所中国経済史研究編集部『中国経済史研究』一九九一年第二期
林・唐［1990］林剛・唐文起「一九二七—一九三七年江蘇機器工業的特徴及其運行概況」中国社会科学院経済研究所中国経済史研究編集部『中国経済史研究』一九九〇年第一期
李［1989］李平生「世界経済大危機与中国蚕絲業」中国社会科学院経済研究所中国経済史研究編集部『中国経済史研究』一九八九年第四期
李［1993］「論民初蚕絲業改良」中国社会科学院経済研究所中国経済史研究編集部『中国経済史研究』一九九三年第三期
彭［1999］彭南生「論近代手工業与民族機器工業的互補関係」中国社会科学院経済研究所中国経済史研究編集部『中国経済史研究』一九九九年第二期
銭（承）［1940］銭承緒『中国蚕絲業之総検討』中国経済研究会
銭（天）［1936］銭天達『中国蚕絲問題』上海黎明書局
申報［1934］『民国二十三年申報年鑑』
實業部［1936］實業部中国経済年鑑編纂委員会『中国経済年鑑』（第三編）
王［1989］王翔「中国伝統絲織業走向近代化的歴史過程」中国社会科学院経済研究所中国経済史研究編集部『中国経済史研究』一九八九年第三期

王［1999］「近代中国手工業与工業経済結構」中国社会科学院経済研究所中国経済史研究編集部『中国経済史研究』一九九九年第二期
徐・張［1991］徐新吾・張守愚「江南絲綢業歴史綜述」中国社会科学院経済研究所中国経済史研究編集部『中国経済史研究』一九九一年第四期
厳［1955］厳中平編『中国近代経済史統計資料選輯』中国科学院経済研究所、科学出版社
章（楷）［1995］章楷「江浙近代養蚕的経済収益和蚕業興衰」中国社会科学院経済研究所中国経済史研究編集部『中国経済史研究』一九九五年第二期
章（有）［1957］章有義編『中国近代農業史資料』（第三輯）三聯書店、九三五頁
張（国）［1989］張国輝「甲午戦後四十年間中国現代繅絲工業的発展和不発展」中国社会科学院経済研究所中国経済史研究編集部『中国経済史研究』一九八九年第一期
朱（斯）［1947］朱斯煌『民国経済史』（上）銀行学会編印
朱（新）［1985］朱新予主編『浙江絲綢史』浙江人民出版社

4　日本のアップランド綿栽培事業と日本紡績業の発展

辻　智佐子

はじめに

アップランド綿は、新世界綿およびアメリカ綿と呼ばれ、一七世紀からアメリカ北部で栽培された中・長繊維の綿である。そして、一八世紀末にはイギリスを中心とする欧米の機械制綿業の原綿に使用されてきた。二〇世紀に入って、アジアでも綿業の機械化が本格化すると、中国やインドを中心としてアジア域内でもアップランド綿が栽培されるようになる。しかしそれ以前のアジアといえば、旧世界綿といわれる短繊維綿が広い地域で栽培され、手紡・手織用の原綿として古くから人々に利用されてきた[1]。つまり、二つの綿は、「アップランド綿（中・長繊維綿）＝機械用原綿」、「アジア綿（短繊維綿）＝手紡織用原綿」という、加工方法において歴史的な相違がある。

この意味で、アップランド綿のアジアへの導入・普及・定着の過程は、アジア綿業の工業化をはかる上で一つの示唆を与えてくれる。

ここで注目したいのは、アジア綿業の工業化は、原綿からみるとある特徴を有していることである。それは、綿業の機械化がすぐさまアップランド綿の導入へと直結せず、「アジア綿（短繊維綿）＝機械用原綿」を経由して、徐々に「アップランド綿（中・長繊維綿）＝機械用原綿」へ移行したことである。この間には、アジア綿とアップランド綿の混綿の利用がみられるが、工業化の初期段階においてはアジア綿のみの利用を不可避としていた。この背景として重要なのは、アジアでは短繊維綿の栽培から綿製品の加工・流通・需要に至る一つの構造が工業化以前に存在していた、ということである。

工業化以前の構造がどのような影響を及ぼしたかというと、まず原料の問題がある。先述のとおり、アジアでは工業化以前から短繊維綿を栽培しており、この短繊維綿を機械用原綿として容易に調達することができた。たとえば日本では、殖産興業政策のもとでイギリス製紡機を輸入した官営紡績会社および民間の大阪紡績会社は、国内の短繊維綿栽培の振興をかねて当初から日本綿を原料とする機械綿糸の生産をおこなった。これらの日本紡績業は、原綿価格を抑えるために日本綿より安価で短繊維綿の中国綿さらにインド綿へ原綿の早期転換をおこなうが、短繊維綿のみによる機械綿糸の生産は一八九〇年頃まで続けられた。

つぎに、綿業における機械化が綿糸部門からはじまり、それゆえに機械制紡績業のおもな需要者はまずは在来の綿織業者であった、という事情がある。在来の綿織業者は、短繊維綿を原料とした低番手綿糸を原糸として厚手の綿布を生産していた。この理由からも、アジアの機械制紡績業は、短繊維綿を原綿に利用する必要があった。日本の紡績業の発達もまさに、この低番手綿糸の生産によって成長の機会を得た。

このように、アジア綿業の初期工業化は、アジア綿を利用した機械制紡績業の発達に特徴があり、欧米における綿業の工業化とは異なる。

ところで、アジアの綿業にあって、なぜ日本が先行するインドを押さえて本格的な工業化をより早く実現できたのだろうか。これには、日本側の内的要因として、日本紡績業の使用する原綿の長繊維化、綿糸生産における資本的・人的・技術的優位性が、また外的要因として、日清・日露戦争などの戦争の影響、原綿・綿製品の輸送に活躍した海運会社の存在、アジア市場の開拓に寄与した日本領事や商社の役割などが指摘できよう。本稿では、これらの要因のうち、内的要因である原綿の長繊維化に着目してみたい。

アジア綿業の工業化は原綿からみた場合、「アジア綿＝機械用原綿」を経由したところにその特異性があると述べたが、このことは、アジアが欧米の後塵を拝したにもかかわらず工業化を達成できた理由であり、また同時に、そこに留まる限りにおいて工業化の一層の発展を妨げる理由でもあった。というのは、アジア綿業の工業化は、その発展過程においてやがて欧米型の「アップランド綿―高番手綿糸―薄手綿布」に転換していくからである。そして、アジアのなかでこの転換を最初に実現したのが日本であった。

しかし、こうした日本紡績業によるアップランド綿導入への道のりには、何らの紆余曲折もなかったわけではない。二度にわたる綿作農家によるアップランド綿栽培の失敗と一度の成功とがあった。最初の失敗は、一八七四年に大久保利通内務卿による農業振興政策の一環として国内の綿作先進地を中心に実施されたアップランド綿栽培である。[2]二度目の失敗は、一八九四年に大日本農会によって国内でおこなわれたアップランド綿栽培である。そして、唯一の成功は、一九〇五年に政府が朝鮮で開始したアップランド綿栽培である。一八七四年の栽培とその後の栽培の違いは、日本紡績業におけるアップランド綿導入の前と後という、時間的ずれにある。問題なのは、アップランド綿導入後の時期にあっても大日本農会による日本での栽培は失敗し、政府による朝鮮での栽培は成功したことである。

そこで本稿は、大日本農会による日本での栽培と政府による朝鮮での栽培がなぜ失敗と成功という異なる結果になったのかについて、日本紡績業との関連で検討したいとおもう。以下では、まず大日本農会による国内でのアップランド綿栽培について述べ、ついで、政府による朝鮮でのアップランド綿栽培の状況についてみていく。そして最後に、日本紡績業による朝鮮アップランド綿の利用についても触れる。

一　大日本農会によるアップランド綿栽培

1　大日本農会と「棉作奨励会」

大日本農会は、一八八一年の第一回全国農談会において、東洋農会（一八七九年、下総国印幡郡牧羊場内に開設）と東京談農会（一八八〇年、東京三田育種場内に開設）を併合して創設された、民間の全国規模の農業団体である。会員はおもに府県の老農である。老農とは地主や篤農、村役を指す。大日本農会は民間団体であるにもかかわらず、その設立については、つぎの三点において、政府による勧農政策の一環としてみることができる。第一に、第一回全国農談会は、第二回内国勧業博覧会の際に内務省勧農局が全国の老農一二〇名を招集して開催したものであり、大日本農会の創設そのものは政府の構想によるものであった。当時政府は、イギリスの王室農業協会 Royal Agricultural Society of England を模した、貴族や地主層からなる民間の農業団体を、政府の外郭団体として組織しようと企図していたのである。

第二に、「大日本農会成蹟書」によると、大日本農会の設立の目的は、政府の勧農政策の中心人物であった大久保利通元内務卿の遺志を継ぐことにあった。大日本農会の前身である東洋農会と東京談農会は、明治初期に欧米農法を日本へそのまま移植しようとした政府への反発から全国の老農によって組織されたものであった。しかし、欧米農法の受け入れに熱心であった大久保の遺志を継承することを大日本農会の設立目的に置いたことから、大日本農会の設立が政府の政策と関係のないところで独自に遂行されたものではないことがわかる。

第三に、多くの皇族や政府関係者が大日本農会の要人として参加していた。具体的には、会頭に北白川宮能久親王殿下、名誉会員に有栖川宮をはじめとする他六名の皇族と三条実美太政大臣、特別会員に伊東巳代治農商務大臣が据えられた(3)。

以上のように、大日本農会の創設そのものは政府の政策に沿うものであったが、実際の活動は通常会員である府県の老農を中心にしておこなわれた。おもな活動の一つは、年に一回開催される大集会である。大集会は、各地方の老農が一堂に会して、日本農業のあり方について議論する場であり、一八八二年から一九三五年まで四五回開催されている。ここで重要なのは、大日本農会の活動は、設立当初から欧米農法の導入には慎重であり、むしろ各地方の老農が在来の農業技術の伝承や意見交換をとおして、日本農業の生産性を向上させることに主眼を置いていた点である。大日本農会のこのような特質は時を経るにしたがって強まり、農政活動よりも生産指導や教育活動にますます傾斜していったが、これと同時に、大日本農会は農商務省に対する発言力を失っていった。その結果として、一八九四年に大日本農会の幹事長になった前田正名は、大日本農会とは別に政治活動に専念する機関として全国農事会を発足させた。以後、全国農事会は小規模ながら農商務省との結びつきを深めながら帝国農会に成長していくが、大日本農会は全国の老農を支持基盤として独自の道を歩んでいくことになる。

大集会の他におもな活動として、集談会の開催がある。集談会は、各分野別の専門家が集まって、各商品作物の生産を奨励するために開かれた。綿に関していえば、一八九四年一〇月に大阪で綿作集談会が開催され、海外からの競争に耐え得る国内綿作の改良・発展の方法について話し合われた。一八九四年にこのような集談会が開催されたのは、一八九三年の綿花輸入関税撤廃案の衆議院通過によって、国内綿作がいよいよ窮地に立たされていたことが背景にある。この問題は、農民の利害を代表する大日本農会によって深刻に受け止められ、大日本農会は全国の老農を後ろ盾に、国内綿作の存続をかけた活動をおこなった。

一八九三年の綿花輸入関税撤廃案の衆議院通過は、摂河泉地方を中心とする綿作農家による反対運動を惹起したため、大日本農会はすぐさま、「海外棉花輸入関税に関する意見」を農商務省他関係各所に配布した。その甲斐あって撤廃実施が四年間延期されたものの、大日本農会はこの間に国内綿作の生産力を高める義務を負ったのである。そこで、一八九四年一月、大日本農会は、国家経済会、万年会、農民倶楽部と協力して「棉作奨励会」(以下、「奨励会」)を発足させ、先の綿作集談会を開催したり、国内綿作の改良に従事すると同時に、アップランド綿栽培にも取り組んだのである。

「棉作奨励会規則」によると、「奨励会」のおもな活動は、①優良な種子を購入し、これを農事試験場や農学校、各地方の篤農に配布して試作を依頼すること、②配布した種子の栽培方法について監督すること、③栽培結果について大日本農会に報告すること、④栽培農家が収穫した綿花の販売に困難が生じるときはこれを買い取ること、である。[4] アップランド綿栽培に照らしていえば、「奨励会」は一八九四年から一八九八年の五年間にわたりアメリカからアップランド綿種子を購入し、この種子を農事試験場や農学校、各地方の老農に無償で配布して栽培を依頼した。栽培状況や結果については『大日本農会報』で報告され、アップランド綿栽培に関する知識の普及に力が注がれた。

2 「棉作奨励会」によるアップランド綿栽培とその限界

一八九四年七月の大日本農会関西臨時大集会における農学者岡田鴻三郎の演説によると、当時必要とされたアップランド綿の作付反別は一万五〇〇〇町歩であった。[5] 同じ時期の国内における綿作規模がおよそ六万六〇〇〇町歩

表1　若松善右衛門による綿作結果(1894年)

アップランド綿

収入(円)		支出(円)	
実綿	20.35	整地	0.15
茎	0.45	播種	0.15
		施肥	0.1
		草取	0.1
		間引	0.05
		摘梢	-
		灌漑	2
		肥料	0.8
		収穫	0.9
		乾燥	0.1
		種子	不詳＊
		農具損料	0.2
		地租	0.34
		他	0.24
合計	20.8	合計	5.13
収支差額		15.67	

日本綿

収入(円)		支出(円)	
実綿	24	整地	0.15
茎	0.8	播種	0.2
		施肥	0.8
		草取	0.1
		間引	0.25
		摘梢	0.2
		灌漑	4
		肥料	8.05
		収穫	1.5
		乾燥	0.2
		種子	0.2
		農具損料	0.2
		地租	0.6
		他	0.24
合計	24.8	合計	16.69
収支差額		8.11	

出所:大日本農会『大日本農会報』第164号、明治28年5月、10頁。
＊表では種子は「不詳」とあるが、種子は「奨励会」より無償で配布されたので種子代は0円である。

であったことから、「奨励会」によるアップランド綿栽培は遂行可能な政策として考えられていたことがわかる。以下では、「奨励会」によるアップランド綿栽培の結果を、「奨励会」の視察を含めて栽培者からの報告(6)が多かった一八九四年と一八九五年について概観する。

一八九四年に「奨励会」がアメリカからとり寄せたアップランド綿種子は、「キング」「プーア・マンズ・フレンド」「ドレークス・クラスター」の三種(7)であり、これらの種子(各一三〇匁)は三六府県の約七〇〇ヶ所に配布された。「奨励会」は、そのうち兵庫、岡山、香川、徳島、高知、広島、山口、鳥取、熊本、大分、宮崎、鹿児島の諸県を視察し、好成績を得た一三名の農家についてとくに報告をおこなっている。ここでは、兵庫と鹿児島の事例をみてみよう。まず兵庫では、西宮周辺で数年来アップランド綿栽培に従事する綿作農家が多く、「奨励会」から配布された種子についても栽培は良好であった。

たとえば、武庫郡石橋市十郎は、毎年二反歩の土地にアップランド綿を栽培しており、「奨励会」から配布された「キング」種を含むすべての綿種において良質の綿花を収穫した(8)。

ついで、鹿児島では、明治初期からアップランド綿に従事してきた南大隅郡垂水村周辺を例にとると、「一村擧て陸地棉〔アップランド綿〕を作り今は普通の作物となれり(9)」とあり、この地域でも「奨励会」による政策以前からアップランド綿栽培がかなりの程度普及していたことが窺える。「奨励会」が種子を配布した一八九四年について、前頁**表1**の若松善右衛門(10)によるアップランド綿と日本綿の収支比較をみると、アップランド綿は収入面で日本綿より劣るが、支出面において、とくに肥料代がほとんどかからないことから、収支差額では日本綿より七・五六円も上回っている。

その他、全国のアップランド綿栽培者から一〇〇通以上の報告があった。報告によると、極めて優秀な成績を得たものは一九名だったが、良好な成績を得た栽培者の例をあげれば枚挙にいとまがないことは、「奨励会」の報告が語るところである。

つぎに、一八九五年の例である。一八九五年においては「奨励会」は、栽培者を数十名に絞って、数反歩規模での栽培をおこなわせた。綿種は、「キング」「アーレン」「プーア・マンズ・フレンド」の三種である。その結果、「兵庫縣の石橋市十郎氏の如き三重縣の古市與一郎氏の如き陸地棉の栽培法に練熟せる者少なからずして大坂の市上既に米國輸入の陸地棉花と拮抗するの好産を見るに至(11)」り、その他の報告をみてもアップランド綿の栽培が引き続き順調であったことがわかる。こうして、一八九八年までアップランド綿栽培は継続されるが、しかし日本に定着することなく結局失敗に終わった。

五年にわたる「奨励会」の報告は限られたものであり、栽培状況の全体像を把握できないという難点をもつ。ただし、このことを考慮しても、日本におけるアップランド綿栽培が地域によって可能であったことは明らかであり、このことは明治初期のアップランド綿栽培とも共通する。

この事実は、日本におけるアップランド綿栽培の失敗の原因を、自然条件や技術的稚拙性、さらには日本農業の零細性にもとめるよりも先に、もっと単純な問題に目を向けるべきことを示唆してくれる。そこで着目したいのは、「奨励会」、つまり大日本農会がアップランド綿栽培を日本に定着させるために、何をしなかったのか、ということである。

アップランド綿の栽培農家には多くの老農が含まれており、かれらの協力はアップランド綿栽培の奨励に大きな役割を果たした。しかし、問題は、かれらにはアップランド綿（実綿）を繰綿に加工したり、それを売り捌いたりする術がなかったということである。ここで「棉作奨励会規則」を想起してもらいたい。そのなかに「奨励会」の役目として、アップランド綿の販売に困難を来すときは「奨励会」が買い取る、とあったはずである。しかし、実際に買い取った記録はほとんどみられない。逆に、先例の鹿児島垂水村では、「世間多くは陸地綿は打つに困難にして紡ぐにも亦た難儀なりと思惟する由なれども若松氏自家用料の手紡績綿絲を見たらんには蓋し其困難にあらざることを覚知するならん[12]」とあるように、アップランド綿は自家で加工・消費されている。また、このような報告が『大日本農会報』に記載されていることから、大日本農会も自家消費を推奨していたとも推測される。なぜ栽培農家はアップランド綿を自家消費しなければならなかったのか。商品としてアップランド綿を市場で売買することはできなかったのか。

次頁**表2**をみると、日本のアメリカ綿（アップランド綿）輸入は一八八七年からであり、綿花総輸入量におけるアップランド綿の割合が一〇%を超えるのは一八九一年である。一八九八年には三〇%に達し、アップランド綿の本格的の需要は年々増加をたどる。アップランド綿の輸入に中心的役割を担った三井物産は、アップランド綿の取引を一八九三年以降と記録しており[13]、このことからも、アップランド綿の日本への輸入が無視できない程度に

表2　国別綿花輸入量割合(%)

年次	インド	アメリカ	中国	朝鮮	エジプト	他	年次	インド	アメリカ	中国	朝鮮	エジプト	他
1884	2.9	–	97	–	–	0.1	1910	62.5	9	23	0.8	1.5	3.2
1885	0	–	99.9	–	–	0	1911	58.4	17.8	17.9	0.4	2.4	3.2
1886	0.4	0	99.6	–	–	–	1912	52.5	30.7	10.8	0.4	1.9	3.8
1887	1.3	0.1	98.6	–	–	–	1913	59.4	25.5	8.5	0.5	1.8	4.1
1888	0.4	0.5	98.4	–	–	0.7	1914	66.3	21.9	6.7	0.7	1.8	2.5
1889	1 .4	0.3	98.2	–	–	0.1	1915	66.8	22	8.1	0.5	1.5	1
1890	28.8	6.8	64.4	–	–	0.1	1916	61	26.2	7.8	0.6	1.7	0.5
1891	53	10.6	36	–	–	0.4	1917	63.1	23.9	9	1.1	1.7	1.2
1892	46	11.7	41.6	–	–	0.7	1918	42	36.3	17.7	1.4	1.2	1.4
1893	39	6.6	53.5	–	–	1	1919	44.6	38.9	12.4	1.1	1.5	1.4
1894	39.1	11.1	47.8	–	–	2	1920	53.1	41.4	2.6	0.9	0.9	1.2
1895	32.5	8.4	57.3	–	–	1.8	1921	50.3	39.8	6.4	0.9	1.7	1.8
1896	61.6	11.1	26	–	–	1.2	1922	56.8	33.3	7.3	0.8	1.2	1.4
1897	58.8	15.1	22.3	–	–	3.7	1923	58.2	28.4	8.6	1.4	2.1	2.6
1898	55.4	30.2	11.6	–	0.5	2.3	1924	54.8	28.6	12.2	1.9	1.7	0.8
1899	64.2	24.5	7.2	–	0.1	3.1	1925	55.5	34.3	6.2	1.3	1	1.7
1900	29.4	42.7	23.7	–	1.7	2.5	1926	50	38.6	7.4	0.7	2.8	0.5
1901	64.6	17.8	13.3	–	1.9	2.4	1927	38.2	49.3	8.1	0.7	2.6	0.5
1902	51.1	21	23.9	–	2	2	1928	47.1	39.6	10.7	1.2	1.8	0.7
1903	44.3	16.4	31.3	1.3	2.3	4.4	1929	47.1	41.1	7.1	1.1	2.1	1.4
1904	38.2	9.6	42.5	1.3	2	6.6	1930	48.5	39.8	7.2	1.8	1.9	0.8
1905	50	27.4	16	0.3	1.7	4.7	1931	42.8	47.3	6.3	0.8	2.6	0.2
1906	50.2	19.1	23.1	0.5	1.3	6	1932	21.4	71	4.1	0.7	2.6	0.3
1907	51.6	20.6	20.9	0.2	1.5	5.2	1933	31.5	58.9	4.5	1.1	2.2	1.8
1908	45.2	23.9	19.7	0.5	2.9	7.8	1934	42.3	47.3	2.4	1.1	4	2.9
1909	58.2	17.9	15.4	0.7	2.6	5.3	1935	41.7	46	3.4	1.8	4.3	2.8

出所:1884年-1896年は横浜市編『横浜市史資料編2　日本貿易統計』(有隣堂、1962年)の「実綿」と「繰綿」より、1897年-1902年は同統計資料の「実綿・繰綿」より、1903年-1928年は幸田祐道『本邦綿業の統計的研究』(日本綿業倶楽部、1931年)より、1929-1935年は大蔵省編『日本外国貿易年表』1929-35年の上篇より、それぞれ作成。1921年-1935年の朝鮮は、朝鮮総督府『朝鮮貿易年表』より作成。

増加してくるのはおよそ一八九〇年代とみてよい。大日本農会の国内におけるアップランド綿栽培は一八九四年から一八九八年に実施されたので、当時、国内のアップランド綿需要はすでにあったと想定される。この点は、明治初期におこなわれたアップランド綿栽培と大きく状況が異なる。それでは、なぜ大日本農会は販路の開拓に力を注がなかったのか。

アップランド綿を栽培したのは綿作農家であるが、アップランド綿を実際に必要としたのは手紡・手織に従事していた綿作農家やかれらが販売先として取引していた在来の綿織業者でもなく、アップランド綿栽培を奨励した大日本農会でもない。アップランド綿を切望したのは、機械制紡績業である。しかし、大日本農会は販路の確立のために紡績会社への接触を試みていない。この理由としては、大日本農会が販路の開拓に無関心であったというよりも、大日本農会と紡績会社との関係が協調的でなかったことが指摘できる。この事実は、一つには大日本農会の「奨励会」発足の際に紡績会社関係者が一切関与していないこと、もう一つには綿花輸入関税撤廃をめぐって両者が対立していたことからも明らかである。つまり、ここに大日本農会の限界が露呈したのである。そして、大日本農会による日本でのアップランド綿栽培は、日本で成功することなく幕を閉じた。

二　朝鮮におけるアップランド綿移植

1　「棉花栽培協会」の発足とアップランド綿栽培の開始

一九〇二年、中国沙市から朝鮮木浦に転勤になった若松兎三郎領事は、移動途中の船上で農商務省農務局長から朝鮮でのアップランド綿栽培について進言された。これを受けて、一九〇四年に若松領事は畿内の農事試験場からアップランド綿種子をとり寄せ、木浦港対岸の高下島においてアップランド綿を現地の農民に試作させた。

これが、朝鮮におけるアップランド綿栽培のはじまりである。

収穫された綿花は、農事試験場畿内支場と内外綿花会社に送付され、繰綿歩合などが調査された。結果は良好であり、朝鮮でのアップランド綿栽培に積極的であった農商務省は、実現化に向けて活動を開始した。まず、農商務省だけではアップランド綿栽培に十分な予算を捻出できないと考え、一九〇五年四月に森田茂吉商工局長が大日本紡績連合会（以下、紡績連合会）宛てに書面を送り、紡績会社にも協力をもとめた。紡績連合会は、一九〇〇年に福建省で綿花栽培を一時中断した経緯から即答を避けたが、結局はこの計画に参加し官民合同の協議会が開かれることになった。そして同年四月一二日に、政友会から原敬や野田卯太郎ら計一二名、進歩党から鳩山和夫や大石正巳ら計九名、農商務省関係者三名、紡績連合会から庄司乙吉[14]が参加して、「朝鮮ニ於テ陸地棉ノ蕃殖ヲ圖リ以テ我カ棉業ノ原料ヲ補ハンコト」[15]を協議し、「棉花栽培協会」（以下、「協会」）の設立が決められたのである。

同年七月に「協会」創立総会が開かれ、とくに二つの側面から朝鮮におけるアップランド綿栽培の重要性が力説された。一つは、イギリスやドイツなどの西洋諸国の事例から、原綿供給の問題が世界的に深刻になっていること、もう一つは、より安価な原綿を調達することで日本紡績業の競争優位がさらに発揮されること、である。

こうした理由をもって、朝鮮でのアップランド綿栽培が決定され、紡績連合会においても「協会」の事業に対して二年間一万二千円の支出が決められた[16]。早速、日本から農事試験場の安藤広太郎技師が現地に派遣され、試作地として木浦、自防浦、栄山浦、羅州、光州、群山の六ヶ所が選定された。綿種は前年の試作成績の結果に鑑みてアップランド綿「キングス・インプルーヴド」種が選ばれ、試作は同技師による監督のもとで日本から召呼された農夫によっておこなわれた。結果、つぎのことが確認された。アップランド綿は、①朝鮮の風土に適応すること、②朝鮮綿に比して収穫が多いこと、③朝鮮綿と同じ栽培方法でも（摘心をおこなわなくとも）収穫が多いこと、④多量の肥料を必要としないこと、⑤朝鮮綿に比して繰綿歩合がはるかに多く、長繊維のため利益が多いこ

と、である。(17)

好結果を受けて、一九〇五年一一月、「協会」の萩野芳蔵理事は、朝鮮におけるアップランド綿栽培事業について韓国政府に協力を仰ぎ、おもに二つの事業が韓国政府によっておこなわれた。一つは、全羅道に三〇ヶ所の採種圃(綿花栽培種子園)を設置することである。採種圃は、種子を風土に馴化させ、農民に種子を配布してアップランド綿の有利なことを農民に知らしめるための模範場である。この採種圃は、一九〇六年から統監府勧業模範試験場の監督のもとで「協会」が韓国政府から委託されるかたちで遂行されるが、多額の支出から一九〇六年七月には統監府勧業模範場に再委託された。もう一つは、韓国政府は栽培事業に対し経営費として三年間七万円ないし一〇万円を支払うことである。経営費は、一般の農家に種子を無料で配布したり、採種圃を設置したりするために用いられた。

一方、「協会」は、繰綿工場の運営と韓国棉花株式会社の設立に携わり、アップランド綿の加工および取引におけるシステムを確立した。韓国政府によって一九〇六年一二月に繰綿工場が木浦に建設され、「協会」はこの繰綿工場を一九〇七年二月までの八ヶ月間韓国政府から貸与された。繰綿工場のおもな任務は、朝鮮綿との混合を回避し、農民の使用する旧式手繰綿器による種子の損傷を防ぐことであった。

韓国綿花株式会社(一九一〇年、韓国併合により朝鮮綿業株式会社と改称)は、「協会」の補助機関として一九〇六年一〇月に設立され、紡績連合会の庄司乙吉が常務取締役を務めた。設立には紡績業者に加え綿花商が参加し、業務としてアップランド綿栽培農家への前貸や収穫綿の買収、種子の収集などがおこなわれた。農家によって収穫された綿(実綿)はすべて官設の繰綿工場に送られ、韓国綿花株式会社に限りその販売が許された。したがって、アップランド綿栽培農家は、綿(実綿)を自由に加工したり売買したりできなかったが、朝鮮綿より高い価格での取引が保証されたため、アップランド綿栽培による恩恵を受けることができた。

表3　1906-10年の採種圃（木浦・南平・光州）における栽培規模

年次	作付反別（町）	実綿収量（斤）	平均反当実綿収量（斤）	栽培人数
1906	45.2819	24,979	55	351
1907	65.3729	79,188	121	909
1908	196.9	141,264	80	4,505
1909	412	380,160	88	8,757
1910	1,355.95	―	―	20,051

出所：農務彙纂第38「棉花ニ関スル調査」農商務省農務局、1913年、169、174-176頁より作成。

こうして、アップランド綿栽培を希望する農民が急速に増えたため、韓国政府は一九〇八年三月に臨時綿花栽培所官制を公布し、総監府勧業模範場の木浦出張所を木浦綿花栽培所と改称して独立の綿花栽培機関とした。ここでの主要業務は、アップランド綿種子の配布と栽培指導、そして総監府勧業模範場から引き継いだ採種圃の拡大とその経営管理にあった。一九一〇年の韓国併合以降は、木浦綿花栽培所は、朝鮮総督府勧業模範場木浦支場となる。

加えて、一九〇九年に採種圃内に模範作圃が設置された。模範作圃は一ヶ所三畝歩を最小限度としてアップランド綿と朝鮮綿が栽培され、その優劣が比較された。栽培農家には以前アップランド綿栽培で優秀な成績を残した者が選出され、かれらには一定の現物肥料が支給されるとともに、所轄の採種圃員による指導が与えられた。翌年の一九一〇年には模範作圃の数が増やされ、採種圃内に計二二ヶ所となり、その後も数は増加する。

「協会」による一貫した保護策、とりわけ種子の無料配布、技術員による栽培指導、アップランド綿の高価買取は、当初日本人に土地を売却する者を処罰すると告示した韓国官吏の強い排日感情や、新たな事業に対する農民の保守的な態度を改めさせ、採種圃の拡大と併せて農民のアップランド綿栽培に対する認知が高まっていった。**表3**は一九〇六―一九一〇年の採種圃（木浦、南平、光州）における栽培規模であり、**表4**はそこで栽培されたアップランド綿と朝鮮綿の栽培結果である。アップランド綿の栽培規模は、栽培人数、作付反別とも年々増加している。栽培

表4　1906-10年の採種圃(木浦・南平・光州)における
アップランド綿と朝鮮綿の栽培成績

	反当実綿収量	繰綿歩合	繰綿収量と繰綿収益		種子収量と種子収益	
アップランド綿	120斤	3割4歩～6歩	34斤	11円90銭	60斤	90銭
朝鮮綿	80斤	2割2歩～5歩	19斤2分	6円72銭	56斤	84銭

出所：農務彙纂第38「棉花ニ関スル調査」農商務省農務局、1913年、172頁。

結果については、反当実綿収量、繰綿歩合、繰綿収量においてアップランド綿の方が高く、繰綿収益ではアップランド綿が朝鮮綿を五円一八銭上回っている。

一九〇五年にはじまったアップランド綿栽培は順調に推移し、朝鮮においてアップランド綿栽培の布石を築くことができた「協会」は、一九一二年三月、その役目を終え、解散した。

2　朝鮮総督府によるアップランド綿栽培政策

「協会」が解散した一九一二年三月、アップランド綿栽培事業は朝鮮総督府によって引き継がれた。主要な事業内容は、以下の三点である。第一は、採種圃の増設を図りながら、その管轄を一九一二年四月一日以降各道庁に移し、朝鮮総督府勧業模範場木浦支場を綿花に関する試験調査と輸入アップランド綿種子の馴化技術の研究をおこなう専門機関とすること。第二は、アップランド綿の産出が少なく販路に困難をともなう地域については運賃を補助し、またアップランド綿栽培にとくに熱心な農家に肥料の援助をおこなうこと。第三は、作付反別の増加を図るため、予算として一二万二〇八一円を支払うこと。

採種圃を管轄することになった各道庁は、一九一二年から一九一七年の間に作付反別を一〇万町歩に拡張するという綿花奨励六年計画を立て、寺内正毅総督の綿作に関する「訓令」およびその注意事項が記された「指示事項」に従って栽培事業を遂行した。「訓令」は五項目からなる。[18] 概略すると、①「アップランド綿栽培の奨励」では、品評会の開催、農民への綿種子の無料配布、篤農者に対する表彰などをとおしてアップランド綿栽培を奨励し、また綿の販売に不便な地方では市場までの運賃の補助と肥料の給付をおこなうこと、②「アップランド綿種子の保存」では、栽培拡張に伴って自家播種用種子の確保に努力すること、③「アップランド綿栽培の指導」では、直接指導に当たる技術者は道庁などの職員に限り、栽培方法とその有利性について教示すること、④「アップランド綿栽培地の拡張」では、全羅南道以外にアップランド綿栽培を拡張すること、⑤「朝鮮綿の栽培改良」では、アップランド綿栽培の不適切な地方では朝鮮綿栽培の改良をおこなうこと、である。

ついで、「指示項目」は六項目からなるが、このうち特記すべき注意事項は、アップランド綿取引に関するものである。たとえば、「アップランド綿繰綿の販売方法」、「アップランド綿実綿と朝鮮綿実綿の混合およびアップランド種子の散逸防止」、「綿商人の綿花買収上の注意」であり、アップランド綿栽培の普及にともない、アップランド綿と朝鮮綿との間に生じる取引上の問題が深刻になってきたことを物語っている。

こうした問題を回避するための対策の一つが、綿作組合の設置であった。綿作組合は一九一二年六月に各道庁に設けられ、「棉作の改良発達を図り、組合員の利益を増進する」という綿作組合模範規約のもとに運営された。[19]アップランド綿取引に関しては、実綿・綿種子の共同販売と種苗・肥料・農具の共同購入が決められた。これらの業務は、まず混綿問題を解決し、従来の綿種子無料配布システムから自給自足システムへ移行させること、そして密売買を防止することが目的であった。

密売買についていえば、前述のように、一九一二年までは収穫された実綿はすべて官設の繰綿工場へ運ばれ、韓国綿花株式会社に限って取引されていたが、その独占性ゆえに綿作農家が不便を感じるようになり、他の綿花商人に売却する者が増加した。しかし、組合の共同販売が決められた後も、密売買は公然とおこなわれた。密売の相手は現地の綿花商人であり、かれらの存在が密売買を加速させていった。現地の綿花商人がアップランド綿取引に関与するようになったのは、従来取扱っていた在来の朝鮮綿より、新たにアップランド綿を取引した方が多くの収益を獲得できたからに他ならない。

そこで、一九一二年に自由取引の禁止は一時的に解かれたが、自由販売はすぐに混綿問題として現れた。そのため、一九一三年に再びアップランド綿の自由取引が制限された。組合の共同販売はより厳格なものとなり、実綿の販売は買受人として指定された繰綿業者に限られ、他の綿花商人への売買は禁止されたのである。同時に、アップランド綿の栽培農家は組合のメンバーであることが義務づけられ、実綿は必ず共同販売所において販売することが決められた。しかし、全収穫高に対する共同販売率は、平均して四割内外であった。地域によってばらつきがあるものの、けっして高い数字とはいえない。残りの六割は密売買か、自家消費によって需要されたと考えられる。

一九一二年から一九一七年における以上のような朝鮮総督府の政策のもとで、アップランド綿栽培は朝鮮においてその規模を拡大していき、朝鮮アップランド綿は日本紡績業の原綿として利用されるようになる。

三　朝鮮アップランド綿の誕生

1　朝鮮におけるアップランド綿栽培の成果

朝鮮の綿作地は三つに分類できる。第一は全羅南北道、慶尚南北道、忠清南北道（第一綿作地）、第二は京畿道、黄海道、平安南北道（第二綿作地）、第三は江原道、咸鏡南北道（第三綿作地）である。アップランド綿栽培は、もっぱら第一綿作地において遂行された。

全羅南道は、朝鮮のなかでもっとも綿作が盛んな地域であった。アップランド綿栽培は全羅南道からはじまり、

表5　全羅南道における綿花栽培

	アップランド綿			朝鮮綿		
年次	作付反別(町)	実綿収量(斤)	反当実綿収量(斤)	作付反別(町)	実綿収量(斤)	反当実綿収量(斤)
1909	348	352,095	101	-	-	-
1910	1,063	633,286	60	13,525	3,466,984	-
1911	2,581	2,199,958	85	14,242	8,247,761	-
1912	6,202	7,002,275	112	11,258	6,786,669	60
1913	13,237	12,995,413	98	8,557	4,881,568	57
1914	18,261	15,303,438	83	4,924	1,715,406	35
1915	24,026	23,742,157	98	1,925	991,681	42
1916	32,897	21,915,230	67	413	206,124	50
1917	39,453	38,556,705	98	234	114,262	49

出所：臨時産業調査局「朝鮮ニ於ケル棉花ニ関スル調査成績」、1918年、47-48頁。

作付反別、実綿収量とも他道より多い。**表5**は、全羅南道における綿花の栽培状況である。アップランド綿と朝鮮綿の栽培を比較すると、作付反別では一九一三年にアップランド綿が朝鮮綿を凌駕し、反当実綿収量でもアップランド綿が一貫して朝鮮綿を上回っている。アップランド綿栽培への転換が急速におこなわれた理由は、**表6**のように、アップランド綿が他作物に比して高い収益を創出できたからである。その結果、全羅南道では朝鮮綿をはじめ、大豆・小豆、粟・稗などが畑作から姿を消し、代わってアップランド綿が広く栽培されるようになった。

表6　全羅南道における畑作物収支比較（円）

	収入	支出	差引
アップランド綿	12.00	7.87	4.13
大豆	5.60	3.20	2.40
粟	4.00	3.35	0.65
大麦	5.76	5.10	0.66

出所：臨時産業調査局「朝鮮ニ於ケル棉花ニ関スル調査成績」、1918年、52-53頁。

全羅南道における綿作組合は光州他一九郡に設置され、地方金融組合を通じてこれら組合員に対し農工銀行から低利資金の融通がはかられた。また、組合は、収穫物の倉庫保管・委託販売や農具・肥料の購入に便宜を与えるなど、栽培農家に対して保護的な役割を果たした。これは他道においても同様である。アップランド綿（実綿）の販売は、前述のように、指定買収人への共同販売制が採られ、朝

表7　全羅北道における綿花栽培

	アップランド綿			朝鮮綿		
年次	作付反別(町)	実綿収量(斤)	反当実綿収量(斤)	作付反別(町)	実綿収量(斤)	反当実綿収量(斤)
1909	21	3,685	17	1,034	977,890	95
1910	22	1,939	9	1,161	559,530	48
1911	30	24,000	80	1,745	851,425	49
1912	66	59,774	90	2,328	1,322,994	57
1913	178	81,084	46	1,956	991,572	51
1914	885	617,231	70	1,788	873,238	49
1915	1,829	1,262,663	69	1,168	481,788	41
1916	3,959	2,217,328	56	637	247,514	39
1917	4,229	3,214,345	76	433	183,409	42

出所：臨時産業調査局「朝鮮ニ於ケル棉花ニ関スル調査成績」、1918年、110-111頁。

鮮棉業株式会社木浦支店、天平棉業株式会社、木浦棉業株式会社、栄山浦繰棉組合、張亭元、徳珍富三郎、山本重蔵の七名に販売された。販売箇所は総計一五三ヶ所あり、全実綿収量のうち共同販売によって売買された実綿収量は一九一三年で三〇%、一九一四年四三%、一九一五年六四%、一九一六年五一%であり、年々増えているものの、なお低い割合である。

つぎに、全羅北道は、主要生産物が米と苧麻であり、アップランド綿栽培には天候上不利な条件下にあった。しかし、**表7**でみるように、この地域でさえ一九一五年にはアップランド綿栽培が朝鮮綿栽培を上回り、反当実綿収量でもアップランド綿が朝鮮綿より高い数字を示している。畑作物において朝鮮綿や大豆などに代わってアップランド綿が栽培された理由は、全羅南道と同様、アップランド綿栽培による高収益の獲得にある。たとえば、「在来棉ニ比スレハ収量遥ニ多ク大豆モ亦反当収量七八斗ニ過キサルカ故ニ近年ノ如キハ八円以上ノ高値ヲ以テスルモ其ノ反当収入ハ六円内外ニ過キサルモ陸地棉ハ反当八十斤ヲ得ルコト決シテ難カラサルヲ以テ一斤拾銭トスルモ八円ノ収入」[20]があった。

アップランド綿（実綿）は、組合をとおして指定買収人に販売された。この地域の指定買収人は、群山および永同繰綿工場であった。

共同販売率は全羅南道に比してかなり低く、平均して一二％しかなく、共同販売がもっとも固守されていない地域といえる。その理由の一つは、この地域では自家消費の習慣が根強く残存していたということが考えられている。

アップランド綿が栽培された他道においても状況は全羅南北道と同じであり、政府による保護政策のもとでアップランド綿栽培は朝鮮において確実に増加していった。**表8**は、一九〇六年から一九三四年の朝鮮全体におけるアップランド綿と朝鮮綿の栽培状況である。アップランド綿が朝鮮綿を凌駕するのは、作付反別では一九一六年、収穫高では一九一五年であるが、全体として両綿ともその栽培規模を増加させている。このような朝鮮での綿作の発展が、日本紡績業の発展と結びついていたことはいうまでもない。

一九一九年には新たに一〇カ年計画が企図され、第一綿作地におけるアップランド綿栽培の奨励に加えて、原綿供給のさらなる増加を目的に第二綿作地においても朝鮮綿栽培が奨励された。結果、綿花の総作付反別をアップランド綿一〇万町歩、朝鮮綿三万五〇〇〇町歩に拡大し、実綿収穫高を両種あわせておよそ二億五〇〇〇万斤にすることが決められた。しかし、**表8**でみるように、作付反別の目標値はすでに達成されていたため、一九二二年以降この計画の主眼は収穫高の向上をめざして集約栽培法の普及に向けられた。具体的には、綿作が集中している里洞を区画して指導里洞を設置し、反当二円の肥料代を支給するとともに、専任指導員が栽培改良法について指導をおこなった。指導里洞の数は、一九二二年に五〇ヶ所だったものが、一九二八年には二五〇ヶ所にまで増加した。

指導里洞の増加にもかかわらず、一〇カ年計画終了後の一九二八年には収穫高について当初の目標をいまだ達成しておらず、一九二九年からは作付反別の拡大よりも、栽培規模を維持しながら反当収量の増加に一層の努力が払われた。しかしながら、一九三一年の満州事変勃発による国際関係の緊張とアメリカからのアップランド綿輸入の増加は、反当収量の増加よりも作付反別の拡大による原綿自給の必要を余儀なくさせたのである。

表８　朝鮮における綿花栽培

	アップランド綿		朝鮮綿		合計	
年次	作付反別（町）	収穫高（千斤）	作付反別（町）	収穫高（千斤）	作付反別（町）	収穫高（千斤）
1906	45	25	−	−	−	−
1907	65	79	−	−	−	−
1908	197	141	−	−	−	−
1909	412	450	40,293	14,377	40,705	14,827
1910	1,263	668	58,892	20,411	60,155	21,079
1911	5,043	2,737	58,713	23,970	61,756	26,707
1912	7,317	7,216	57,253	27,346	64,566	34,562
1913	15,822	13,445	56,188	26,034	72,010	39,479
1914	33,865	17,470	51,018	23,001	74,983	39,471
1915	34,716	28,668	43,705	19,118	78,511	47,786
1916	54,179	31,331	36,941	16,339	91,120	47,670
1917	72,195	54,554	36,301	17,701	108,496	72,255
1918	94,321	60,681	36,098	17,224	130,419	77,905
1919	109,136	86,025	36,301	11,334	145,437	97,259
1920	106,967	88,461	39,709	26,256	146,676	114,717
1921	104,941	67,858	42,797	27,589	147,738	95,447
1922	104,026	88,778	47,057	29,930	151,083	118,709
1923	109,660	96,827	49,219	30,771	158,879	127,598
1924	117,256	106,927	52,912	30,928	170,167	137,855
1925	138,844	101,225	59,004	38,959	197,848	140,184
1926	150,727	118,265	65,183	43,820	215,910	162,085
1927	137,864	107,718	67,115	44,315	204,979	152,033
1928	137,663	121,771	67,714	49,096	205,377	170,867
1929	128,895	113,522	62,325	44,716	191,220	158,238
1930	132,459	127,329	60,415	41,441	192,874	168,770
1931	131,109	78,723	61,437	37,191	192,546	115,914
1932	100,332	111,909	58,938	42,369	159,270	154,278
1933	117,321	114,313	59,338	45,102	176,659	159,415
1934	113,367	120,774	60,147	34,261	173,514	155,035

出所：1906-8年は農商務省農務局「棉花ニ関スル調査」176頁。1909年は臨時産業調査局「朝鮮ニ於ケル棉花ニ関スル調査成績」1918年8月、99頁。1910-28年は幸田祐道『本邦綿業の統計的研究』日本綿業倶楽部、1931年、17頁。1929-34年は名和統一『日本紡績業と原棉問題研究』大同書院、1937年、304頁（但し、作付反別は１町歩に満たないものを四捨五入し、収穫高は千斤以下を四捨五入）。

朝鮮総督府は、一九三三年、作付反別五〇万町歩、実綿収穫高六億斤を目標にした二〇カ年計画を樹立し、作付反別の拡張を図った。そして、朝鮮アップランド綿栽培は、日本の戦時統制のなかで「大東亜共栄圏における綿花増産」計画に組み込まれていくのである。

2　朝鮮アップランド綿の利用とその利点

朝鮮アップランド綿は、日本紡績業の原綿として実際にどのように利用され、その利点はどこにあったのか。まず、利用についてみてみよう。朝鮮アップランド綿は「キングス・インプルーヴド」種であり、早熟種であるところに最大の特徴がある。短期間のうちに収穫できるが、その反面、他の品種に比して綿毛は短く、収穫量は低い。朝鮮の栽培綿種に「キングス・インプルーヴド」種が選ばれたのは、一九〇四年の高下島での試作結果が良好であったことと、朝鮮はアメリカに比べて一ヶ月早く降霜に見舞われるため早熟種の必要があったことが理由である。

「キング」種がアップランド綿のなかでより短い繊維綿に属しているにもかかわらず、その評価は朝鮮綿や日本綿のアジア綿に比べると優良綿花であったことは明らかである。事実、「朝鮮棉花殊ニ陸地棉カ紡績原料ニ好適スルハ既ニ定評アル所ニ」して、その特徴として①綿毛が長い、②夾雑物が少ない、③ネップ（瘤）が少ない、の三点があげられていた。[21]とりわけ綿の長さに着目すると、朝鮮アップランド綿は、「品質中等ニ過キスト雖モ内地ニ輸入スル米棉ノ多クハ「テキサス」産ニシテ悉ク吋棉ニ属ス朝鮮陸地棉ハステープルニ於テ之ニ匹敵スルカ故[22]」に、輸入アップランド綿の代用品として品質上遜色はなかった。

一方、朝鮮アップランド綿の日本への移入量についてみると、**表2**から明らかのように、朝鮮アップランド綿は日本の綿花総輸入量からすると一％内外の小さなものであった。ただし、**表8**にみるように、朝鮮におけるアップランド綿の作付反別は一九一九年以降一〇万町歩を越えており、この数字は、日本国内における綿作ピーク時の日本綿の作付反別が九万八〇〇〇町歩であったことを考慮すると、けっして軽視されるべき規模のものではない。しかし、日本紡績業が発展するに従い年々多くの原綿供給を必要としたため、朝鮮における原綿供給量が増加しても全体の供給量からすると、つねに小規模なものに留まるしかなかった。

朝鮮アップランド綿の実際の利用について再び史料から引用すると、一九一三年までは、朝鮮アップランド綿は「内地消費額と對比すれば漸く其一割方を供給し得るに至るのみ茲に於て乎紡績原料の獨立を圖り棉花による輸入超過の趨勢を沮止せむとするの希望は宛然「日暮れて路遠し矣」の感なき能はざるを知るべく果して斯の如くんば折角の期待も甚だ失望に終らざるを得[23]」ず、朝鮮における綿作をさらに奨励して年額三〇〇〇万円の移出を期待しても朝鮮アップランド綿への期待は希薄とみられていた。しかしその直後、「朝鮮に於ては總督府の鋭意棉作奨勵の結果大正三年（一九一四年）以降は其の移出を絶ちたるのみならず、却て紡績用優良棉花及製綿用在来棉の本邦内地に移入せらるゝを見る[24]」とあり、原綿総輸入量の一％にしか満たないものの、一九一四年以降日本紡績業の原綿に朝鮮アップランド綿が利用されはじめたことがわかる。実のところ、「印度棉ノ八十パーセントニ對シ朝鮮棉二十パーセント位トシ之ニヨリテ紡出スル綿糸ハ二十番手以上四十番手位[25]」であり、日本紡績業の製造綿糸が高番手化するにつれて、朝鮮アップランド綿もアメリカからの輸入アップランド綿に混じって原綿に利用されたのである。

つぎに、利点についてであるが、朝鮮におけるアップランド綿栽培は、「棉花栽培協会趣旨書」にあるように、「価格及び運賃の低廉なる原料を使用するを得[26]」るという、日本紡績にとって大きな利点があった。朝鮮アップランド綿の標準価格は、毎月一日と一六日に発表される大阪のアップランド綿「ストリクト・ロー・ミッドリング Strict Low Middling」の一〇〇斤相場の現物価格を五つ以上の綿花商について朝鮮銀行大阪支店が調査し、その平

表9　輸入アップランド綿価格と朝鮮アップランド綿価格（繰綿100斤当り）

年月日	輸入アップランド綿（円）	朝鮮アップランド綿（円）
1915/10/1	39.60	33.55
10/16	40.90	34.73
11/1	39.50	33.46
11/16	38.00	32.11
12/1	40.20	34.10
12/16	40.20	34.10
12/28	40.20	34.10
1916/ 1/16	41.10	34.91
2/1	40.00	33.92
2/16	41.90	35.63

出所：朝鮮商品誌第３篇「朝鮮ノ棉花」朝鮮殖産銀行調査課、1926年、103頁。

均価格におよそ一〇〇分の八五を乗じて決定された。**表9**は、輸入アップランド綿価格と朝鮮アップランド綿価格の比較である。表の数字にあるように、朝鮮アップランド綿はアメリカからの輸入アップランド綿よりも常に一五%安値で販売された。

輸送運賃については、日本の紡績会社が、アップランド綿の繰綿をアメリカから日本へ、また朝鮮から日本へそれぞれ輸送した場合、そこにどのくらいのコストの差がみられたのかをみてみよう。まず、一九一〇年の事例において、テキサス州から神戸へ繰綿を輸送した場合必要とされた運賃は、一〇〇ポンド（約六〇kg）当たり一・三五ドル（約二円七〇銭）であり、一〇〇kgに換算するとおよそ四円五〇銭である。[27] ついで、一九一六年の事例において、朝鮮木浦から大阪まで繰綿を移入した場合の運賃は、三〇〇斤一梱（一八〇kg）当たり一円八九銭であり、一〇〇kgではおよそ一円である。[28] この二つの事例は同じ条件下にないが、これらの比較から一つの目安を提示すれば、朝鮮から日本へアップランド綿の繰綿を輸送する方が、一〇〇kgに付き三円五〇銭の割安となる。

以上のような利点を背景にして、朝鮮アップランド綿は日本紡績業の原綿供給の一部を担い、第二次大戦まで朝鮮においてアップランド綿栽培が継続されるのである。

おわりに

日本紡績業が原綿にアップランド綿を導入した一八九〇年以降、二つのアップランド綿栽培が日本によって遂行された。一つは、大日本農会による日本での栽培であり、もう一つは政府による朝鮮での栽培であった。本稿は、この二つの栽培の成功と失敗の要因について考察してきた。そして、その要因を自然条件や技術的条件といった栽培上の問題よりはむしろ、アップランド綿の唯一の需要者である日本紡績業との連携の有無にもとめた。すなわち、日本の綿作農家はアップランド綿を収穫したが、日本紡績業との接点がなかったためにそれを販売できなかった。他方、朝鮮の綿作農家は在来の朝鮮綿をしのぐ規模のアップランド綿を収穫し、日本紡績業との連携のもとにそれを高値で売ることができた。

もちろん、このような指摘は、いくつかの可能性のなかの一つの考え方を提示したにすぎない。他にも、植民統治下という当時の政治的要因や朝鮮と日本におけるアップランド綿の栽培農家の綿密な比較など、さらなる検証を必要としている。しかし、ここで強調したいのは、第一に原綿の特徴としてアップランド綿が機械用原綿に規定されていたこと、別言すれば「アップランド綿＝手紡織用原綿」にはなり得なかったこと、それゆえに第二にアップランド綿栽培は日本紡績業との連携のもとでしか成功はあり得なかったこと、そして第三に日本紡績業によるアップランド綿利用のきっかけを与えたのが日本紡績業のアジア間競争におけるインド紡績業との市場争いにあったこと、である。最後の点についてさらにいえば、朝鮮におけるアップランド綿栽培の成功と日本紡績業がアジア間競争のなかで工業化を実現したこととは軌を一にしており、日本紡績業の勝因はアップランド綿を原綿に導入することで、原綿をアジア綿のみに依存していた「アジア綿＝機械用原綿」の時期を早く脱却したことにあったといえよう。

日本国内の綿作が衰退して以降、原綿のほとんどを海外に依存することになった日本紡績業は、中国綿やインド綿といった安価な短繊維綿を生産費のうち原綿代の比率が高い低番手綿糸の生産に使用し、その低廉化を実現したが、日本紡績業が中国、インド、東南アジアへとアジアでの市場を拡大するにつれて、使用する原綿は中国綿やインド綿からアップランド綿へ主流が移り、原綿の長繊維化が進んだ。朝鮮でおこなわれたアップランド綿栽培の成功は、このような日本紡績業のアジア市場進出の変遷のなかに位置づけられる。ところが、日本紡績業の原綿の長繊維化は、同時に、工業化の一層の飛躍を意味し、原綿の大量需要を導いた。ここに朝鮮におけるアップランド綿栽培の限界があり、たとえ栽培規模を年々拡大していったとしても、日本紡績業の原綿需要を満たすだけの十分なアップランド綿を供給できなかったのである。結果として、朝鮮アップランド綿は日本紡績業の原綿消費量のつねに一％内外を占めるに留まり、その後の第二次大戦の勃発を境として、朝鮮アップランド綿は姿を消していくことになる。

＊　朝鮮におけるアップランド綿栽培に関しては、おもに以下の史料を参照した。一九〇四―一九一八年については、『大日本紡績連合会月報』第一八五―五二八号（大日本紡績連合会、一九〇八（明治四一）年―一九三六（昭和一一）年）、『大日本農会報』第三四三―五三〇号（大日本農会、一九〇〇（明治三三）年―一九二五（大正一四）年）、「朝鮮ニ於ケル棉花ニ関スル調査成績」（臨時産業調査局、一九一八年八月）、朝鮮商品誌第三篇「朝鮮ノ棉花」（朝鮮殖産銀行調査課、一九二六年）、勧業模範場木浦支場報告第八号「棉花試験成績」（朝鮮総督府勧業模範場木浦支場、一九一六年）、農務彙纂第三八「棉花ニ関スル調査」（農商務省農務局、一九一三年）、「陸地棉栽培沿革史」（谷垣嘉市編、陸地棉栽培十週年紀念会、一九一七年四月）、である。一九一九年―一九三四年については、『朝鮮総督府施政年報』（朝鮮総督府、一九二七年）、「朝鮮の農業」（朝鮮総督府農林局、一九三五年）である。

＊　「ワタ」の用語について、史料からの引用および固有名詞以外はすべて「綿」に統一した。

注

（1）Harland, Hutchinson, Ghose などが細胞遺伝学的観点からおこなった研究によると、綿（Gossypium）は第一類（染色体数 n=26型）と第二類（染色体数 n=13型）に分類される。新世界綿（栽培綿）は第一類、旧世界綿（野生綿および栽培綿）は第二類に属し、両者は染色体数を異にする異質綿である（西川五郎『工芸作物学』農業図書株式会社、一九六〇年、九四―九五頁）。第一類の新世界綿のうち、とくに有名なのはアップランド綿（G. hirsutum L.）とシーアイランド綿（G. barbadense L.）であり、いずれもアメリカ北部を原産地とする。他方、第二類の旧世界綿はアジアの広い地域で栽培され、一般に地名によってその名称が与えられている。おもな栽培綿は、日本綿、中国綿、朝鮮綿（G. arboreum L.）とインド綿（G. herbaceum L.）である。

（2）この顚末については、拙稿「明治初期における米綿移植の挫折」（『社会経済史学』第六六巻四号、二〇〇〇年）を参照。

（3）『大日本農会百年史』大日本農会、一九八〇年、二一頁。発足時の会員数は、名誉会員が三三名、特別会員が二七七名、通常会員が三一一名であった。

（4）大日本農会『大日本農会報』第一五〇号、一八九四（明治二七）年三月、四八―四九頁。

（5）この数字は、岡田が、反当収量六三貫目を基準として当時の日本紡績業による輸入アップランド綿消費量から算出したものである（大日本農会『大日本農会報』第一五六号、一八九四（明治二七）年九月、一三―一四頁）。しかし、反当収量が六三貫目というのは、当時の状況を考えると高い基準といえる。

（6）「奨励会」の『大日本農会報』での報告は、視察の他に栽培者から「奨励会」に報告された栽培結果の内容に基づいている。「奨励会」は、その内容に信憑性を持たせるため、「陸地棉試作報告者の第一注意すへきは真実公平なる観念を以て事に従い栽培若くは其他の事実を隠蔽し該棉種の適否善悪等に付き自ら偏頗の意思を持して記事判断を下す如きは最も慎まさるへからす」として、報告事項を具体的に指示した。たとえば、使用した肥料の種類とその量、灌水の方法とその回数といったアップランド綿の播種から収穫に至るまでの状況や、アップランド綿と日本綿の収支比較など、詳細にわたっている（前掲、『大日本農会百年史』六〇頁）。

（7）アップランド綿には、品種改良をとおして数多くの品種が存在する。時代によって品種やその数に違いはあるが、当時において「キング」種は、雨季が多く降霜が早い時期に訪れる日本の気候に適した品種として重要であった。ちなみに、「キング」の名は、品種改良をおこなった T. J. King に由来する。

（8）大日本農会『大日本農会報』第一六四号、一八九五（明治二八）年五月、八―九頁。

（9）大日本農会『大日本農会報』第一六〇号、一八九五（明治二八）年一月、四六頁。
（10）若松善右衛門は、日本の代表的な老農の一人であり、一八八〇年の大阪綿糖共進会でアップランド綿をみて以来、アップランド綿栽培に従事してきた（大西伍一『日本老農伝』農山漁村文化協会、一九八五年、七九六頁）。
（11）大日本農会『大日本農会報』第一七三号、一八九六（明治二九）年二月、二七頁。
（12）前掲、『大日本農会報』第一六四号、八頁。
（13）高村直助『日本紡績業史序説　上』塙書房、一九七一年、二七三頁。
（14）庄司乙吉は、一八九七年に大日本綿糸紡績同業連合会（一九〇二年、大日本紡績連合会に改称）に入り、機械制紡績業の原綿問題に取り組んできた。「棉花栽培協会」の設立時には理事に任命され、朝鮮の綿花栽培に尽力した。その後、東洋紡績株式会社社長、大日本紡績連合会会長、日本綿業倶楽部会長を歴任するなど、日本紡績業にとってゆかりの深い人物である。
（15）農務彙纂第三八「棉花ニ関スル調査」農商務省農務局、一九一三年、一六六—一六七頁。
（16）大日本農会『大日本農会報』第二八八号、一九〇五（明治三八）年六月、一九頁。
（17）前掲、「棉花ニ関スル調査」一六七頁。
（18）谷垣嘉市編『陸地棉栽培沿革史』陸地棉栽培十週年紀念会、一九一七年、六九—七三頁。
（19）同、九九頁。
（20）臨時産業調査局「朝鮮ニ於ケル棉花ニ関スル調査成績」一九一八年、四八頁。
（21）（22）朝鮮商品誌第三篇（二版）「朝鮮ノ棉花」朝鮮殖産銀行調査課、一九一七年、五九—六〇頁。
（23）大日本紡績連合会『大日本紡績連合会月報』第二四六号、一九一三（大正二）年二月、六頁。
（24）大日本紡績連合会『大日本紡績連合会月報』第三二〇号、一九一九（大正八）年四月、九頁。
（25）前掲、「朝鮮ノ棉花」、五九頁。
（26）前掲、「陸地棉栽培沿革史」四一頁。
（27）大日本農会『大日本農会報』第二二一号、一九一〇（明治四三）年三月、五頁。
（28）前掲、「朝鮮ノ棉花」六三—六四頁。

5　両大戦間期の中国砂糖市場をめぐるアジア間競争

久米高史

はじめに――アジア間競争とは

近年、様々な方面から「アジア間（域内）貿易」「アジア間競争」に関する実証研究が行われているが、そもそも「アジア間競争」とは何か、ということを、ここでもう一度はっきりと定義し直す必要があるだろう。「アジア間競争」という概念は、川勝平太氏による。

氏は『日本文明と近代西洋』（NHKブックス、一九九一年）の中で、一九世紀末のユーラシアにおける木綿複合を、長繊維綿花―細糸―薄地布という複合を持つ西欧型、短繊維綿花―太糸―厚地布という複合を持つ東亜型、その両者が混合するインドの混合型の三つに類型しながら、「アジア間貿易が発達したのは、欧米社会では需給されないアジア独自の物産が域内にあったからである。綿織物市場における国内織物産地間の競争、綿糸市場における国内手紡、ガラ紡、輸入インド糸、国内機械紡績糸の競争、原綿市場における日本綿花、中国綿花、インド綿花の流通といった事態は、欧米綿業の市場圏から独立したアジア域内市場で生じた。アジアの諸地域同士が類似の物産を消費しているかぎり、それらを生産する地域は、貿易を通じて競争にさらされた。その競争は欧米資本主義商品との競争と区別して《アジア間競争》と名づけることができる」[1]と述べている。

また氏は、『アジア交易圏と日本工業化　一五〇〇—一九〇〇』の中で、ウェスタン・インパクト以前からアジア域内で独自の複合体系を有していた四品目（木綿、砂糖、生糸、茶）に着目し、それらがウェスタン・インパクトによって近代世界市場での国際商品となるに及んで、広範なアジア間競争が生じたと述べている。すなわち、生糸のアジア間競争とは、中国糸と日本糸のヨーロッパ、アメリカ合衆国といった輸出市場をめぐる競争であり、茶のアジア間競争とは、日本茶、中国茶、インド茶のイギリス、アメリカ合衆国といった輸出市場をめぐる競争、なかんずく中国茶とインド茶のイギリス市場をめぐる競争である。また砂糖のアジア間競争とは、日本糖、中国糖、台湾糖、イギリス資本の香港精製糖、ジャワを中心とする東南アジア糖の日本国内市場をめぐる競争であり、綿業のアジア間競争とは、日本紡績業とインド紡績業のアジア太糸市場をめぐる競争である[2]。

このようにみてくると、一九世紀以前にはその競争が潜在的であった、東アジア・東南アジア域内で原料供給、製品生産、消費に関してほぼ完結した構造をもっている「アジア型商品」が、ウェスタン・インパクトによってグローバルに展開することとなった近代国際市場の中で繰り広げる競争を、「アジア間競争」として定義づけることができる。ウェスタン・インパクト以降拡大する、東アジア・東南アジア域内の貿易の内的発展・拡大を論じる「アジア間（域内）貿易」という議論が、あくまでもアジア域内を分析の主眼においているのに対し、「アジア間競争」の議論は、「アジア型商品」の輸出市場も含めた分析であり、それだけ一層ダイナミズムをもつことになる。

また、「アジア間競争」の議論には、市場分析のみならず、資本や流通という議論も加わってくるであろう。資本については、インド茶・香港糖はイギリス資本、ジャワ糖はオランダ資本であるから、背景にある植民地本国の動向も常に念頭に置く必要があろうし、また流通については、カントリー・トレーダーとしての華僑・印僑の働きを無視しえない。

これらの議論については、私は今回、本稿に十分に反映させることはできなかったが、以下では、両大戦間期の日本、香港、ジャワの三地域の糖業の中国市場をめぐる関係を、先に述べた「アジア間競争」の観点から考察することにする。

一　第一次大戦以前のアジアと砂糖

アジアの糖業については、台湾糖業をあつかった矢内原忠雄『帝国主義下の台湾』や涂照彦『日本帝国主義下の台湾』をはじめ、多くの研究があるが、本稿では「アジア間競争」という視角にたって、両大戦間期の日本、香港、ジャワの三地域の糖業の中国市場をめぐる関係を考察するものである。類似の視角からアジアの糖業を論じた先行研究として、イギリスのジャーディン・マセソン商会とバタフィールド・アンド・スワイア商会、特に後者が香港で経営した精糖工場が、日本製糖業の中国進出に対してとった対抗策を論じた杉山伸也氏の研究や、主として清末が対象であるが、一九二〇年代までを視野に入れて、中国の在来糖業と香港・日本・ジャワの糖業との中国市場をめぐる動向を分析したクリスチャン・ダニエルズ氏の研究がある。(3) 一方、本稿は日本側から日本製糖業の中国進出の過程をあきらかにしようとするものである。

砂糖は、日本人の食生活において、幕末の開国以後に急速に消費の増えた商品である。砂糖は、古く奈良時代には薬種であったが、近世社会では和菓子に用いられていた。[4] 開国後に流入した安価な砂糖は、またたくまに日本の食生活に浸透し、国内に製糖工業が設立されるにいたった。とはいえ、輸出商品に成長するのは今世紀になってからである。日清戦争の勝利により、台湾を領有した日本は、台湾の甘蔗生産を手に入れた。その結果、日本は、台湾をふくむ大日本帝国内で原料粗糖を調達できるようになり、帝国内自給を実現した。[5] そして、一九一〇年代には中国市場にむけて輸出が開始されたのである。

香港では、ジャーディン・マセソン商会系列の中華糖局とスワイア商会系列の太古糖房が車糖（精製白糖）を生産し、日本と中国をおもな市場としていた。しかし、日本国内の精糖業が発展したために、香港車糖は一九〇〇年代初頭には日本市場からしめだされ、中国市場への依存を強めた。そこに日本から砂糖が輸出されてきたのである。[6]

ジャワでは、白双糖（耕地白糖）と中双・黄双糖（原料粗糖）を生産していた。白双糖はインド、ヨーロッパ、中国などに輸出されて直接消費用となり、中双・黄双糖は香港と日本に輸出されて精製糖原料となった。[7] 台湾を領有する以前の日本は、安価なジャワの中双・黄双糖を国内精糖の原料としていたが、台湾を領有してからは、ジャワ糖が台湾糖を圧迫しないように、台湾糖業を保護する関税政策をとった。[8]

中国では、砂糖は年中行事の各節月での餅類などの菓子用であり、日常の食卓にのぼる食品ではなかった。また中国で使用されていた砂糖は、オランダ標本色相による分類で赤糖とよばれるものであった。[9] しかし、アヘン戦争で関税自主権をうばわれ、さまざまな商品が流入するなかで、各種砂糖もそのなかにふくまれ、まずジャワ糖が中国市場に流入した。ついでフィリピン赤糖、香港精糖、欧州甜菜糖がはいり、そして日本からは精製白糖が流入した。中国でも、日本と同様、砂糖が伝統的な生活用品のなかに新しい商品として加わり、中国社会の物産複合はしだいに変化したのである。二〇世紀の世界では、国際貿易の展開により、いずれの地域においても、衣食住に独自性が残存しつつも、木綿や砂糖に代表される世界商品については、世界各地の社会の物産複合の中身に共通性がみられるようになった。

二　第一次世界大戦前後の中国砂糖市場と日本糖業

砂糖の消費が普及し、世界各地の社会の物産複合の中身に共通性がみられていく過程で、中国では、国産赤糖の需要がしだいに減り、輸入白糖・精糖の需要が増えた。木村増太郎『支那の砂糖貿易』によれば、中国の砂糖消費量は一九〇七―一九一〇年の年平均で九八三万八四三七ピクルであるが、そのうち中国国産糖は四九二万一五三一ピクル、輸入糖は四九一万六九〇六ピクル、すなわち、ほぼ半分が輸入糖であった。そして中国国産糖は大部分が赤糖であった。

中国国産の赤糖は、ジャワとフィリピンから輸入される赤糖と競合したのであり[10]、また白糖市場は、ジャワ糖の独占であった。残る精糖市場をめぐって、香港糖と日本糖が競合したのである。なお、種類別では、一九〇四―一九一二年の年平均で、赤糖三五・六%、白糖二四・五%、精糖三五・三%、氷糖四・六%である[11]。

日本糖の中国市場への最初の参入は、一九〇六（明治三九）年の大日本製糖であった。しかし、香港糖にはばまれ、翌一九〇七（明治四〇）年には、一時的ではあるが、中国市場から撤退した。しかし、一九〇九（明治四二）年にふたたび中国市場に参入し、同年の精糖市場で、香港糖の占有率八〇%に対し、日本糖は一五%をしめた。これ以降、日本糖の中国市場への参入が本格化し、一九一〇（明治四三）年には、香港糖七〇%に対し日本糖三〇%、ついで一九一一（明治四四）年に両者は拮抗し、そして一九一二（明治四五・大正元）年には、香港糖四三%に対し日本糖は五四%と、ついに香港糖を凌駕した[12]。

一方、同年のジャーディン・マセソン商会所有工場の経営はすこぶる悪く、生産能力は、一日当たり五二五〇ピクルしかなかった。これは、バタフィールド・アンド・スワイア商会所有工場の生産能力、一万二五〇〇ピクルの半分にも満たず、これを機に、日本糖は、中国市場において香港糖を凌駕していったのである。[13]

第一次世界大戦は、国際的な砂糖の需給関係の一大画期となった。まず、ヨーロッパで最大の砂糖消費国イギリスが、交戦国ドイツ・オーストリアの甜菜糖の輸入をやめ、キューバやジャワの甘蔗糖を買いつけたため、甘蔗糖の国際価格が暴騰した。たとえば、第一次大戦前に倉庫渡し一ピクル当たり六―七ギルダーであったジャワ黄双糖の相場は、一九一四（大正三）年八月には、一ピクル当たり一二ギルダーに急騰した。[15]

日本の砂糖市場でも、欧州大戦を好材料とみた有力糖商が活発に買い進み、分蜜糖相場は、一九一四年八月上旬の一ピクル当たり一五円台から、同月二二日の一八円六〇銭へ、精製糖相場は、一ピクル当たり一九円台から二四円台へと上昇した。[16] 糖価が高くなったことによって、明治末年以来の不況に苦しんでいた日本社会では、需要増がみこめなかった。一方、この時期（一九一五―一六年期）、台湾の産糖が飛躍的に増えたので、砂糖供給が過剰になるおそれが生じた。この生産過剰と甘蔗糖の国際価格の騰貴とが相まって、日本は、中国をはじめ、関東州・香港・インド・オーストラリア・カナダにまで輸出を開始したのである。

ところが、戦後、ヨーロッパの甜菜糖の生産が回復する一方で、それまで好況が続いていたアメリカの景気が後退したために、ジャワ糖やキューバ糖の相場が下落した。また、一九二〇年代に、台湾ではいわゆる「米糖相剋」問題[17]が発生した。これはもともと、台湾の農地では米作とサトウキビ作との転換が容易であることから生じた問題で、日本国内で食糧（特に米）の不足が起こる場合、日本向けの米の価格が上昇すると、サトウキビ農家は米作に転換するのである。特に一九二五年以降、台湾では日本向けのジャポニカ種の米である蓬莱米の生産が盛んになり、これは台湾農家にとって純然たる輸出（移出）品となった。

表1　ジャワ中双糖及び台湾糖生産費比較表

単位:円(100斤当たり)

種別	ジャワ中双生産費(A)	台湾糖生産費(B)	差額(B－A)
大正13-14	7.710	10.385	2.675
14-15	6.769	10.707	3.938
昭和1-2	5.655	12.046	6.391
2-3	5.395	9.871	4.476
3-4	5.000	9.750	4.75
平均	6.016	10.552	4.446

出所:河野信治『日本糖業発達史(生産篇)』(丸善、1930年)501-502頁。
注:ジャワ生産費は「トラスト」発表のものであり、減価償却費を含んでいる。台湾は昭和3-4年期以外、総督府発表による。

表2　原料糖価格の比較

単位:円(100斤当たり)

年度	ジャワ黄双(A)	台湾分蜜糖(B)	差額(B－A)
明治43(1910)年	13.404	13.238	-0.166
44	13.871	13.869	-0.002
大正元(1912)	15.720	16.054	0.334
2	14.744	15.433	0.689
3	15.075	15.883	0.758

出所:農務彙纂・第64『糖業概覧』農商務省農務局、1916(大正5)年5月、より作成。

こうしてサトウキビ農地が減少すると、それにともなって、日本の製糖業のサトウキビ買収コストが必然的に上昇した。この結果、台湾産原料粗糖の生産費が増大して割高となり、ジャワ産原料粗糖にくらべて大幅に高価になった(18)。一方、輸出向けの精糖原料は、輸入税の払い戻しがあるので、早くからジャワ糖にシフトしていたが、このような台湾産粗糖の価格上昇により、内地向けの精糖原料においても、輸入税を含めてもジャワ糖のほうが安価となり、ジャワ糖の輸入が増えることとなった。

表1は、一ピクル当たりのジャワ中双糖と台湾糖の生産費を、**表2**は、ジャワ黄双糖と台湾分蜜糖の大阪市場での卸売相場を比較したものである。時期の相違や、ジャワ糖における黄双と中双という質の違いはあるものの、これらの表により、原料粗糖の価格推移の大まかな動向は把握できよう。

表2は、関税が加わった後の大阪市場での卸売相場なので、価格差は大きくなく、むしろジャワ糖の方が価格が高い場合もあるが、表1に見られるように、生産費では、ジャワ糖は台湾産糖にくらべて断然に安価である。また、ジャワ糖の生産費は、減価償却費を含んでいるので、実際の価格差は、これよりもさらに大きくなる。すなわち、関税を設けないかぎり、日本は台湾糖業を保護できなかったのである。

ところで、大戦後のジャワ糖価格の下落は、台湾粗糖にとっては脅威であった。しかしこの間、ジャワ糖の主流は、製糖技術の発展で、オランダ標本色相一一号―一五号未満の黄双から、一六号―二一号未満の中双にシフトしていた。

この間、日本では、明治四四年七月の関税政策で、黄双の輸入関税は一〇〇斤当たり三円一〇銭に、一方中双のそれは四円二五銭となり、中双のほうが輸入関税で一円一五銭高くなったので、日本製糖業は、黄双を原料粗糖にせざるをえなかった。これに合わせ、ジャワでは、中双にカラメル着色をほどこした日本向け黄双がつくられたが、この手間によって、黄双が良質の中双よりも高価になるという、変則の事態が起こった。そのため、糖業連合会は、黄双の輸入税率を大幅に引きあげる一方、中双の税率を据えおき、両者の税率の差を縮めるように、政府にもとめた。その結果、一九二七（昭和二）年四月一日に新しい関税定率法が施行され、オランダ標本色相一五号未満の第二種糖と一八号未満の第三種糖の輸入税が一本化されて、黄双の輸入税率が大幅に引き上げられるとともに、二一号未満の第四種糖、つまり中双の税率が若干引き下げられて、両者の税率が一本化した。(19)

この関税改正の結果、台湾産粗糖の内地市場における地位が好転し、台湾産粗糖の利用が促進されたのである。もっとも、台湾産粗糖だけでは原料が不足したので、ジャワ中双糖も原料粗糖に利用された。

こうして、一九二七年の関税改正は、台湾糖業を保護しつつ、ジャワ糖もあわせて利用しうるという好結果をもたらしたのである。

三　一九二〇年代の中国砂糖市場をめぐるアジア間競争

では、以上のような事態が、両大戦間期の一九二〇年代の中国市場では、どのようなかたちであらわれたのか。ジャワ糖は、前述のとおり、中国の白糖市場を独占し、原料ないし直接消費用の赤糖市場にも食いこんでいた。一方、香港と日本は、精製白糖をめぐって中国市場で競合した。一九一三（大正二）年に、日本糖は中国市場で香港車糖を一時的に凌駕したが、香港を拠点とするイギリス資本の中国市場での競争力は根強く、日本精製白糖が香港車糖を完全に凌駕したのは、第一次世界大戦後である。[20]

日本糖の中国市場への本格的参入は、一九一五―一六年期以降であるが、大戦中のみならず、戦後も、日本製糖業は輸出価格の高騰問題に直面していた。当初より、日本から輸出された精製白糖の原料粗糖には、輸入税の払い戻しがあるジャワ糖が用いられていた。だが、ジャワ糖の純度が高まったことに加えて、日本では、オランダ標本色相一八号以上は原料粗糖と認められず、輸入税の払い戻しが受けられなかった。そのため、日本製糖業は中国市場で苦戦した。一九二〇―二二年の中国での、輸入糖市場全体における香港と日本の市場占有率は、一九二〇（大正九）年で、日本一六・〇%、香港七八・〇%、一九二一（大正一〇）年では、日本一三・〇%、香港七六・〇%、一九二二（大正一一）年では、日本二二・四%、香港六一・四%であった。[21] もっとも、香港糖には、再輸出されるジャワ産白糖も含まれているので、正確な占有率比較とはいえないことをお断りしておきたい。

次頁表3は、同じ時期の上海市場における、香港車糖と日本の精製白糖の対抗関係を示している。[22] 表3からもわかるように、一九二〇年代初めにおいては、まだ、日本糖が香港糖を完全に凌駕したわけではない。表3の最終欄がしめしているように、一ピクル当たりの香港車糖と日本糖との価格差は、一九二〇年には日本

表3　上海市場における香港車糖と日本精製白糖

	1920年		1921年		1922年	
	香港車糖	日本糖	香港車糖	日本糖	香港車糖	日本糖
輸入量（ピクル）	165,613	392,966	988,594	406,899	501,771	967,014
輸入額（HK＄）	1,859,083	3,491,138	10,792,043	4,249,533	4,651,338	8,258,901
1ピクル当り（HK＄）	11.23	8.88	10.92	10.44	9.27	8.54

出所：前掲、内外糖業調査所調査部編纂『砂糖取引年鑑』1924年、より作成。

表4　日本・香港・ジャワより支那への精白糖輸入高

（単位：ピクル）

	1925年	1926年	1927年	1928年
ジャワ糖	4,375,579	3,042,595	4,457,930	5,624,834
日本糖	2,669,912	2,933,808	2,587,390	3,428,992
香港糖	1,727,176	1,826,440	726,364	526,378

出所：前掲、河野『日本糖業発達史（生産篇）』515頁。

糖が二・三五ＨＫ＄分安かったが、一九二一年には〇・四八ＨＫ＄、一九二二年には〇・七三ＨＫ＄分日本糖が安いだけで、両者の間には大差がない。このように、輸出価格が香港車糖にくらべて、比較的高く推移していることを受けて、日本では、一九二七年に前述の関税改正がおこなわれた。すなわち、台湾糖業に支障をきたさず、また、安価なジャワ糖を原料粗糖に利用するという利点を確保するために、輸出向け精製白糖の原料について、製糖業界の要望が認められたのである。その結果、従来はオランダ標本色相一八号未満のものだけを原料粗糖として認め、それ以上のものは原料粗糖として認められていなかったのが、この関税改正に伴い、オランダ標本色相二二号未満までを輸入税免税の対象とするという免税拡大措置がとられて、日本の輸出向け精製糖は、コストダウンがはかられたのである。

これにより、ＦＯＢ価格で、中国向け一ピクル当たり、一九二一年に一九・七円であったのが、二八年には一〇・一円にまで下がることとなった[23]。一方、砂糖の総輸出高も、一九二八年以降になると、日本は香港に肉薄した。

ただし、中国砂糖輸入高仕出地別累年表のような統計には、注意が必要である。香港糖の欄には、香港積み換えで中国へ再輸出される、ジャワ産白糖が含まれているからである。これをジャワ糖として計算し直さねばならないが、一九二五年―一九二八年について、この計算をやり直したものが、**表4**である。**表4**がしめしているように、中国市場では、ジャワ糖が優勢で、日本糖は漸増、香港糖は激減した。もっとも、香港糖の衰退はすでに述べたように、一九一二（大正元）年当時でさえ、ジャーディン・マセソン商会の中華糖局の経営は不健全で、これは、ついに一九二八（昭和三）年に破産した。[24]

こうして、香港車糖は、一九〇〇年代初頭に日本市場から駆逐されたばかりか、一九二〇年代には、中国市場においても、日本糖業との競争によって苦汁をなめることになったのである。

結び

以上のように、両大戦間期の中国砂糖市場においては、ジャワ糖が白糖市場を独占し、赤糖市場にもかなり食い込む状況があり、そのかたわらで、日本精製糖と香港車糖とが精糖市場をめぐって激しく競争した。そして、日本製糖業が、一九二〇年代をつうじて、香港製糖業を凌駕していったのである。

これは、砂糖をめぐるアジア間競争の一例である。そして、日本製糖業が香港製糖業を凌駕し得た最大の条件は、台湾糖業を保護しつつ、輸出奨励に成功した日本の産業政策であったといえよう。産業界の要請を政府が政策に反映させ、官民一体となって経済発展に邁進するというスタイルが、戦時統制経済以前のこの頃から、すでに垣間見ることができるのである。

だが、このアジア間競争において、日本製糖業は、ジャワ製糖業にはたちうちできなかった。ジャワ糖は、原料粗糖の黄双・中双糖のみならず、オランダ標本色相二五号以上の白双糖においても、中国市場では優位をしめていた。その武器は、あきらかにコストの安さである。それに対抗するために、日本では、台湾での耕地白糖の生産を強化し、台湾から中国市場へ直送すれば、運賃の重複回避や加工費の面で有利になり、ジャワ白糖に対抗し得るだろうとの提言もなされた(25)。

しかし、日中関係は満州事変・日中戦争に突入し、日貨排斥運動や戦争による流通の混乱により、日本は、台湾産の耕地白糖でジャワ糖に対抗し、白糖市場においても優位をしめていくことまでにはいたらなかった。

ともあれ、一九三〇年代は政治的・軍事的緊張が高まり、日貨排斥が激しくなり、経済的意味でのアジア間競争という分析視角だけではすまない時代になったと考えられので、本章の記述は一九二〇年代を中心にとどめた。とはいえ、一九三〇年代についても、日中戦争開始以前については、さらに激烈なアジア間競争があったことも事実である。

一九二九年の中国国民政府の関税自主権獲得と世界恐慌以降、各国は、中国自由市場を、不況打開のための格好の捌け口とし、ダンピング工作に打って出たため、中国の砂糖市場は、国民政府による高率関税をくぐりぬける密輸入品と、先進産糖国の必死のダンピング工作によって、混乱に混乱を重ねた。また一方中国側も、キューバの支援を得て、キューバの原料粗糖の供給を受ける国営精糖会社を上海に設立しようとした。これは内外の反対により実現しなかったが、一九三五年より広東省で新式の製糖工廠が稼動を開始した。広東省政府は、ジャワ糖を直接、または香港経由で輸入し、省営の製糖工廠で精糖するか、あるいはそのままマークだけを取り替えた上で、広東省営糖として上海などの市場に移出し始めたのである。この背景には、ジャワ糖を原料粗糖として売り込もうと画策した、ジャワ糖業者の協力と支持があった(26)。

このように、一九三〇年代についても、アジア間競争について、まだまだ研究の余地が残されている。その場合、単なる経済的関係のみならず、政治や戦争という局面も含めた、多面的な分析視角が要求されることになるが、機会があれば、今度は、満州事変後、日中戦争にいたるまでの期間（一九三一―一九三七年）も含めて、また中国市場での需要構造などにもさらに踏み込んで、より詳細な分析を進めていきたいと思う。

注

（1）川勝平太『日本文明と近代西洋』NHKブックス、一九九一年、八五―八六頁。
（2）川勝平太「日本の工業化をめぐる外圧とアジア間競争」（浜下武志・川勝平太編『アジア交易圏と日本工業化 一五〇〇―一九〇〇』新版、藤原書店、二〇〇一年、一八一―一八九頁）。
（3）・杉山伸也「一九世紀後半期における東アジア精糖市場の構造――香港精糖業の発展と日本市場」（速水融・斎藤修・杉山伸也編『徳川社会からの展望』同文館、一九八九年）。同論文のもとになったのは、社会経済史学会の第五三回大会における共通論題「アジア間貿易の形成と構造」での杉山氏の報告である（杉山報告をのぞき『社会経済史学』第五一巻一号に特集された。本稿も、近年のアジア域内経済のダイナミズムを論じる学界の問題意識を共有している）。また、二〇世紀初頭から一九三〇年代までの中国砂糖市場をめぐっては、杉山「スワイア商会のネットワーク」（杉山伸也、リンダ・グローブ編『近代アジアの流通ネットワーク』、創文社、一九九九年）を参照。
・クリスチャン・ダニエルズ「中国砂糖の国際的位置――清末における在来砂糖市場について」（『社会経済史学』第五〇巻四号、一九八五年）。
（4）角山栄『辛さの文化　甘さの文化』同文館、一九八七年、一九七―二〇五頁。
（5）ただし、完全自給は一九二九（昭和四）年である（製糖研究会編『糖業便覧』丸善、一九三七年、一五九頁）。
（6）杉山、前掲論文（一九八九年）。
（7）砂糖は、オランダ標本色相で分類される。砂糖の純度は番号でしめされ、番号が大きくなるほど、純度の高い精製糖である。白双とは、オランダ標本色相第二五号以上、中双とは、第一六号から二一号未満、黄双とは、第一一号から一五号未満のものをいう。日本では、明治四四年以降、オランダ標本第一一号未満を第一種糖、第一五号未満を第二種糖、第一八号未満を第三種糖、第二一号未満を第四種糖、第二一号以上を第五種糖と分類していたが、昭和二年以降は、第一種糖を「赤糖」、第二種糖・第三種糖および第四種糖を一括して「分蜜糖（いわゆる白糖）」、第五種糖を「精糖」とし、他に氷砂糖・角砂糖・棒砂糖を一本化した。（社団法人『近代日本糖業史』下巻、勁草書房、一九九七年、一八九―一九〇頁）

(8) 当時日本内地の精製糖業者は、オランダ標本色相第一五号未満の輸入糖を原料にすると、精製糖一〇〇斤につき一円九五銭の輸入税の払い戻しを受けたので、内地精製糖業者は有利な輸入糖（主としてジャワ糖）を原料に用いた。だが、関税改正の一九一一（明治四四）年七月に先立ち、台湾総督府は、前年度の台湾産糖の大きな伸びを考慮し、一九一〇（明治四三）年に台湾の粗糖業者が内地の精製糖業に原料を供給する場合には、一〇〇斤につき一円九五銭以内の「原料製造補助金」の下付を決定した。これにより、台湾糖はジャワ糖なみの価格で内地に供給できるようになった。

(9) 木村増太郎『支那の砂糖貿易』糖業研究会、一九一四年、二六―二九頁。

(10) クリスチャン・ダニエルズ氏は、香港に輸出されたジャワ糖の多くは、香港で加工されて精製糖として中国市場へと流入し、ジャワ原料糖の中国への直接輸出は一九二五年まで極めて少量であったと述べているが（ダニエルズ前掲論文二五頁）、木村・前掲書によれば、一九一〇―一二年のジャワから香港へ輸出された砂糖のうちの多くが（ただしこれは赤糖だけでなく白糖も含むが）、中国に再輸出され、その結果、この期間の中国の輸入砂糖中、実に四割をジャワ糖が占めており、ダニエルズ氏の指摘と異なる。

(11) 木村、前掲書、五七頁。

(12) 木村、前掲書、一一四―一一五頁、ただし、大日本製糖株式会社『日糖最近十年史』（一九一九年）九六―九七頁によれば、日本糖が香港糖を凌駕したのは一九一三（大正二）年となっている。

(13) 木村、前掲書、七〇頁。

(14) 「倉庫渡し」とは、まず見本を見て注文を受け、商談が成立すれば、陸揚げして倉庫にて現物の受け渡しをする取引方法で、「沖渡し」とは、いわゆる先物取引のことである。例えば、上海では、商習慣上、輸入貨物はすべて陸上倉庫渡しを原則とし、陸揚げ費用および倉入費は一切荷主の負担とならないが、特に積込地にて出荷主の契約の上、船倉渡しとする場合には、通例、陸揚費として砂糖一俵（一〇〇斤）当たり〇・〇三両、倉入費として砂糖一俵当たり〇・〇五両の費用が売り手側に加わる。（木村、前掲書一七一―一七七頁）

(15) 伊藤重郎『台湾製糖株式会社史』一九三九年、一九〇―一九一頁の「内外砂糖相場足取表」。

(16) 杉野嘉助『台湾商工一〇年史』一九一九年、一七頁。

(17) 柯志明「『米糖相剋』問題と台湾農民」（岩波講座『近代日本と植民地三・植民地化と産業化』一九九三年、所収）。

(18) 前掲『近代日本糖業史』下巻、一八六頁。

(19) この時の関税改正の要点を示すと次頁**表**のようになる。

明治44(1911)年7月		昭和2(1927)年4月		差額
第1種(第11号未満)	2円50銭	第1種	2円50銭	
第2種(第15号未満)	3円10銭	第2種	3円95銭	+85銭
第3種(第18号未満)	3円35銭	第3種	3円95銭	+60銭
第4種(第21号未満)	4円25銭	第4種	3円95銭	−30銭
第5種(第21号以上)	4円65銭	第5種	5円30銭	+65銭
氷砂糖その他	7円40銭	氷砂糖その他	7円40銭	

(20) 笹間愛史「糖業」一四一—一四二頁（現代日本産業史一八『食品』所収）。

(21) 南満州鉄道株式会社興業部編『対満貿易の現状及将来』一九二七年、同社、六九頁。

(22) 内外糖業調査所調査部編纂『砂糖取引年鑑』一九二四年、二六八頁。

(23)『横浜市史・資料編二・日本貿易統計（増訂版）』により計算。

(24) 前掲杉山「スワイア商会のネットワーク」一七一頁。

(25) 河野信治『日本糖業発達史（生産篇）』丸善、一九三〇年、五一六頁。

(26) 日本糖業聯合會『支那の糖業——殊に南支最近の糖業事情に就て』一九三九年一月、一五—三一頁、中国市場に関する史料は、一九三〇年代になると激減する。この年代の史料発見を進めるとともに、アジア間競争の実態をさらに深く調査することが、今後の課題として残されている。

＊史料の閲覧については、社団法人・糖業協会に大変お世話になりました。記して感謝の意を表します。

II　アジア太平洋経済圏

6 多角的貿易決済網の変質とアジア経済

四方田雅史

はじめに

一九三〇年代の世界恐慌は、これまでさまざまな観点から論じられてきた。そのなかの一つが、パックス・ブリタニカの終焉・金本位制の崩壊・多角的貿易決済網の崩壊といった国際経済的側面を重視する観点である。特に金本位制という固定相場制下（一九三〇年代半ば以降も管理通貨制の固定相場制であった）において国際収支の均衡は国内経済に直結するため、多角的決済の重要性は現在以上に重要であったと言ってよい。当時の国際経済に関する研究では、従来、世界恐慌は大西洋圏を震源とする事件として扱われてきたため、アジアの役割が軽視されてきたことは否めない。多角的貿易決済網が一八八〇年頃に確立され世界恐慌の中で解体される過程を分析した先駆的研究である、ヒルガート（Hilgerdt, F.）らの *The Network of World Trade* においても、アジアは「熱帯地域（Tropics）」

などに分類されてしまい、アジア域内の変化が看過されている。また、向寿一氏の研究は、戦間期のアジア経済を分析した労作であるが、アジアから欧米への「植民地的流出」を強調するあまり、アジア地域間、特に日本との関係を軽視しているように思われる。(1)

しかし、アジア経済が世界恐慌以前の国際経済を安定化させてきたとする議論がある。ヒルガートの問題意識を継承し、第一次大戦以前の決済パターンを分析したソール（Saul, S. B.）の議論は、第一次大戦以前の多角的貿易決済網では、主に〈イギリス→アメリカ→一次産品諸国→イギリス〉と、〈イギリス→大陸ヨーロッパ→一次産品諸国→イギリス〉の二つの決済が基軸であったとまとめることができる。(2)一次産品諸国の中で、特にイギリスの国際収支を均衡させる上で最も重要であったのがインドである。主に貿易赤字・投資収益・「本国費」（Home Charges）からなるインドのイギリスへの巨額な支払が、イギリスの国際収支を均衡させる「安全弁」の役割を果たしてきたのである。

さらに、インド以外のアジアがそのインドの役割を支えていたと論じたのが、レイサム（Latham, A. J. H.）・杉原薫両氏の研究である。(3)両氏とも、インドにとって、対欧米貿易と同様、対アジア貿易も重要であり、インドのイギリスに対する支払は、インドの巨額な対アジア出超（特に対中国・日本出超）にも支えられていたことを明らかにしたのである。

以上の研究から、多角的貿易決済網にとって、アジアが重要な役割を果たしてきたことが分かる。遡ると、先述の多角的貿易決済網の形成は、一九世紀前半にインド、中国、イギリスの間で成立していた三角貿易の解体と軌を一にしていた。(4)イギリスが中国から輸入してきた茶の生産がインドなどで開始された結果、この三角貿易が三国間で完結しなくなり、世界規模の多角的貿易決済網に包摂されていったのである。多角的貿易決済網の誕生は一九世紀後半に生じたアジア域内の構造変化にも規定されていた。そうであれば、多角的貿易決済網の解体をアジアの観点からも論じられるのではないか。

本稿では、まず第一節で多角的決済パターンの大まかな推計を試みる。第二節で第一次大戦以前の決済網の特徴を概括した後、第三節・第四節で、第一節の推計を基に、第一次大戦・世界恐慌を契機に、アジア経済、ひいては世界経済で、どのような変化が生じていたのかを明らかにしたい。

一　多角的決済パターンの推計

最初に多角的決済パターンを推計する。決済パターンの推計には、管見の限り、ソールを始め、杉原薫氏、藤瀬浩司氏、平田喜彦氏、向寿一氏の先行研究があるが[5]、これらの研究には共通して、多くの困難が伴っている。貿易決済の推計の点で本稿と手法が類似する向氏の研究では、貿易収支のみが推計され、それ以外の項目は推計されていない。アジア諸地域の貿易収支は、当然、密輸や誤差が存在するものの[6]、他の項目に比べれば信頼に足ると言えよう。他方、貿易収支以外の推計には大胆な仮定が必要であり、支払先別に分割するにはさらに困難がつきまとう[7]。こうした制約から大まかな推計にならざるをえないが、そうであっても、アジア域内における決済の変化を考察することによって、世界経済の変化をアジアの側面から検討することができると思われる。

本稿では、一九一三年、一九二八年、一九三五年、一九三八年の四ヶ年の決済パターンを推計する。向氏は、本稿と同じ国際連盟の統計を用い、一九一三年、一九二八年、一九三八年の貿易決済を推計している。通常、世界恐慌の影響を分析する際には、一九二八年と一九三八年が比較されてきた。そこには一九三〇年代全体を崩壊期とみなす前提があり、さらにアメリカが再び不況に陥った一九三八年と比較することで、それを際立たせてきた。しかし、本稿では、その間に一九三五年が加えられている。その理由は、本稿が一九三〇年代の前半と後半とを分けて扱うべきであるとの見解に立つためである。一九三〇年代前半が旧来の多角的貿易決済網が一度解体した時期と位置づけられる一方、後半は、決済網を元に戻そうとする過程が部分的にでも進んだ点で、不完全ながら回復期と位置づけられるからである。(8) 後述するように、一九三七年を扱う方が、その回復傾向が顕著になるが、データの制約から三八年を取り上げる。

本稿では、アジアをインド・東南アジア・中国と香港・日本（植民地を含む）の四地域に分割し、イギリス・大陸ヨーロッパ・アメリカと上記のアジア四地域の七地域の間の決済構造に着目することによって、ソールの図式を深化させたい。(9) その推計結果を示したのが、**図1**、**図2**である。(10) **図1**は貿易決済のみについて、**図2**はアジア地域にとって重要であると思われる移民送金・投資収益・政府移転を、**図1**に加えた図である。**図2**には、海運・保険や資本移動などの項目を考慮していないという欠点があることは認めざるを得ないが、大まかな構造を理解することができるのではないか。ちなみに、推計しなかった海運に言及すると、植民地では概ね宗主国の船舶が多いが、一九三〇年代前半に、インド・蘭領インド・シンガポール・フィリピンなどでは日本船舶の比率が急増していた。(11) そのため、一九三〇年代には日本の海運収入が増加し、日本のインド・東南アジア・中国などからの受取額が**図2**以上に大きかったに違いない。その他の項目については宗主国関連のものが多いため、宗主国に対する実際の支払額は**図2**より大きくなろう。資本移動については、この時期、ホットマネーと呼ばれる短期資本の動きが活発になっているため、推計がきわめて困難である。そのため、資本移動を考慮していないが、先進国側のデータから、概して一九二〇年代にはイギリス・アメリカなどから途上国へ資本が流れ、一九三〇年代には逆方向の資本移動が加速したと言えるであろう。

図１　決済パターンの推計(貿易収支のみ)

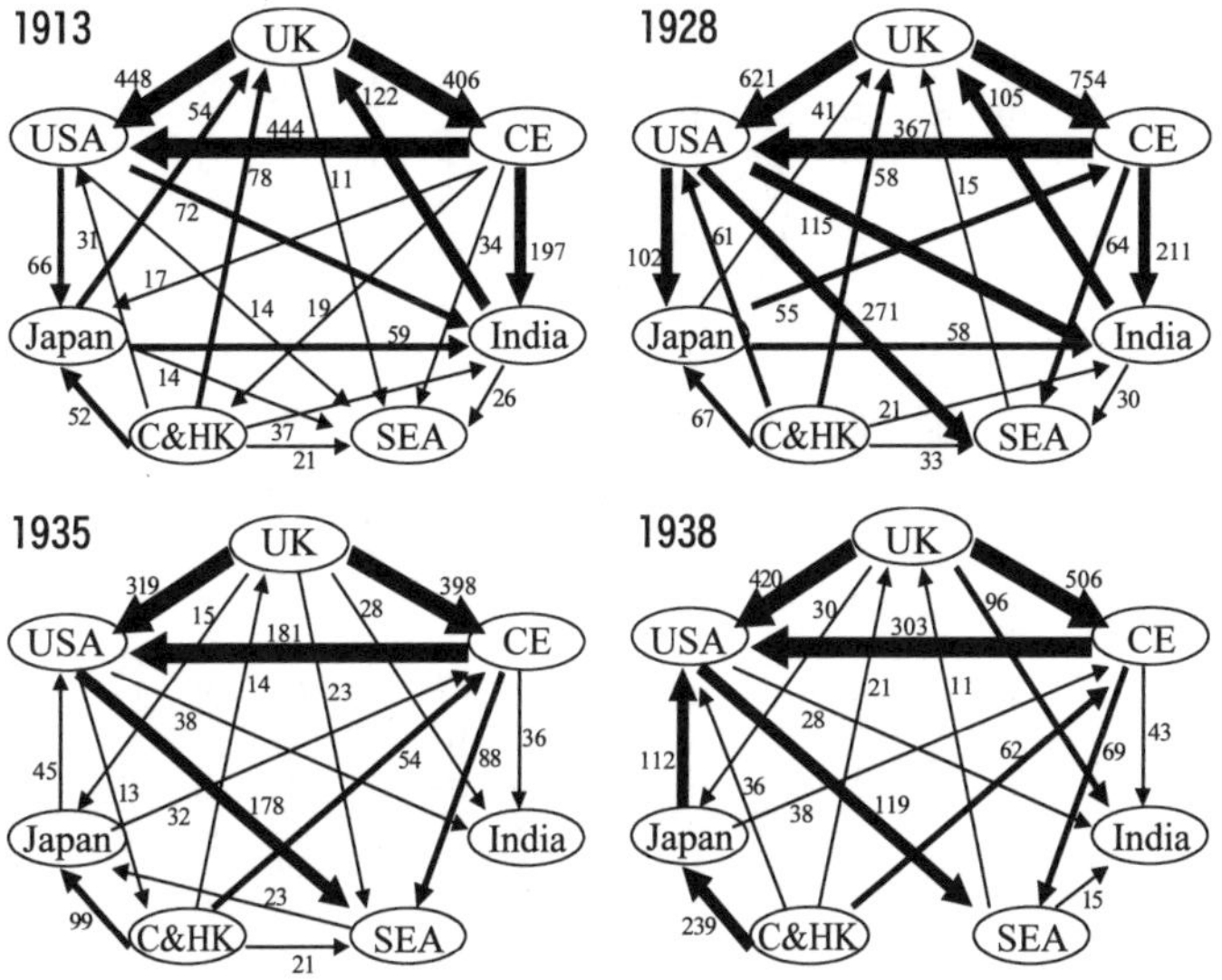

図２　決済パターンの推計(貿易収支・投資収益・移民送金・政府移転を含む)

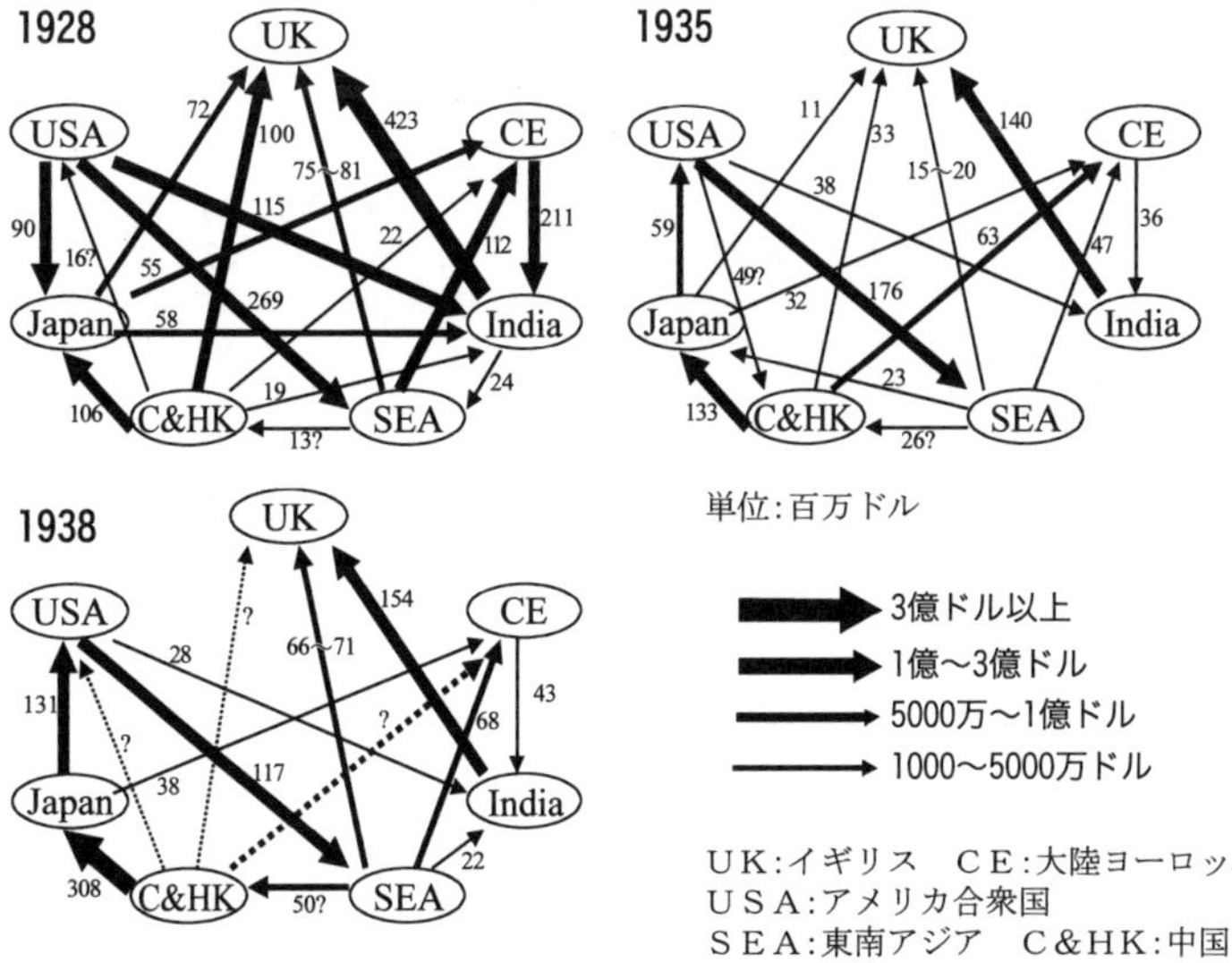

単位:百万ドル

UK:イギリス　CE:大陸ヨーロッパ
USA:アメリカ合衆国
SEA:東南アジア　C&HK:中国と香港

二　第一次大戦以前における多角的貿易決済網とアジアの関係

ソールは、インドが決済網の中できわめて重要な位置にあることを強調した。しかし、インドの貿易黒字は、欧米に対する出超だけではなく、アジアに対する出超、特に日本・中国に対する出超にも支えられていた。**図1**を見ると、一九一三年におけるインドの対大陸ヨーロッパ貿易黒字は約二億ドル、対アメリカ貿易黒字は約七〇〇〇万ドルであるのに対し、日本・中国に対する貿易黒字は約一億ドルに達していた。さらに、アジアに対する出超の変化をみると、一八七〇年代以降中国に対する出超額が停滞した反面、日本に対する出超額は二〇世紀に入って急増した。[12]その一因は、インドの中国向け綿糸輸出が日本との競争によって停滞・減少した一方、日本の綿製品生産急増に牽引されて日本への綿花輸出量が急増したためであろう。インドの役割を支える点で、日本の地位が上昇し、逆に中国の地位が相対的に後退したことが窺える。

中国は多角的貿易決済網の中でどういう位置にあったのであろうか。**図1**を見ると、一九一三年には、中国は大陸ヨーロッパから受け取り、日本・イギリス・インドなどに支払う構図にあった。移民送金を加えれば、東南アジアに対しても受取超過にあったであろう。この構造は、大陸ヨーロッパとインド・イギリスを結ぶ「迂回路」の役割を担っており、日本の台頭で重要性が失われていくものの、一九二〇年代まで持続する構造であった。

日本はどうであろうか。中国と同様、イギリス・インドに対して貿易赤字であるが、中国と異なるのは、大陸ヨーロッパではなく、アメリカに対する出超が巨額であった点である。これは、中国と異なり、日本の生糸市場が主にアメリカであったことに起因する。日本はアメリカ・中国から受け取り、イギリスに支払う、またはインド経由でイギリスに環流させる役割を果したのである。単純化すると、日本はアメリカとインド（またはイギリス）を結ぶ「迂回路」の役割を担うことで、決済網を補完する役割を担ったのである。
このような日本の位置は、この時期の貿易構造に起因していたと言える。日本のアメリカに対する貿易黒字が拡大し続けたのは、生糸輸出が増加したためであり、インドに対する貿易赤字の拡大は、綿花輸入が急増したためであった。インドからの綿花輸入の急増は、日本が〈短繊維綿花―太糸―厚地布〉の「東亜型」綿体系に属する綿製品を生産・輸出していたことに起因する。[13] こうした綿関係品貿易はアジア域内貿易を活性化させるとともに、[14] 東アジアとインドを結びつけ、多角的貿易決済網をより安定したものにした。日本の貿易構造が、生糸と「東亜型」綿体系に属する綿関係品とを中心にしていたため、日本は多角的貿易決済網と補完的な役割を担いえたと言える。両大戦間期に両者を中心とする貿易構造が変質を遂げることにより、補完的な役割も終焉を迎えることになる。

三　一九二〇年代における多角的貿易決済網の復活と変質

第一次大戦で一時的に機能停止に陥った多角的貿易決済網は大戦後に復活したが、大戦の影響を完全に払拭することはできなかった。[15] そのことを検証するため、本稿で推計した一九一三年と一九二八年の決済の図を比較してみたい。

第一の変化は、アジア、特にインドに対するイギリスの出超額が減少した点である。インドのイギリスに対する支払は、貿易赤字のみならず、投資収益・「本国費」も含むため、貿易赤字の減少だけでイギリスへの支払全体が減少したとは言えない。しかし「本国費」はもはや大きくは増加しえなかったため、[16] イギリスに対する貿易赤字の減少は、イギリスに巨額な支払をしていたインドの役割が次第に弱まっていったことを意味しよう。

第二の変化は、インドのアジアに対する出超額が停滞・減少した点である。特に中国に対する出超額が三七〇〇万ドルから二一〇〇万ドルに減少していた。一因として、インド綿糸が中国市場から駆逐され、逆に中国綿糸がインドに輸出されたことが挙げられる。[17] 大戦前からインドの中国に対する出超額の停滞・減少を補うように、日本に対する出超額は増加してきたが、一九二〇年代後半に入ると日本に対する出超額も減少し始めた。対日出超額減少の一因として、インドの対日輸出額の八割を占めていた綿花の輸出量停滞が挙げられる。第一次大戦以後、日本のアメリカからの綿花輸入量が急増した反面、インドからの綿花輸入量は微増にとどまった。[18] 日本の輸入額でみると、一九二五年頃までは綿花価格の高騰に支えられてインドからの綿花輸入額は急増したものの、一九二〇年代後半には、綿花価格の下落に伴って輸入額は激減した。この時期、日本が生産する綿製品の品質が〈短繊維綿花―太糸―厚地布〉の「東亜型」綿体系から、〈長繊維綿花―細糸―薄地布〉の「西欧型」綿体系に移行し、綿花の輸入相手も変化した。[19] 先述の通り、「東亜型」綿体系に関連する貿易が多角的貿易決済網を少なからず支えていたとすれば、こうした変化によってその決済網の安定性が損なわれた可能性が高い。インドの対日本出超額が減少に転じたことで、インドとアメリカの「迂回路」としての日本の役割も次第に低下していたのである。

第三の変化は、アメリカの重要性が増大した点である。**図1**によると、インド・日本の対米出超額は二倍弱に増加し、東南アジアの対米出超額は一〇倍以上に急増した。アジアの対米出超急増は、アメリカの好景気によって錫・ゴム・生糸など一次産品の輸出が急増したためである。中国も華僑送金を介して間接的に東南アジアの輸出拡大の恩恵に与ったであろう。インドでは、アメリカに対する出超額増加が、大戦前に重要であった大陸ヨーロッパに対する出超額の停滞を補い、弱まり始めていた「安全弁」の役割を支えていた。アメリカにおける一次産品需要の拡大は、アジア域内の購買力を高め、域内貿易を促すことで、綻びを見せ始めた多角的貿易決済網を一時的に安定させたと言える。

しかし、アメリカの台頭に呼応して、アジアで重要性を増したのはインドではなかった。大戦前のインドにとって、主な輸出市場はイギリス・大陸ヨーロッパであり、アメリカの比率は小さかった。[20] そのため、大戦はインドの輸出市場を狭めることにつながった。一九一三―二八年の間、インドの輸出額が世界貿易に占める比率は四・三%から三・七%に低下したことがその現れであろう。同期間に、インドを除くアジア主要地域の同比率は、日本一・七%→二・七%、中国一・六%→二・二%、蘭領インド一・五%→二・〇%、英領マラヤ一・一%→一・五%となり、いずれも上昇している。この変化はインドの変化とは対照的であった。[21] アジアでは、インドだけが世界貿易の中で地盤沈下を起こしていたのである。その反面、重要性を増したのは東南アジアである。東南アジアのアメリカに対する出超額が急増し、その需要拡大に牽引されて欧米からの投資も急増した。[22] それは同時に宗主国向けの投資収益支払額が急増したことも意味していた。[23]〈東南アジア→ヨーロッパ〉の結びつきが強化され、インドを軸とする決済に代わって、東南アジアを軸とする〈アメリカ→東南アジア→ヨーロッパ→アメリカ〉という決済が重要性を増したのである。日本は、コメ・砂糖などを東南アジアから大量に輸入していたため、東南アジアに対しても、インドと同様に貿易赤字にあり、アメリカと東南アジアとの「迂回路」の役割を担っていた。すなわち、日本は、インドを軸とする決済と同様、東南アジアを軸とする決済とも補完的な関係にあったと考えられる。

しかし、こうした変化は一九三〇年代の序曲に過ぎなかったと言える。第一次大戦以降生じた綻びは「相対的安定」の下で隠蔽されていたが、世界恐慌が、その綻びを顕在化させたのである。しかし、この危機は、同時に新たな秩序を準備する役割も果たしたと言えよう。

四　多角的貿易決済網の「解体」とアジア域内経済

前節では、第一次大戦を契機に、インドを軸とする多角的貿易決済網が弱まり始め、東南アジアを軸とする決済の重要性が増しつつあったことを述べてきた。この節では、世界恐慌で一九二〇年代の動きがどう継承され、どう変容したのかを検討する。

図1から一九二八―三八年の間に生じた貿易決済の変化を検討しよう。各地域間で軒並み貿易収支額が減少している。これは世界的デフレや、二国間で国際収支を均衡させようとする双務貿易主義が横行したことに帰せられる。注目すべきことは、アジアにおいて決済が大きく変化した地域がみられることである。その点について、インド・日本・東南アジアの順にみていこう。

1　インド

インドを取り巻く決済に大きな変化が生じた。第一の変化は、イギリスのインドに対する貿易収支が約一億ドルの黒字から約三〇〇〇万ドルの赤字に逆転したことである。この変化は、多角的貿易決済網を支えたインドの対イギリスに対する支払が激減したことを意味する。**図2**を見ると、投資収益・「本国費」の支払がインドの対イギリス出超（受取）によって相殺され、純支払額は約四・二億ドルから約一・四億ドルに激減したことが分かる。一九三五年は政府支払が例外的に減少した年であったため、実際にそこまで激減したとは言えないが、減少したことに変わりない。(24) 第二に、インドの日本に対する出超も激減した。それは、綿花輸出量の停滞に加え、日本からの輸入額急増によるものである。さらに、インドが大陸ヨーロッパ・アメリカに対して有した貿易黒字も、一九三五年には一九二八年の一―三割にまで激減した。もはやソールの提起したインドを軸とする決済型の維持は不可能となり、インドはイギリスへの投資収益などの支払をイギリスへの輸出超過の受取によって賄う「帝国内双務貿易主義（imperial bilateralism）」の途を歩まざるをえなくなったのである。[25]

一九三〇年代後半になってもインドの多角的決済における重要性が低下し続けた。一九三八年におけるインドのイギリスに対する貿易黒字は一億ドル弱で、一九三五年の約二八〇〇万ドルよりさらに増加した。それに投資収益・政府移転を加えると、イギリスに対する純支払額は約一・五億ドルになる。一九三五年の約一・四億ドルより増加しているが、先述の通り、一九三五年は政府支払が例外的に減少した年であったため、一九二八年から一九三八年までの間、趨勢的に減少したと見た方がよい。この傾向は、インドが投資収益などの支払を対イギリス貿易黒字の受取により二国間で決済する「帝国内双務貿易主義」がいっそう強化されたことを意味する。インド・イギリス間では一九三〇年代前半に見られた動きがいっそう強まったのである。インド経済史の最近の研究では、一九三〇年代のインドは輸入代替工業化によって経済発展を遂げた反面、輸出部門の後退が生じていたことが強調されている。[26]インドはもはや世界恐慌以前の決済型に戻れずに、ブロック経済に閉じこめられていった。それはインドに支えられたイギリスの資本輸出余力が低下し、ポンド価値の維持が困難になったことをも意味したのである。

2　日本

日本を取り巻く決済の変化も大きかった。第一に、アメリカに対する出超が入超に逆転した点であり、第二に、東南アジアに対する入超が出超に逆転した点である。前者は、生糸輸出額の激減と、重工業化の進展による屑鉄・石油などの輸入急増などに、後者は、コメ・砂糖の帝国内自給の完成と、円安による輸出急増などに、それぞれ起因する。

世界恐慌以前には、日本はアメリカ・インド間、アメリカ・東南アジア間の「迂回路」としての役割を果たすことで多角的貿易決済網を安定させる役回りを演じてきた。世界恐慌後、この「迂回路」は完全に消滅した。その一因は一九三〇年代に日本の貿易構造が激変したためである。日本は「東亜型」綿体系に属する綿関係品と生糸を二大輸出品として経済発展を遂げ、この構造こそ多角的貿易決済網を安定させる一因であった。しかし、人絹の普及・アメリカ国民の購買力低下によって、生糸輸出額は激減し、さらに日本で生産される綿製品が〈細糸―薄地布〉の「西欧型」綿体系にシフトした結果、インドからの綿花輸入量は停滞し、綿製品輸出市場は東アジアから東南アジア・インドに拡大した。国内で進行した重工業化により日本の輸入構造も激変した。こうした変化を背景に、対米出超は入超に、対東南アジア入超は出超に、それぞれ逆転し、従来の構造は終焉を迎えたのである。その結果、日本の周辺では〈アメリカ→東南アジア→日本→アメリカ〉という決済が台頭し、一九三〇年代前半を通じ、日本はその決済に依存することにより、旧来とは異なる国際分業の中で輸出を拡大させたのである[27]。その構造こそ、輸出拡大に牽引されたこの時期の景気回復を可能にした国際経済環境であったのである。

3 東南アジアの位置

一九三〇年代前半を通じ、東南アジアを共通項にして、一九二〇年代に重要性を増した〈アメリカ→東南アジア→ヨーロッパ→アメリカ〉と、日本が依存した〈アメリカ→東南アジア→日本→アメリカ〉が並立した。この二つの決済の結節点にあった東南アジアは、ヨーロッパ・日本双方にとって重要な地域であった。東南アジアを媒介にした決済は、アメリカの景気後退で危機に直面したものの、急速な回復を遂げ、世界経済の中で重要性を増していった。たとえば、英領マラヤの対米出超額は一九二八年に約二億ドルに達した後、一次産品価格の暴落などのため一九三二年に三〇〇〇万ドルまで激減したものの、一九三七年には一九二八年水準まで回復している（しかし、一九三八年には、**図2**にあるように、東南アジアの対米受取額はアメリカの景気後退で再び減少した）。物価変動が激しいので一概に言えないが、少なくとも一九三七年においてインドの対米出超が一九二八年水準の半分程度までしか回復しなかったのとは対照的である。[28]

アメリカの国際収支から東南アジアの位置を見よう。ピーク（Peek, G. N.）が推計した一九三四年のアメリカの地域別国際収支によると、アメリカはアジアに対して一・四億ドルの経常収支赤字を有し、その額は他の地域を圧倒していた。[29] そのうち、九〇〇〇万ドルが貿易赤字であったが、そのうち東南アジアに対する貿易赤字は一・七億ドルにものぼる。[30] アメリカの資本輸出が激減した一九三〇年代に、貿易黒字によってドルを獲得できる東南アジアは、巨額な対米支払を抱える日本・ヨーロッパにとって重要な地域であったことが容易に推察される。

イギリスにとっても、インドに代わって東南アジアが重要な地域になった。*Economist* 誌によれば、一九三七年に大英帝国全体とアメリカの間の経常収支はほぼ均衡していたが、その均衡を支えたのは直轄植民地の約一・九億ドルにのぼる対米黒字、特に英領マラヤの黒字であった。[31] シンガポールを含む英領マラヤの黒字の多くが東南アジア各地に支払われていたため、その数字には誇張されている面があるが、「安全弁」として英領マラヤがインドの役割の一部を代行したことは確かである。[32] 東南アジアは一九三〇年代にもブロックの外（特にアメリカ）に開かれた地域でなければならなかったのである。

図2を使って一九二八年と一九三五年を比較してみよう。東南アジアの大陸ヨーロッパとイギリスに対する純支払額は、恐慌による投資収益の減少と貿易黒字の減少（貿易赤字の増加）によって、約一・九億ドルから約六〇〇〇万ドルに減少している。貿易収支変化の一因は、日本製品の流入によってオランダ・イギリスからの輸入品が減少したためであり、くわえて、日本海運が躍進したため、**図2**に示された以上に宗主国向け支払が減少し、日

本向け支払がさらに増加したと推測される。こうした変化は宗主国との多角的決済関係が弱まり、日本との多角的決済関係が強化されたことを示唆している。

一九三〇年代後半に入ると、東南アジアではインドと対照的な変化が見られた。一九三五年から三八年までの間に、イギリス・大陸ヨーロッパに対する東南アジアの貿易黒字は、**図1**から、約一・一億ドルから約六〇〇〇万ドルに減少し、**図2**を見ると、イギリス・大陸ヨーロッパに対する東南アジアの純支払額が六〇〇〇万ドル超から約一・四億ドルに増加している。東南アジアの貿易黒字が減少し、東南アジアのヨーロッパに対する純支払額が増加した結果、一九二〇年代に見られた〈アメリカ→東南アジア→宗主国〉という決済が復活しつつあったことを意味している。特に英領マラヤ・蘭領インドなどアメリカ向け輸出が中心であった地域において、三角決済への復帰の動きが顕著であった[33]。東南アジアと宗主国の関係とは対照的に、日本の東南アジアに対する貿易黒字額は二三〇〇万ドルから一二〇〇万ドルに減少し、貿易・海運からなる〈東南アジア→日本〉の決済は弱まったのである[34]。日本と宗主国との関係が競合的であったとはいえ、宗主国との間で双務貿易関係を強めたインドとは逆に、一九三〇年代を通じて東南アジアはなんらかの多角的決済、少なくとも三角決済に依存し続けていたと言えるのではないか[35]。

4　多角的決済の「解体」とアジア

以上の地域別分析から、一九三〇年代の日本・東南アジア・インドの変化はそれぞれ対照的であったことが推察される。ここで、双務的決済と多角的決済の程度を端的に示すため、国際連盟や白木沢旭児氏が利用した方法を使うことにする。この手法は、各国との貿易収支を赤字と黒字に分けて別々にたし、赤字の和と黒字の和のうち小さい方を多角的決済によって決済された貿易額、両者の差額を貿易収支、それらを貿易額全体から引いた額を二国間で決済された貿易とみなすものである。白木沢氏によれば、世界が双務貿易的傾向を強めていた時期に、日本の貿易総額に占める多角的に決済された貿易額の比率は、一九二八年から三四年までの間に一一・八％から一七・四％に上昇したという。[36] 日本は、世界の趨勢とは逆に、一九三〇年代前半に三角（多角）決済に依存するようになっていた。その反面、インドでは、一九二八、三五、三八年の同比率は一一・六％、六・〇％、四・二％と低下し続けた。一九三〇年代の間、一貫してインドは二国間で貿易収支を均衡させる傾向を強めていたのである。[37] さらに、一九二八―三八年の間に世界貿易に占めるインド輸出額の比率は三・八％から三・〇％に低下し、インドは貿易拡大を通じてではなく、貿易縮小を通じて、二国間決済へ傾斜したのである。[38] インドに比して、東南アジアでは顕著な傾向は見られない。英領マラヤの貿易総額のうち、多角的に決済された貿易額の比率は、同じ三年で二四・三％、二一・五％、二五・一％となり、顕著な低下傾向は見られない。さらに、蘭領インドで六・三％、一〇・四％、九・七％、タイでも一八・六％、二二・四％、一九・三％となり、英領マラヤと同様に低下傾向は見られない。唯一、仏領インドシナだけが一一・八％、四・八％、四・四％と低下傾向にあった。東南アジアでも、一部を除き、二国間決済に依存する傾向は見られなかったのである。こうした東南アジア域内の相違は、先の分析からも類推されるように、アメリカとの結びつきの強弱や、為替政策の相違（金本位制を維持したか否か）に規定されていたと言えよう。

連合国が〈アメリカ→東南アジア→ヨーロッパ（宗主国）→アメリカ〉の決済型にそって結集し、対日包囲網を構築したのも偶然ではなかったと言えるかもしれない。東南アジアの存在がアメリカと宗主国を結びつける役割を果たし、巨額な対米出超を媒介に、東南アジアは各ブロック経済を「溶解」させる役割をも担っていたのである。[39]

最後にアジア域内の決済を検討しよう。東南アジアを起点としたアジア域内決済も回復を遂げつつあった。**図2**を見ると、一九三〇年代後半に〈東南アジア→日本〉の決済が双務化した後も、〈東南アジア→中国〉、〈東南アジア→インド〉という決済が成長していた。これらは主に華僑・インド人の送金によるものであり、アメリカ向け輸出が回復するにつれて、本国への送金も増加したのである。さらに、一九三〇年代に入ると、華僑・印僑が東南アジアに投資していた状況から、東南アジアから本国に投資する状況へと逆転したのである。[40] こうした動きは先の域内決済を強化したと考えられる。このように、アジア域内の決済の結びつきは双務的になることはなく、ブロック経済によって断ち切られることもなかったのである。[41] 外貨危機に陥っていた日本政府もこの華僑送金の役割を重視し、その送金を媒介にした〈東南アジア→中国→日本〉の決済型を重視していた節がある。日中戦争や円ブロック構築の動きがなかったならば、東南アジアを起点としたアジア域内決済が発展していた可能性も否定できないと思われる。[42]

一九三〇年代に多角的貿易決済網は解体したと言われるが、アジアに着目する限り、インドを軸とする決済が双務主義に陥っていった反面、日本・東南アジアを軸とする決済が、それを支える制度が欠如していたという限界はあったにせよ、一九三〇年代前半には成立する可能性があったと言えよう。宗主国のブロック経済・双務決済の限界が露呈したのも、インドではなく、日本・東南アジアが位置する太平洋圏であったのである。しかし、環太平洋圏の三角決済への変化と東南アジア宗主国の意図との間に齟齬が生じ、前者が重要性を発揮するのは戦後まで待つ必要があったと言えるのかもしれない。しかし、世界恐慌後、東南アジアを軸とする欧米諸国との三角決済も、アジア域内決済も、断ち切られることはなく、その復活が一九三〇年代後半の動きによって試みられた。少なくとも東南アジアはブロック経済や双務決済の動きと相容れない地域として現れてくるのであり、大東亜共栄圏もその動きを断ち切ろうとした点で、無理のあるものであったと言えよう。

結びにかえて

世界恐慌に至る一〇〇年間を鳥瞰すると、世界経済は「英印中間の三角貿易→多角的貿易決済網→その弱体化」という過程をたどってきたことがわかる。この一〇〇年間に、一九世紀前半の三角貿易で軸となった中国・インドが、三角・多角的決済における主役の座から退き、逆に東南アジア・日本の重要性が増す過程が進行してきたことが看取できる。さらに、アジア域内で決済の軸がシフトしたことと、覇権国の交替とが軌を一にしていた。覇権国交替の裏で、アジアでも構造変化が生じていたのである。興味深いことに、ソールが提起した決済型がイギリス・インド・中国間の三角貿易が解体したことから生まれたように、その役割を終えようとするときもアジア域内の変化を伴っていたのである。

国際的決済パターンの変遷を概観すると、ブローデル（Braudel, F.）の「経済状況の悪化は、すでに脅かされてきた旧来の中心に弔鐘を鳴らし、新たな中心の出現を確固としたものとする」という命題が、この時期のアジア経済の変化とも、かなり合致しているといえよう。(43) すなわち、世界恐慌の結果、既に脅かされていたイギリス＝インドに弔鐘を鳴らし、新たな中心となったアメリカ＝日本・東南アジアの地位を確固たるものとした。アジアに限れば、インドから東南アジアに経済の重心移動が生じたのである。この重心移動が、戦後の「太平洋の時代」を準備していたと言えまいか。少なくとも、両大戦間期はアジア経済の中心がインド洋圏から太平洋圏に移った分岐点と位置づけられるように考えられる。(44)

＊本論文は一九九九年一二月に脱稿したが、最近の研究成果を踏まえた上で若干の手直しを行った。本来ならば本文に

全面的に手を入れる必要があるが、脚注を変更するなど、一部の手直しにとどめたことを附記しておく。

補遺：推計方法の詳細

❶貿易決済

一九二八年、一九三五年、一九三八年については、League of Nations, *The Network of World Trade* の Annex III, World Trade, By Countries of Provenance and Destination を、一九一三年についてのみ、League of Nations, *Memorandum on International Trade and Balances of Payments, 1912-1926, Vol. II* を利用した。しかし後者は、紙幅の関係で、貿易額の小さな相手国が「その他」に一括されているという欠点に加え、香港・仏領インドシナなどの統計が掲載されていない。仏領インドシナについては、Gouvernement Général de l'Indochine, *Bulletin Économique de l'Indochine*, 1914で補い、香港については、一九二〇年代まで公式の貿易統計がないため、相手国の輸出入額から求める方法をとった。(45) たとえば、香港の日本向け輸出額は日本の香港からの輸入額を使うといった具合である。この手続をとる際、CIF価格とFOB価格の差が生じるが、本稿では、輸送費などをFOB価格の一割と仮定し、FOB価格に修正した。

本稿では、各地域の輸出額を基に貿易収支を求めた。輸出額はすべての国でFOB価格で記録されているため、CIF＝FOB換算問題は生じないが、特別貿易（Special Trade）で記録する国と、再輸出も含む一般貿易（General Trade）で記録する国があるという問題が残る。(46) 一般貿易で記録している国のほとんどでは、再輸出が五％以下と小さいため、誤差の範囲内であると言えるが、英領マラヤ・香港では再輸出がかなりの比率を占める。英領マラヤ・香港は、主な再輸出先であった東南アジア・中国にそれぞれ含まれるため、この問題はある程度解決されると思われるが、完全に解決することは不可能である。試みに輸入額を基にした貿易収支と比較すると、多くの地域間で近似した値になるが、記録方法の差異や統計上の漏れのためか、時代を遡るにつれ、大きな差が生じる地域間があることは否めない。上記の問題に対処するため、輸出額を基にして話を進め、輸入額を基にした推計値で確認するという手続きをとっている。

❷貿易収支以外の項目

（1）**移民送金**。[47] 送金額についてはレーマー（Remer, C. F.）と東亜研究所の推計を用いた。[48] 華僑送金は中国の巨額な貿易赤字をファイナンスしたと言われるほど巨額で、それを無視することはできない。レーマーは、主に在香港銀行が送金を決済したことに着目し、その華僑送金取扱額から送金額を求め、さらに一九三〇年の送金額について地域別に分けている。一九三五年・一九三八年の華僑送金額については、レーマー推計に一部依拠した東亜研究所の推計を用いた。しかし、アメリカが国際連盟に報告した中国への送金額（一九二九年で約二二五〇万ドル、中国の受取額の六分の一）[49] に比べ、レーマーが推計したアメリカからの送金額は過大（東南アジアからの送金額は過小）である可能性がある。華僑の八割が東南アジアにいたことも考慮すると、レーマー推計は東南アジアからの送金額を過小評価しているかもしれない。インド人移民の送金額は、彼らのほとんどがアジア域内では英領マラヤに出かけたことを考慮し、*Malayan Year Book* 各年版のインド向け郵便為替統計からとった。[50]

（2）**投資収益**。以下の国際収支統計から算出した。シャム・仏領インドシナ・フィリピン：League of Nations, *Memorandum on International Trade and Balances of Payments*, various years と Idem., *Balances of Payments*, various years[51]、蘭領インド：Korthals Altes, W. L., *Changing Economy in Indonesia, Vol. 7, Balance of Payments, 1822-1939*, Royal Tropical Institute, 1987、英領インド：Banerji, A. K., *India's Balance of Payments*, Asia Publishing House, 1963[52]、中国（香港を考慮していない）：Cheng, Y., *Foreign Trade and Industrial Development of China*, Greenwood Press,

1956、日本：山澤逸平・山本有造『長期経済統計一四　貿易と国際収支』東洋経済新報社、一九七九年。一九二八年、一九三五年、一九三八年の数値が得られない場合には、近い年の数値で代用した（たとえば、フィリピンの一九三五年の数値は一九三四年で代用）。管見の限り、英領マラヤには国際収支推計が見いだせなかった。そのため、マラヤへの投資が主にイギリスからであったので、キンダスレー（Kindersley, R.）の利子率・配当率をマラヤの株式・貸付などの投資額に乗じる方法などによって計算した。(53)

次に投資収益を支払先別に分ける必要がある。仏領インドシナ・英領マラヤ・インドの投資のほとんどが宗主国からのものであるため、投資収益すべてを宗主国への支払とみなした。シャムへの投資もほとんどがイギリスの投資であるため、イギリスに対する支払とみなした。フィリピンについては、宗主国とそれ以外に区分した国際収支統計が存在するため、それを参考にし、蘭領インドについては、ルイスのまとめた諸外国の資産額に投資収益支払額が比例していると仮定して分割した。(54) 中国についても、各国の投資が混在したため、蘭領インドと同じ方法で分割した。(55) 日本では外資輸入と資本輸出が並存していた。日本の輸入した外国資本は主にイギリス・アメリカからのものであったため、投資収益支払額をその二国で分割し、資本輸出はほとんど中国向けであるため、受取は中国からのものとみなした。

そこでの問題は、東南アジアでは華僑が主要な投資の担い手であることである。ルイス（Lewis, C.）によると、東南アジアにおける外国投資の約一五%が華僑による投資であった。(56) しかし、華僑の経営する企業には零細規模のものが多く、投資収益と個人の送金を区別することが困難である。そのため、華僑による投資収益支払は華僑送金に算入されているものと思われる。(57) 上記の理由から、本稿では華僑資本の投資収益は考慮しない。

（3）**政府移転。** 特に英領インドの「本国費」などの政府移転を考慮する必要があると考えたため、英領インド・蘭領インド・仏領インドシナ・フィリピンについては、政府移転も加えることにした。ただし、英領マラヤ・

シャム・日本・中国については考慮されていない。

注

(1) 向寿一「アジアの貿易構造と国際収支」(小野一一郎他編『両大戦間期のアジアと日本』大月書店、一九七九年所収)。

(2) Saul, S. B., *Studies in British Overseas Trade, 1870-1914*, Liverpool University Press, 1960 (邦訳:久保田英夫訳『イギリス海外貿易の研究』文眞堂、一九八〇年〔堀・西村監訳の訳書もある〕) 第三章。

(3) Latham, A. J. H., *International Economy and the Undeveloped World, 1865-1914*, Croom Helm, 1978 (邦訳:川勝平太・菊池紘一訳『アジア・アフリカと国際経済 一八六五―一九一四』日本評論社、一九八七年) 第Ⅲ章、杉原薫「一八七〇―一九一三年におけるインドの輸出貿易」、「第一次大戦前のアジアにおけるインド貿易の役割」(同著『アジア間貿易の形成と構造』ミネルヴァ書房、一九九六年所収)。また、近年の研究としては、中村雅秀『帝国主義と資本の輸出――パクス・ブリタニカの盛衰とアジア』ミネルヴァ書房、二〇〇〇年、特に第二・三・五章も参照されたい。

(4) ソール、前掲邦訳書、六五頁。

(5) ソール、前掲書。杉原薫、前掲書、第五章。藤瀬浩司「資本主義的世界体制と帝国主義」(同著『資本主義世界の成立』ミネルヴァ書房、一九八〇年所収)。平田喜彦「世界の多角決済パターン推定、一九二八年」(法政大学『経済志林』五〇巻一号、一九八二年所収)。向寿一、前掲論文。そのうち、藤瀬・向論文は貿易決済のみの推計。

(6) たとえば中国では密輸額が大きかったと言われる。久保亨「南京政府の関税政策とその歴史的意義」(『土地制度史学』八六号、一九八〇年所収)などを参照。

(7) たとえば、平田喜彦、前掲論文では、一九二八年の多角決済パターンを、貿易収支・経常収支・基礎収支(経常収支+長期資本収支)に分けて推計している。杉原薫、前掲「第一次大戦……」では、ソールが考察した一九一〇年について、アジア域内の決済パターンを推計しているが、そこでも貿易収支以外はきわめて大まかにならざるを得ない。

(8) 一九三〇年代半ばには、コーデル＝ハルの互恵通商協定、三国通貨協定など、世界経済を復興させようとする動きが出てきている。また、現在の学界でも、世界恐慌によって旧来の経済秩序が解体したとする通説に対し、近年修正主義(revisionism)的見解が台頭している。まず、アジア・アフリカ・南米の各国・地域経済が、世界恐慌によって停滞したというよりも、世界恐慌によって発展が開始されたとする見解がある(Brown, I. ed. *The Economies of Africa and Asia in the Inter-war Depression*, Routledge, 1989; Boomgaard, P. and Brown, I. eds., *Weathering the Storm: The*

Economies of Southeast Asia in the 1930s Depression, KITLV Press, 2000.)。またアジアの国際経済秩序は解体しなかったとする見解もあり、その見解をめぐる論争については、秋田茂・籠谷直人編『一九三〇年代のアジア国際秩序』渓水社、二〇〇一年を参照されたい。上記の論文集所収の論稿は、置かれている力点はそれぞれ異なるものの、世界経済の「解体」・地域経済の「停滞」といった面よりも世界経済の「維持・復興」・地域経済の「発展」面を重視し、旧来の歴史観を見直そうとしている。

（9）地域の画定については以下の点に留意されたい。まず、ビルマは東南アジアに含まずにインドに含めた。これは一九三〇年代半ばまでビルマの貿易統計は英領インドの統計に含まれ、両地域に分割することが困難なためである。またフィリピンは東南アジアに、セイロンはインドに含めている。

（10）推計方法の詳細は、章末の「補遺」参照。

（11）英帝国海運委員会、大阪商船株式会社訳『東洋に於ける英国海運』大阪商船株式会社、一九三九年、二六―四三頁。一九二九―三六年の間に、シンガポールに入港した船のうち、日本船は一三%から一九%に増加した反面、英国船が四〇%から三二%に減少した。蘭領東インドでは、積載噸数を基準にシェアを調べると、オランダ船が三三%→三四・八%、英国船が四〇・〇%→二八・一%、日本船が五・八%→一三・七%となった。また、インドでも日印航路を中心に日本船が英国船を圧倒した。

（12）レイサム、邦訳前掲書、二一一―二一二頁。

（13）川勝平太「アジア木綿市場の構造と展開」（『社会経済史学』五一巻一号、一九八五年所収）参照。

（14）杉原薫「アジア間貿易の形成と構造」（同著、前掲書所収）参照。

（15）平田喜彦「多角貿易の展開、一九〇〇―一九二八年（一）」（法政大学『経済志林』五〇巻三・四号、一九八三年所収）。

（16）インドのイギリスへの政府支払額は第一次大戦中に拡大したが、その後は横這い、もしくは減少傾向にあった（Banerji, A. K., *India's Balance of Payments*, Asia Publishing House, 1963, pp. 111-118）。

（17）Utley, F., *Lancashire and the Far East*, George Allen & Unwin, 1931, pp. 251, 254-259, 282-284.

（18）『横浜市史資料編二　日本貿易統計』によれば、一九一〇―一四年平均でインドから三三七万ピクル、アメリカから一二三万ピクルの綿花が輸入されたが、一九二五―二九年平均ではインドから五三五万ピクル、アメリカから四六一万ピクルが輸入された。

（19）川勝平太、前掲論文参照。

（20）一九一三―一四年のインドの輸出額に占める大陸ヨーロッパの比率は三三%であり、アメリカの比率は九%にとどまった。一九二八年でも大陸ヨーロッパ二八%、アメリカ一二%で、大陸ヨーロッパ中心の構造に変わりなかった。League of Nations, *Memorandum on International Trade and Balances of Payments, 1911-25, Vol. II*, p. 421-423, および *Idem., 1927-29, Vol. III*, p. 150.

（21）以上のデータは、League of Nations, *Memorandum on International Trade and Balances of Payments, 1913-27, Vol. I*, pp. 10-11, *Idem., 1927-29, Vol. I*, pp. 22-23より算出。

（22）第一次大戦前—一九三八年の間、東南アジアの外国資本は一一・五億ドルから四一億ドルに急増した。インド（一八億ドル→三二億ドル）、中国（一六億ドル→二五億ドル）、ラテンアメリカ（八九億ドル→一一三億ドル）と比べ、東南アジアの増加が顕著であったことが分かる。Woodruff, W., *The Impact of Western Man, A Study of Europe's Role in the World Economy, 1750-1960*, University Press of America, 1982, pp. 154-157.

（23）東南アジアでもっとも詳細な国際収支の時系列データが得られる蘭領インドで見ると、投資収益は、一九一三年に一・三億グルデンであったのが、一九二八年には三・七億グルデンと三倍に急増した。Korthals Altes, W. L., *Changing Economy in Indonesia, Vol. 7, Balance of Payments, 1822-1939*, Royal Tropical Institute, 1987, pp. 91-95.

（24）前年一九三四年の投資収益・年金・その他政府移転合計額は、二・八億ドル相当となり、一九三五年より約一億ドル大きかった。しかし一九三五年の支払額が通常の年より一億ドル少なかったとしても、純支払額が減少したことに違いはない。

（25）井上巽「イギリス帝国経済ブロックの形成とインド」（同『金融と帝国——イギリス帝国経済史』名古屋大学出版会、一九九五年、第五章所収）。

（26）Simmon, C., 'The Great Depression and Indian Industry: Changing Interpretations and Changing Perceptions,' (in *Modern Asian Studies*, Vol. 21, Part 3, 1987）によれば、一九三〇年代に急成長を遂げたのは綿工業・製糖業・鉄鋼業・セメント工業などの輸入代替的産業であり、輸出向け産業（ジュート工業など）は停滞した。綿糸生産でも、輸出向けの低番手の比率が低下し、輸入の多かった三〇番手以上の綿糸生産の比率が上昇していた (Gadgil, D. R., *The Industrial Evolution of India in Recent Times, 1860-1939*, 5th edition, Oxford University Press, 1982, pp. 258-259)。

（27）Dietrich, E., *The Far Eastern Trade of the United States*, Institute of Pacific Relations, 1940, pp. 11, 93-94はこの三角貿易の重要性を指摘し、日・英・蘭・米を主役にした調整プランを提唱している。加納啓良「国際貿易から見た二〇世紀の東南アジア植民地経済——アジア・太平洋市場への包摂」（『歴史評論』№五三九、一九九五年所収）も参照。

（28）出所は、League of Nations, *Memorandum on International Trade and Balances of Payments*, various years, Idem.,

International Trade Statistics, various years.

（29）Peek, G. N., *Letters to the President on Foreign Trade and International Investment Position of the U. S.*（外交史料館蔵「外国貿易政策関係雑件米国ノ部」E-3-1-1-2-1所収）

（30）出所はLeague of Nations, *International Trade Statistics*, 1934, p. 110.

（31）'British-American Trade Agreement'（in *The Economist*, November 26, 1938）, p. 1.

（32）東南アジアがイギリスの国際収支均衡の上で重要になっていたことは、ゴム・錫の重要性からも見てとれる。ゴムや錫など東南アジアのアメリカ向け一次産品では、一九二〇年代・三〇年代にかけて商品協定が結ばれたが、その意図には、債権国アメリカに金を支払わせポンド為替の価値を維持する目的があったという。以上についてはDrabble, John, H., *Malayan Rubber: The Interwar Years*, Macmillan, 1991, pp. 150-158, Hillman, J., 'Malaya and the International Tin Cartel,'（in *Modern Asian Studies*, Vol. 22, No. 2, 1988）, pp. 246-247参照。戦後も、英領マラヤの独立がインドより約一〇年遅れた理由は、英領マラヤがスターリング地域にとって国際収支均衡の点で重要な植民地であったからであると言われる。木畑洋一『帝国のたそがれ――冷戦下のイギリスとアジア』東京大学出版会、一九九六年、一五三―一五八頁。

（33）デフレの影響を除去するため、マラヤ・蘭領インドの対宗主国輸出・輸入比率（輸出額÷輸入額）を指標とすると、その比率は一九三〇年代前半に上昇、後半に下落している。つまり後半には〈アメリカ→東南アジア→宗主国→アメリカ〉の決済を復活させる方向に動いたことが窺える。逆に仏領インドシナの同比率は、インドと同様、一九三〇年代を通じて一貫して上昇傾向にあり、宗主国の間で双務的決済が強化された。経済政策においても、英領マラヤはインドなどの植民地とは異なっていたことが指摘されている。Kratoska, Paul, H. 'Imperial Unity Versus Local Autonomy: British Malaya and the Depression of the 1930s'（in Boomgaard and Brown eds., *op. cit.*）.

（34）籠谷直人氏によると、一九三〇年代に日英・日蘭間の貿易摩擦解決を目指した日印・日蘭両会商とも、製造業の利害より宗主国が植民地から投資収益を滞りなく受け取れるという金融的利害の方が優先された。そのため、宗主国は一次産品（インドは綿花、蘭領インドは砂糖）の購入や日本海運の制限を日本に要求し、恐慌から速やかに脱した日本を宗主国の受取回復に寄与させようとしたのである。籠谷直人「日印会商（一九三三―三四年）の歴史的意義」（『土地制度史学』一一七巻、一九八七年所収）、「日中戦争前の日本の経済外交」（『人文学報』七七号、一九九六年所収）、「日蘭会商の歴史的意義」（『人文学報』八一号、一九九八年所収）参照。また、日本政府が貿易拡大を通じて双務決済を模索した動きについては、白木沢旭児『大恐慌期日本の通商問題』御茶の水書房、一九九九年、第三―五章参照。

(35) 池本幸生氏によれば、東南アジアには、「自由貿易体制の維持」の方向性と「開発の時代」の先駆となる変化の方向性の二つがあったとするが、他地域と比較した場合、「自由貿易体制の維持」という側面がなお強かったと言えるのではないか。池本幸生「一九三〇年代東南アジアの貿易と経済」（秋田・籠谷編、前掲書所収）。

(36) 白木沢旭児、前掲書、二六—三六頁。

(37) 出所は League of Nations, *The Network of World Trade*, Annex Ⅲ. 以下の出所も同様。但し、国際連盟のデータは粗いため、その数値を使って日本について算出した比率は、白木沢氏の推計より低下するが、傾向に変わりはない。

(38) 出所は *Ibid.* 出所が異なるため、先述の一九二八年の比率とは若干異なる。

(39) 東南アジアは、宗主国とアメリカ間の互恵通商条約調印を促して、ブロック経済を溶解させる面を持った。「右条約〔アメリカとオランダの互恵通商条約〕に依り、和蘭側は蘭領東印度産珈琲に付米国が伯剌西爾に与え居る関税免除の特典を均霑することとなり、又スマトラ及爪哇産煙草の輸入税に就て多大の軽減を得たる由にて当国一般に蘭領東印度産煙草の米国進出に多大の期待を繋げ居れるが和蘭側に於ては右米国側の譲歩に対し、専ら本国関係にて米国に譲り殊に生、乾果実及小麦粉等の輸入税据置を約し居れり。」（「電報　米国と蘭国間の通商条約仮実施」（『外務省通商局日報』昭和一一年一月九日所収））、League of Nations, *Review of World Trade, 1938*, p. 40も参照。

(40) Brown, Rajeswary Ampalavanar, *Capital and Entrepreneurship in South-East Asia*, St. Martin's Press, 1994, pp. 187, 188.

(41) 横浜正金銀行・台湾銀行がアジア域内決済の発展に果たした役割については、葭原達之「戦間期日本の対『南方』貿易金融の構造」（清水元編『両大戦間期日本・東南アジア関係の諸相』アジア経済研究所、一九八六年所収）。Brown, *op. cit.*, pp. 200-201も参照。

(42) 図2の中国から日本への支払は「見せかけ」であったことに言及する必要がある。『北支那貿易年報　昭和三年版』や山本有造「満洲国をめぐる対外経済関係の展開――国際収支分析を中心に」（同編『「満洲国」の研究』緑蔭書房、一九九五年所収）などから計算してみると、一九二八年では、「満州」の対日投資収益支払と対日貿易黒字がほぼ拮抗し、中国の対日支払（約一億ドル）のほとんどが「満州」以外からの支払であった。しかし一九三五年になると、「満州国」を含む中国全体が日本に支払った一・三億ドルのうち、九〇〇〇万ドルが「満州国」の支払であり、中華民国の支払は激減したことが窺える。さらに、「満州国」の支払額急増の背景には、図2に表れていない日本からの巨額な資本輸出があり、それによって対日支払が増えるという双務的関係が強化されたにすぎない。この傾向は一九三八年になるとさらに強化された。よって一九三〇年代に中国から日本への矢印が太くなったことを額面通りに受け取ることはできない。

(43) Braudel, F., *Afterthoughts on Material Civilization and Capitalism*, translated by P. M. Ranum, Johns Hopkins University Press, 1977, p. 86.

(44) 戦後の復興が、「大東亜共栄圏」の復活ではなく、「太平洋経済圏」の台頭という側面が強かった点についてはPetri, P. A., 'The East Asian Trading Blocs : An Analytical History, '; Frankel, J. A., 'Is Japan Creating a Yen Bloc in East Asia in the Pacific' (in Frankel, J. A. and Kahler, M. eds., *Regionalism and Rivalry, Japan and the United States in Pacific Asia*, University of Chicago Press, 1993). また、杉原薫『アジア太平洋経済圏の興隆』大阪大学出版会、二〇〇三年も参照。

(45) この方法はLatham, A. J. H., 'The Reconstruction of Hong Kong Nineteenth-Century Pacific Trade Statistics, ' (in Miller, S. M., Latham, A. J. H. and Flynn, D. O. eds., *Studies in the Economic History of the Pacific Rim*, Routledge, 1998) から。

(46) League of Nations, *Memorandum on International Trade and Balances of Payments, 1912-1926, Vol. II*, pp. 22-23, 26-27. Idem., *The Network of World Trade*, pp. 108-109. 輸出仕向国を積替地（Consignment）で記録しているという問題点があるが、一九二八年にはできるだけ最後の積替地で記録する方法に統一され、修正も困難であるため、そのままにしている。

(47) 日本人移民がアメリカから送金した額は、League of Nations, *Balances of Payments*, 1936, p. 42を用いた。

(48) Remer, C. F., *Foreign Investments in China*, Macmillan, 1933, Chapter X、東亜研究所『支那の貿易外収支』同研究所、一九四二年。ちなみにレーマー推計には異論がある。Cheng, Yu-kwei, *Foreign Trade and Industrial Development of China, An Historical and Integrated Analysis through 1948*, Greenwood Press, 1956, Chapter 5など参照。

(49) League of Nations, *Balances of Payments*, 1936, p. 41.

(50) この方法はSandhu, K. S., *Indians in Malaya: Some Aspects of their Immigration and Settlement (1786-1957)*, Cambridge University Press, 1969, p. 290からとった。

(51) シャムについては、公債に対する利子支払しか記載されておらず、民間企業などの利子配当を考慮していない。

(52) インドの統計は年度で掲載されているため、たとえば一九二八—二九年の数値を一九二八年として扱うことにする。

(53) Kindersley, R., 'British Overseas Investment in 1929, ' (in *Economic Journal*, No. 163, 1931) 以下、毎年掲載された論文を参照。いくつかの投資額推計があり、いくつかの仮定をおいて計算したが、五〇〇万ドル程度の幅に落ち着いた。

（54）League of Nations, *Balances of Payments*, various years, Lewis, C., *The United States and Foreign Investment Problems*, Brooking Institution, 1948, pp. 298-343.

（55）各国の対中国投資額は、Hou, Chi-ming, *Foreign Investment and Economic Development in China, 1840-1937*, Harvard University Press, 1965p. 17からとった。同書掲載の一九三〇年・一九三六年の数値を、一九二八年・一九三五年の数値とみなした。

（56）Lewis, *op. cit.*, pp. 335-339.

（57）Remer, *op. cit.*, pp. 177-178によれば、送金のほとんどが労働者からではなく、利潤などの送金であったという。

7 第一次大戦前の中国南部・東南アジア市場における通商情報網構築

【香港における「領事報告」を中心に】

中村宗悦

はじめに

石橋湛山は、一九一五（大正四）年五月二五日号『東洋経済新報』に掲載の社説「まず功利主義者たれ」の中で、農商務省商事課課長鶴見佐吉雄の中国市場巡察後のレポート「対支貿易意見」[1]について言及し、これを高く評価した。湛山が評価した最も重要なポイントは、以下の三点にあった。

第一に、日本がこれまで自国の商品輸出にのみ汲々として中国製品の日本に対する輸入に関して何ら配慮してこなかったことが指摘されている点、第二に、中国の「工業化」に日本が積極的に関わることによって究極的には日中貿易の殷賑《いんしん》がもたらされるであろうという見通しが示されている点、そして第三に、そのための「人材育成」が重要であると述べられていた点であった。

湛山はこのレポートの意見に自らの年来の主張である「功利主義」を重ね合わせたのであるが、要するにそれは、商人が自らを利する行動に出る際には、当然、取引相手の利益をも考慮して行動するのであり、一方的に自らだけが利益を得ようとすることは、結局自らにも不利益をもたらすということに尽きる。自らが徹底して「功利主義者たらん」とすることによって、相互の利益を増進するというのが湛山の主張の眼目であった。有名な「小日本主義」の主張の前提には、こうした日本の輸出一辺倒の貿易政策に対する批判があった。

しかし、実際の日本の対中国貿易に対する戦略が、湛山の指摘するような「輸出一辺倒」で相手の利益を考慮しないものであったかどうかについては、なお留保を要する。この点に関しては、角山榮氏の次のような指摘が重要である。

角山氏は、日清戦争以降、中国市場開拓の三ルート（天津・牛荘を中心とする北部ルート・上海から揚子江を遡行するルート・香港を中心とする南部ルート）のうち、香港ルートでは日本人商人の商圏が拡大し、従来当該地に君臨していたイギリスを後退させていったと述べている。そしてその原因について、イギリスが中国の国内流通機構に「問題点」を認めて「砲艦」による「自由貿易」拡張を指向したのに対し、日本は「独自の商品取引網の構築、買弁廃止と人材養成、各地市場との直接取引をおこないうる取引ネットワークの形成」を指向した点にあったとしている。(2)

つまり、「輸出一辺倒」で相手の利益を考慮しない商売のやり方をおこなっていたのは、むしろイギリスであったのであり、それに対して、日本は「領事報告」による稠密な情報収集によってマーケティング活動をおこない、中国南部・東南アジア市場を中心としてアジア間貿易の一角を担っていったのである。

本稿では、この香港を中心とした通商情報網構築の試みを、当該地域の領事館の展開と商務官などの人材配置、および「領事報告」や農商務省の海外市場調査報告等に基づく具体的な情報提供という二つの観点から跡付けてみたい。

一　香港領事館の情報発信数と管轄地域の変化

「領事報告」が戦前期日本における市場情報の収集に関して重要な位置を占めていたことについては、前述の角山氏らによる先駆的研究をはじめとして多くの重要な業績が上梓されている。また、海外市場での日本人商人団体と現地の在外公館との関連もアジア市場を中心に研究が進展している(3)。

ここではまずそうした研究史を前提としながら、日清戦争から第一次大戦直前までの、中国南部・東南アジアにおける市場情報収集の前線基地であった香港領事館発の「領事報告」についてその「領事報告」数の変化と在アジア在外公館発「領事報告」数との比較をおこない、さらに香港領事館発「領事報告」がどの地域の情報を捕捉しようとするものであったかを確認しておきたい(4)。

香港領事館が設置されたのは一八七二(明治五)年であるが、領事館からの「領事報告」全体の報知体制が整うのは、一八九四年に先行誌である『通商彙編』が『通商彙纂』に改編されて以降のことである。したがってまず「領事報告」の数量については一八九四年から一九一二年までを、香港領事館の管轄地域については一八七二年から一九一二年までをみることにする。

図は香港領事館からの情報数の推移を示したもので、**表1**は、一八九四年から一九一二年までのアジアにおける在外公館から寄せられた「領事報告」の『通商彙纂』への掲載情報数である。

一九〇〇年から一九〇三年までの四ヵ年間の香港領事館発「領事報告」数が極端に少なくなっており、そのため**表1**の一九〇三年の値も異常値を示しているが、一九〇四年には七二で、以後、漸次「領事報告」数も増加傾

図　香港領事館報告数推移

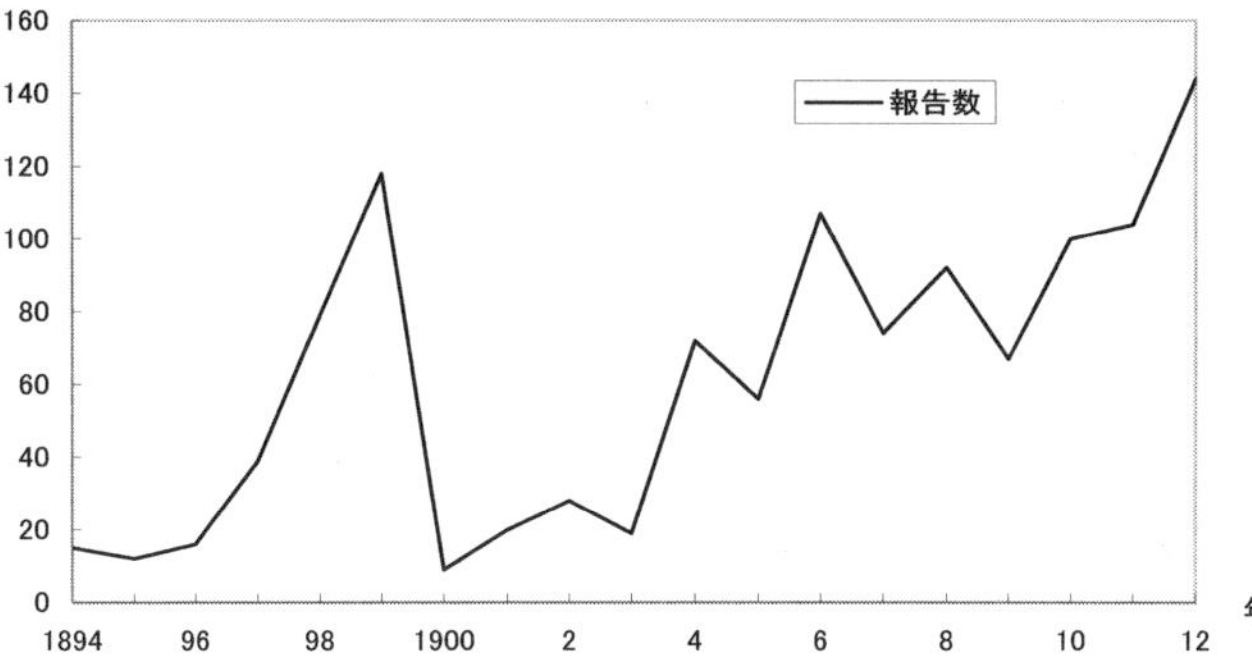

表1　『通商彙纂』所載の領事報告数（アジア地域）と香港領事館報告数

地域別	1894年	1899年	1903年	1908年	1912年
朝　鮮	83	244	164	15	—
中　国	26	354	406	863	656
満　州	—	26	52	197	256
上　海	13	104	138	166	113
天　津	4	27	12	13	26
芝　罘	8	20	29	19	22
漢　口	—	9	53	56	33
福　州	—	17	31	41	54
香　港	15	118	19	92	144
東南アジア	3	53	80	126	209
シンガポール	3	17	10	71	51
インド	1	80	96	218	231
露領アジア	1	21	88	94	76
香港／アジア	11%	13%	2%	6%	11%
香港／中国	58%	33%	5%	11%	22%
香港／東南アジア	83%	69%	19%	42%	41%

出所：高嶋雅明「領事報告制度の発展と「領事報告」の刊行——『通商彙編』から『通商彙纂』まで」（角山栄編『日本領事報告の研究』同文舘、1986年）105頁、表2-7より作成。

向にあった。一九〇〇年から一九〇三年の「領事報告」数の減少は、後述するように管轄地域の変更が及ぼした一時的な影響であろうと思われる。

また、**表1**に示されたアジア全体からの「領事報告」数全体は漸増しているのに対して、香港領事館発「領事報告」数の占める割合は、おおよそ一〇%前後である。アジア全体の「領事報告」数の増加にともなって香港領事館発「領事報告」数もほぼ同じペースで増加していることがわかる。ただし、在中国領事館発「領事報告」数、在東南アジア領事館発「領事報告」数と比較すると、香港領事館発「領事報告」数の割合が落ちていることがはっきりとみてとれる。在中国領事館発「領事報告」数との比較では「満州」情報の急速な伸びが相対的な香港情報量の割合低下をもたらしていると考えられる。逆に、東南アジア方面からの情報の場合は、シンガポール領事館からの情報数の増加がもっとも顕著ではあるが、シンガポール領事館単独での情報数の増加よりも東南アジア領事館発「領事報告」数全体の増加が、やはり同じように相対的な香港情報量の割合低下をもたらしている。アジア全体からの「領事報告」数増加の原因が、おもに「満州」とインドからの情報数の増加によっていることはあきらかであるが、東南アジア地域からの情報数の増加もアジア全体からの「領事報告」数増加のペースを上回っている。

表2は一八七二年から一九一二年までに香港領事館に着任した領事の一覧とその管轄地域である。[5] ここではとくに香港情報の空間的な広がりをおさえるために香港領事館の管轄地域の変化をみておこう。

もともと香港領事館の正式な管轄地域は、香港政庁・マカオ政庁管轄地域であった。しかし、一八七二年から一九〇〇年までは後背地である広州および汕頭・厦門・瓊州《けいしゅう》といった中国南部沿岸地域が、形式的には臨時の管轄地域として、実質的には〝常時〟その管轄地域に含められていたことが注目される。当時、決して豊富とはいえなかった領事官[6]をいかに効率的に配置し有意味な情報を収集するかが、通商情報網構築のキーポイントであっ

表2　香港領事館(総領事館)および管轄地域の変遷

	在香港領事館領事等	香港以外の兼轄地域	兼轄地域から除外された地域
1872年10月2日	副領事　林道三郎		
1872年10月15日		広州、汕頭、瓊州	
1874年4月22日	副領事　樋野順一		
1874年5月28日	副領事　安藤太郎		
1877年10月23日	領事　安藤太郎		
1883年10月9日	領事代理　町田実一		
1885年7月8日	領事　南貞助		
1886年2月3日		瑪港	
1888年11月27日	領事　鈴木充美	瑪港	汕頭、瓊州→広東領事
1889年4月18日	副領事　宮川久次郎		
1889年11月10日		広東、汕頭、瓊州	＊1888-1906年まで広東領事館閉鎖
1893年11月10日	一等領事　中川恒次郎	瑪港、広東、汕頭、瓊州	
1896年11月10日	二等領事　清水精三郎		
1897年10月28日	二等領事　上野季三郎		
1900年11月7日	領事　加藤本四郎		
1900年11月16日		瑪港、広東、瓊州	＊1896年より汕頭は厦門領事館管轄下
1900年12月27日	管轄地域変更(1)		
1901年8月5日	領事　野間政一		
1906年2月27日	領事　芳沢謙吉		
1906年10月12日	領事　田中都吉		
1908年4月8日	領事　森川季四郎		
1908年4月23日	副領事　船津辰一郎		
1909年3月6日	管轄地域変更(2)		
1909年6月30日	領事　船津辰一郎		
1909年10月1日	総領事館に改定		
1910年7月1日	商務官管轄地域(3)		
1910年9月	総領事　船津辰一郎		
1912年1月11日	総領事　今井忍郎		

注:(1)香港・澳門政庁管轄地方、広東省広州・南雄州・韶州・連州・肇慶州・羅定州・高州・雷州・廉州・海南島・広西省
(2)香港・澳門政庁管轄地方、独領マリアナス群島中マニラ駐在帝国領事官ノ管轄ニ属セサル地方、「カロリナス」群島、「マーシャル」群島、「パアラウ」群島
(3)清国広東省・江西省・雲南省・貴州省・福建省、印度支那、暹羅、海峡植民地、南洋諸島
出所:角山榮編、前掲書、資料編および『通商彙纂』各年度版より作成。

たとするならば、この時点での香港領事館の情報収集の射程範囲がどこにおかれていたかはあきらかであろう。一九〇〇年の管轄地域変更でも基本的な事情は同様であり、したがって「広東省広州、南雄州、韶州、連州、肇慶州、羅定州、高州、雷州、廉州、海南島・広西省」という管轄地域はあきらかに雲南省・貴州省から大陸部東南アジア方面へと伸びるルートにその重心が移ったことを示している。

一九〇九年、香港領事館の総領事館昇格にともなってこれら地域が香港領事館の管轄地域からはずされたのちは、「独領マリアナス群島中マニラ駐在帝国領事官ノ管轄ニ属セサル地方、「カロリナス」群島、「マーシャル」群島、「パアラウ」群島」といったいわゆる「南洋諸島」地域が新たに管轄地域に編入された。これは一見香港領事館の地位の低下のようにもみえるが、一九一〇年には香港に通商情報専門の商務官が設置され、その欠を補ったと考えられる。実際、商務官担当地域は「清国広東省・江西省・雲南省・貴州省・福建省、印度支那、暹羅、海峡植民地、南洋諸島」と非常に広範囲にわたっていたのである。

要するに、商務官管轄地域を含む香港領事館管轄地域は、歴史的にみてもっとも古い中国南部から北に伸びる沿岸交易地域と広東省南部の珠江デルタ地帯を含む一帯から、貴州・雲南を経て四川に至る内陸地域、大陸部・半島部・島嶼部東南アジア地域、南シナ海からマリアナ群島に至る「外南洋」地域へと展開し、非常に広域にわたっていたのである。

もっとも、この香港駐在商務官による管轄地域の拡大が一時的なものであったことには注意を要する。第一次世界大戦時に商務官制度自体が一旦廃止されてしまうというのが、その大きな理由である。一九二一年の商務官制度復活後もシンガポール駐在商務官が香港の後背地の一つである海峡植民地・英領マレー方面を管轄することになり、香港には商務官がおかれなかった(7)。さらに、一九二六年にはボンベイに商務官が置かれて、英領東インドを中心とした地域を管轄することになる(8)。

しかし、シンガポール、ボンベイなどへの情報網の展開は、第一次世界大戦中期から戦後期にかけてのものであり、第一次世界大戦前においては、ほぼこの地域の通商情報が香港に集中していたとみてよいであろう。第一次世界大戦前における香港領事館発「領事報告」数の推移と管轄地域の変遷は、当該期における香港領事館の占める地位の重要性を示している。

では、次に、商品別情報の推移から香港領事館発「領事報告」の特徴を観察してみよう。

香港領事館から寄せられた「領事報告」のうち『通商彙纂』に掲載されたものから商品情報と呼べるものを抜き出してみたものが、**表3**である。ただし、『通商彙纂』索引の領事館別分類のなかには「商業」という項目はあるものの、商品の内容ごとに集計したものはない。そのため「商業」項目、「農業」項目、「交通通信」項目および「雑」項目などにランダムに収録されている情報一つ一つについて検討を加え、独自の商品項目を立て分類してみた(9)。たとえば一九〇三年の「農業」項目に掲載されている「緬甸印度支那及比律賓等ニ於ケル米作ノ豊収」などの情報も商品分類では「米」に含めてある。

この表を一瞥して気づくのは、第一に、日本の対香港輸出貿易の大宗を占めていた石炭、樟脳、マッチ、海産物についての情報が意外に少ないことである。石炭の情報が少ないのは、三井三池炭・北九州産石炭が輸出炭の大部分を占め、三井物産がその販売を独占していたという事情による。この点は樟脳に関しても同じであった。日清戦争による台湾領有直後には香港向け輸出品の重要品として逐次樟脳の商況報告が掲載されているのであるが、以後はまったく掲載されていない。またマッチについてもほぼ同様の状況であったとみてよいであろう。香港市場における日本マッチはすでにほぼ市場を制圧しており、とくに状況の変化がないかぎり商況情報を掲載する必要がなくなっていったものと思われる。後述する香港領事館からの「巡察復命書」でも石炭や樟脳、マッチの商況についてはそれほど重きがおかれていない。海産物については、石炭やマッチとはやや事情がことなるが、

表３　『通商彙纂』記載情報「商品別」分類

年次＼分類	概況	綿糸	石炭	海産物	砂糖	樟脳	米	マッチ	麻製品	織物関連	その他
1894	0	1	5	0	0	0	1	0	0	0	0
1895	1	1	1	0	2	0	0	0	1	0	0
1896	2	5	1	1	0	1	0	0	0	2	0
1897	2	8	2	0	0	0	1	2	0	3	0
1898	3	12	5	1	0	26	1	0	0	0	0
1899	1	16	11	10	0	47	1	0	0	0	1
1900	0	2	1	1	0	3	0	0	0	0	0
1901	5	9	2	1	1	0	0	0	0	0	0
1902	1	4	4	1	0	0	0	0	0	0	0
1903	1	3	0	0	0	0	1	0	0	0	0
1904	9	34	0	5	0	0	2	0	2	0	0
1905	12	29	0	11	0	0	0	0	0	0	0
1906	4	17	0	12	0	0	53	1	0	2	0
1907	3	21	0	14	0	0	2	0	0	0	0
1908	0	25	1	7	0	0	1	0	1	1	0
1909	0	18	8	2	1	1	0	0	0	0	0
1910	2	18	9	0	10	0	11	4	0	1	0
1911	1	24	2	1	9	0	9	0	0	1	2
1912	2	25	12	3	2	0	1	0	0	0	4
1913	3	4	3	0	0	0	0	0	0	0	1

出所:『通商彙纂』各年度版索引より作成。
注:概況には経済事情・一般商品景況などが含まれる。1913年は1–3月分まで。

やはり日本産の独占状態があった。ただし、その取り扱いについては広東商人による独占状態が続いており、海産物直輸出体制構築をにらんでの海産物情報が寄せられている。

第二に特徴的なのは、綿糸・綿関連製品情報の顕著な増加である。日露戦後に至っては、一九〇六年の米商況を例外として、つねに一位を占めている。日露戦争後の日本の対中国・東南アジア向け輸出貿易にとっての戦略的商品が、綿糸・綿関連製品であったことはいうまでもないが、そのことがこうした香港領事館発「領事報告」にも顕著にあらわれている。

第三の特徴は、この表では確認しづらいが、各種雑貨品あるいはその取引商紹介に関する情報が、日露戦争後に散見されるようになることである。

その点に関し、一九一一年・一九一二年

表4　在香港商務官報告(1912、1913年)

分類	報告題名	発信日付	『通商彙纂』号数	掲載頁
なし	清国涼粉草ニ関スル報告	M44. 5. 28	42号	1
〃	南洋向織布其他ニ関スル注意	M44. 8. 3	53号附録	2
〃	大英北ボルネオ、香港間航路開始ニ就テ	M44. 9. 7	65号附録	13
〃	香港ニ於ケル東洋紙	M44. 11. 13	74号附録	12
〃	香港ニ於ケル澱粉	M44. 11. 16	75号附録	11
〃	蘭領東印度ノ石油採取業	M44. 11. 21	商務官報に掲載	1-10
〃	朝鮮産人参ニ就テ	M44. 11. 13	商務官報に掲載	12-13
〃	乾牡蛎、乾鮑、瀬戸貝ニ就テ	M44. 11. 18	商務官報に掲載	13
〃	桂皮油ニ就テ	M44. 11. 18	商務官報に掲載	17
商業	香港ニ於ケル本邦産青剥昆布	M45. 5. 10	45年45	33-34
〃	南支那及香港ニ於ケル靴ノ需要状況	T1. 8. 20	1年17	10-12
〃	香港及南洋方面ニ於ケル本邦産手拭地需要状況	T1. 8. 16	1年17	12
〃	香港ニ於ケル洋風皿卸直段	T1. 9. 1	1年17	13
〃	香港ニ於ケル乾鱶ノ需要	T1. 8. 19	1年18	18-19
農業	香港ニ於ケル錫箔状況	T1. 10. 28	1年27	14-16
紹介	香港市況(大正元年十一月)	T1. 11. 20	2年5	14-21
〃	夏期點茶原料涼粉草ニ就テ	M45. 2. 29	45年31	35
〃	香港ニ於ケル洋風皿販売店	T1. 9. 1	1年16	60

出所:表3に同じ。

の二ヵ年のみであるが商務官報告の内容を**表4**として示しておく。

ここでは海産物などの伝統的商品に関する情報も散見されるが、靴・手拭・洋風皿・錫箔・紙などの雑貨情報が取り上げられており、そのうちのいくつかが国内の商工業者からの依頼による調査に基づくものであると明記されている。これら雑貨輸出は全体からみれば、ごくマイナーなものであるが、新製品の販売網形成という観点からみれば、これらの調査も看過できない。いまだ緒についていない商品輸出に関する商務官報告への期待が反映されたものとなっているからである。また北ボルネオ航路に関する「商務官報告」があるが、これについては後述する。

以上のような商品関連情報の変化とその空間的な情報収集範囲を考え合わせると、伝統的な商品である海産物関連の情報が中国南部沿岸部との関連を強くもっていたことと、棉花・綿糸の情報がインドから大陸部・半島部東南アジア

（シンガポールを含む）を経て香港に至るルートとの関連を強めつつ、日露戦時期から第一次世界大戦前期において増加してきたことがわかる。さらに、香港から南シナ海を臨む地域への雑貨輸出等にも関心が生じてきていたことが示されている。

二　「巡察復命書」等からみた香港情報（1）

前節では、おもに香港領事館の管轄地域の変遷と「領事報告」における商品情報数から、香港領事館発「領事報告」の概要について述べたが、本節と次節では領事官等の出張報告書である「巡察復命書」および「商務官報告」を取り上げ、検討してみる。

ここで「巡察復命書」について一言しておく。通常『通商彙纂』に掲載される「領事報告」は、情報の内容にもよるが誌面の関係もあってそれほど詳細なものではない。その点、「巡察復命書」は数こそ少ないが、より具体的な情報を得やすい利点がある。また「巡察復命書」は農商務省がさらにそれを編集し単行本化して公刊したものも多く、当時の通商情報としては利用頻度が高かったと推測される。[10] すべての領事館からこうした報告が寄せられているわけではないが、アジア地域からのものは少なくなく、さいわい香港領事館からも日清戦争直後に西江を遡航して調査した「清国西江沿岸出張取調報告書」および日露戦争中の「外務書記生隈部軍蔵清国広東出張視察復命書」などがあり、それぞれ有益な情報を提供しているのでそれを検討してみたい。また第一次世界大戦直前期については、「商務官報告」によって香港を基点とする通商網に関する情報をみてみる。

まず、一八九七年「清国西江沿岸出張取調報告書」は冒頭、次のように述べている。

「当香港を中心とし、広東省の諸開口即広東、九龍、汕頭、北海、拱北及瓊州等より清国内に出入りする外国貿易品の数額は清国外国貿易額の三割以上を占むるの例にて、輸入に於ては米穀を第一とし、阿片、綿織糸、綿織物、諸金属、海産物、石油、燐寸等の貨物多く、就中綿織糸、綿織物、石油、燐寸等の輸入は逐年増加し、輸出に於ては生糸を第一とし、絹織物、砂糖、製茶、地蓆《ちむしろ》、陶磁器、桂皮、桂皮油其他の薬材、爆竹、糖薑《とうきょう》、蔡扇《さいせん》等之に次ぎ、製茶は錫蘭及印度茶の競争に敗れて過去十年間に輸出額十分一に減少したれども、生糸（器械製）及地蓆は品質改正、輸出漸次増加の勢あり。而して広東省諸開口を経て出入する外国貿易品需要供給の区域は広東広西の両省内を主とし、雲南、貴州、湖南、江西の一部分にも及べり。……而して其運輸の要路は西江及北江の二流にして、此方面に於て貿易を経営するものは清国人を除き英人を以て主とし、独逸人、米国人之に次ぐ。然るに仏人は東京より進み紅江を遡りて雲南に入り鉄道を敷きて広西に入り、清国西南の商権を占得せしとし、既に雲南に於ける蒙自、広西に於ける龍州の二ケ所を開きて貿易場とし、或は河道を改良し、或は鉄道を延長するの計画を立て、孜々として怠らざることは是亦世人の知る所ならん。(11)」

ここではまず、この時期に香港の後背地である広東から珠江・西江を遡航して雲南・貴州に至る清国国内流通をめぐって、とくにイギリスとフランスの商権拡大競争が激化してきていることが指摘されている。一九九七年の香港返還の歴史的起点をなす一八九八年の新界租借という「事件」も、当時のイギリスにとっては中国南部の貿易ルートをフランスに対抗しつつ掌握していくための重要な意義を有していたことがあらためて知られよう。また先に述べたように、一九〇〇年の香港領事館管轄地域がこの珠江・西江周辺地域に変更されている点もこうした雲南・貴州ルートの重要性の高まりと関係があると思われる。

また香港後背地河港の自由貿易化が追求された背景には、地方官の課す釐金《りきん》税の存在があった。南京条約の翌年に定められた五港通商章程・虎門寨追加条約では同時に関税についての協定が定められ、関税のほかに二・五%の抵代税を納めれば、釐金税ほかの税金は課されないことになっていたが、実際には清朝政府の財政機構がほとんど麻痺状態であったために地方官は自らの管轄地域内の商品流通の要所において、貨物の価格に応じて税金を賦課していた。イギリスはそうした釐金税賦課に抗議し、清国政府に西江沿岸諸港(梧州・三水及び岡根、肇慶・徳慶・江門・甘竹)を貿易場および船舶の立寄港として認めさせることに成功していく。

こうした背景のもとこの報告はまとめられたものであり、約定締結一カ月後における新開港場の地勢概略・商況・製品需給の状況などの調査である。梧州におけるイギリス人商人の取引方法について報告書は、

「英某商会の如きは開口約定調印に先ち、貨物通過券の下に疾既に梧州に進みて、貨物を売買し開口を予期して既に土地を買占めたるものさへあり。出張の際、実地に就き之を視察するに、梧州府にて将来外国人居留地若くは領事館の敷地となるべき場所は香港にて有名なる一商会之を買収して余地を残さず、且蓬船十余艘に該商会の旗章を翻して碇泊し、貨物を満載し、其店員は一艇内に居住して取引し居るを見る。其他の英商にて土地を買ひ若くは貨物を送り、船中にて売買し居る者数人あり。其販売する商品は綿織糸・綿布類・石油・燐寸・ブランケット其他諸雑貨なりとす。[12]」

と、述べている。まさに「英人の套語に国旗の翻く処、商業に追従すと云へることあるも、事実は之に反し、商業先づ進み国旗之に従ふの事跡は到る処に之を認むるを得べ[13]」きことであったのである。一方、こうしたイギリス人商人の進出に比べて、日本人商人の、あるいは日本商品の進出はどの程度のものだったのであろうか。

「巡回地方各地に於ては日本製品の消流多きものは、第一鯣、鮑、乾蝦、鱶鰭、海参、昆布等の海産物、其他椎茸及寒天等の食料品、第二燐寸、第三綿フランネル、綿縮手拭地、西洋形浴巾等の綿織物、及綿布張洋傘、其他諸雑貨等とす。……茲に一言すべきは清国にて生金巾、晒金巾、其他諸金巾類、雲齋布、天竺綿布、シーチング、若くはラスチング等の需用頗る莫大なること是なり。(14)」

この地域への日本商品の輸出品目構成はほぼ香港と同様であり、依然として中華食材としての海産物が第一位を占めていたことがわかるが、とくに注目すべき点として綿関連製品に対する需要の旺盛さが指摘されている。またマッチ、洋傘といった西洋雑貨も輸出商品として健闘していることが示されている。しかしこれらの日本商品を実際に扱い、商権を掌握していたのは中国人商人であり、その組織力の前に日本人商人はほとんど太刀打ちできなかった。

「清国内地に入り貿易するが如きは暫く之を擱き、現に本邦より香港に輸出する貨物の価格は年々増加し、今や殆ど年額二千万円に近きに至りたるも、三井物産会社其他一二の商店が石炭外数品（其価格三百万円を超えざるべし）を取扱うの外、皆清商其他外国商人の輸出に係れり。清商は清国内地は勿論、仏領印度、暹羅、海峡植民地より南洋諸島に至る迄本支店其他取引先を有するのみならず、日本の諸開港場にも十分の連絡ありて生産地の仕入より需用地の小売に至る迄組織具備するを以て、本邦商業家俄に立ちて之と競争し直輸出せんとするは容易の業にあらざる……(15)」

ここからは悲壮なまでの日本の商権拡張の決意が読み取られよう。しかし、香港から清国国内貿易への商権の拡張は、中国人商人の厚い壁に阻まれていたのである。

三 「巡察復命書」等からみた香港情報 (2)

次に、一九〇五年九月一日付で香港領事館から発信された「外務書記生隈部軍蔵清国広東出張視察復命書[16]」をみてみよう。この報告書は、「外国人居留地、明治三十七年中広東経済一斑、澳漢鉄道支線ノ状況、運賃表、収税局ノ新設、明治三十七年中広東貿易一斑、明治三十七年中広東貿易年報、広東市場ト日本貨物、広東在留本邦人ノ状態」といった内容を含んでいた。

報告はまず、広東の外国人居留地における外国人会社数が五三にも上っていることを指摘している。国別ではイギリスが二八、ついでドイツの九、フランスの八、アメリカの三、日本の二（三井洋行、小林洋行）、ポルトガルの二、イタリアの一であった。そのうち個人商店など中小規模のものを除いた数は二八で、そのいずれもが香港屈指の会社支店等であり、「東洋方面に於ける重なる会社にして当沙面（広東における外国人居留地）に支店若くは代理店を有せざるものは殆んど稀な」る状態であった。このために「数年前迄は沙面在留の外国人の手に取扱はるゝ貿易は実に僅少なるものにして広東清商等も敢て意に介せざりしも昨今外商の増加は漸次清商等に尠なからざる打撃を与ふるに至り、従来香港外商の代理を勤め甘き汁を吸ひ居たる清商も外商の為めに漸次其利益範囲を蚕食せられ[17]」つつあると指摘されているのが注目される。

また報告は、広東市場における日本商品の一九〇三年および一九〇四年の輸入概額を挙げ整理しているが、これをまとめたものが、**表5**および**表6**である。**表6**は海関統計中では日本商品として掲載されていないが、「日本一手輸入と唱へられ若くは輸入全額の九分通は日本品なりとて我も人も是認しつゝある貨物」の一九〇三年分の

表5　1903、1904年広東輸入品額(海関両)

商品名		1903年	1904年
雲齋布	十二封四分ノ三以内	58	126
天竺布	幅三十二吋丈二十四碼	264	
綿フランネル	無地色地三十碼	108,686	129,915
	無地色地三十碼形付	38,856	25,332
絨織		29,621	1,733
綿布		802	527
手織綿布		2,125	7,752
綿縮		36,573	31,355
綿毛布		388	1,900
手拭	無地色地	390	419
	縫泊シタルモノ	32	912
タオル	幅十八吋丈四十吋	13,306	20,078
	幅十八吋丈四十吋以上	15	119
	雑種	14,847	23,115
綿沙		459	1,606
小計		246,422	244,889
燐寸		351,990	324,152
人参		4	
畳		50	
木綿製下シャツ及ズボン下		4,030	
木綿製洋傘		5,822	5,809
蝋		9,647	13,714
蓆			2,062
合計		617,965	590,626

注:ただし、税関統計表において日本品との明記あるもののみが記載されており、海産物などが欠落している。また原資料では1904年の合計額が589,626となっているが、単純な合計ミスと考えられるので、訂正した。
出所:『通商彙纂』明治38年第65号、31-32ページより作成。

推計となっている。また石炭と銅については、「香港より「ヂャンク」船に搭載し輸入せらるゝ日本貨物[18]」であることから、報告者が「各当業者に就き之を調査し、香港より「ヂャンク」船に搭載輸入の本邦貨物の数量価格、即ち換言せば本邦貨物にして前記両表に掲げられたる数量価格以外の見積高」を推計しているので、併せて表に掲げた[19]。

報告は、上記数値から「広東市場に毎年輸入せらるゝ本邦貨物の総額は約四百万両と看なば大差なかるべく、之を本邦貨に換算せば四百五十万円内外となるべし。而して本邦より広東へ直輸入せらるゝ

表6　1903年広東輸入品数量・価格推計(価格は海関両)

	数量	単位	価格	ジャンク船による輸入分価格
鮑	1,179	担	49,668	
鯣	24,911	担	431,897	
干鰕	8,419	担	137,928	
海鼠(黒)	340	担	16,849	
海鼠(白)	1,360	担	23,998	
昆布	5,427	担	11,918	
牡蛎	672	担	11,202	
鱶鰭	126	担	6,225	
椎茸	2,777	担	159,723	
銅	7,478	担	328,036	1,063,000
石炭	6,362	トン	44,272	779,000
漆器	78	担	1,924	
玩具			6,463	
木炭	110	トン	1,403	
坩堝			9,132	
鰕殻	11,460	担	22,962	
鰕汁	428	担	1,485	
洗濯石鹸	1,548	担	16,751	
綿靴足袋	42,696	ダース	35,749	
硫黄	12	担	82	
硫酸	352	担	2,935	
鉛製活字			2,682	
傘骨	4,824	ダース	10,262	
合計			1,333,546	3,175,546

出所:前掲表に同じ。

ものは殆んど皆無の姿にして何れも香港を経由するものなれば、今同年に於ける本邦貨物の香港への輸出額約三千九百四十余万円なるを以て、之を四千万円と見做し前記広東輸入の本邦貨物の価格と比較すれば一割五分に該当するものなり」と香港経由の日本商品の約一五%が、広東に向けて再輸出されていたと推計する。さらに「海産物、燐寸等はおもに清国人の手に拠り輸入せられつゝあるも石炭、銅等に至りては本邦人独占にて輸入しつゝあり。其他反物類及び雑品に至りては日清人相半ばせり。若し其価格の点より云へば、本邦人六分清国人四分を占め居れり[20]」と述べており、海産物・マッチなどの開港以来の商品については、中国人商人の強さを、また綿織物や雑貨といった新商品については日本人商人と中国人商人の拮抗した状態を告げている。

また報告ではそのうち海産物扱いの中国人商人の強さについて、つぎのような事実が指摘されている。

「海産物輸入商は連益堂九八海味行と称し本邦に於ける組合の如き商業団体組織し一定の規約の下に商業を営めり。多くは海産物専門業にあらずして米、砂糖、其他薬品等の輸出入を兼業とせり。……而して渠等は組合の団結鞏固なると各地に於ける連絡の充分なるより其資本の運転に巧にして、例令ば本邦より来る重要輸入品海産物燐寸等の多くを取引く更に南洋安南地方より米砂糖を仕入れ之れを本邦に輸送し以て其の代金の振替を巧に行ひ絶へず大多数の貨物を循環せしめ一方に損耗あるときは一方に於て之を補ふ平均法を採り盛に貿易を行ふ其堂々たる商業振は実に感ずべきものあり。渠等は両港を通し多くは広東人にして各国の事情に通ずる者多く最も貿易商の性格を備へ居れり。[21]」

ここからもわかるように、広東の海産物輸入商は単に海産物のみを取り扱っていたのではなく、その「商業団体組織」を活用しながら、南洋やベトナム地域の米・砂糖・薬品などを多角的に取り扱うことによって、利益をあげていた。

また海産物に関しては、その荷造り用素材として「アンペラ」が使用されていたが、このインド・マレー半島原産の植物の茎で編んだむしろを用いた荷造り方法は、商品価値の信用をもたらすと同時にこうした多角的取引の重要商品としてその一端を担っていた。

「鯣の如きは我筵包の上更らに「アンペラ」を以て包み、之を籐にて堅縛せり。干鮑は普通百二三十斤入の函を造り上皮は「アンペラ」にして同しく籐にして縛りたり。……要するは貨物は一旦各産地より横浜、神戸、長崎等の清商の手に渡り其許に於て更らに荷物の造り替えをなし当地方に輸送し来るものにして其等荷造に用する「アンペラ」及籐は当広東産にして香港より本邦に向け仕出せらるゝものなり。[22]」

つまり、日本から輸出する海産物は、逐一広東で輸入加工された「アンペラ」でもって荷造りされ、それがまた香港に輸出されるという複雑な経路をたどっていたのである。当然、「「アンペラ」籐の如き遠く其産地より取寄するの不便と費用の大なるは一般貨物の価格に影響を及ぼすを以て本邦産地にて荷造の儘造り替を要せずして当地に輸入するの良法を講ずるは当業者の研究すべき迄なりとす[23]」と報告も慨嘆せざるをえなかった。

結局、報告は広東における将来有望の日本商品として「機織器械　陶器　日常用器具（柳行李、細工品、曹達、硝子器、紙、亜鉛製什器、護謨細工品）網「シャツ」類（目下本品頗る好評あり）衣服用「子《ネ》ル」（毛）薄羅紗地　強軟皮細工品　雨天用の護謨製靴」などの新商品を挙げながらも、その方策としては、中国人商人の組織を利用することがもっとも賢明であろうことを示唆している。

「吾人は寧ろ当地方に於て事業経営の頗る容易なるを信ずべき幾多の理由を有するものにして要は只だ清人の信用如何に起因するものとす。……されば此際名望あり信用ある本邦実業家にして渡来し此等支那人と協同合資組織に為し貨物の注文取寄等は我にて之を引受け顧客を得るには渠に委託し専ら其販路を拡張するに努め同心協力大に経営する所あらんか其成功は期して待つべく両者共に利益する所少からざるべし。[24]」

ここではその具体的な手続きはなんら示されてはいないものの、中国人商人の信用を勝ち取り、その組織に依存しつつ販路を拡張していくべきであるとの結論が述べられている。最初に述べたように、日本人商人あるいは日本商品の中国南部・東南アジア市場への進出は、ひとえにこうした組織構築の成否にかかっているという認識があったことを確認しておこう。

しかし、このように包括的ではあっても具体性を欠いていた「領事報告」の内容も次第にその様相を変化させていく。すなわち新しい商品の販路拡張法、あるいは当該地における商業取引の仲介情報と相まって、中国人商人組織との関係構築の具体的ノウハウが「領事報告」の中にもあらわれてくる。

この点に関して、一九一一年九月七日付「大英北ボルネオ・香港間航路開始に就て」と題された「商務官報告」をみてみる。[25] 題名からもわかるようにこの報告の特徴は、商品の評判や品質にかんするものが圧倒的に多いほかの「領事報告」に比べて商品流通経路に関する具体的内容を含んでいる点にある。報告は「序論―交通機関の不備―運賃―清商人間の不平―荷物―北独逸ロイド会社―使用すべき汽船―結論」と目次を付した上で、次のように述べている。

「サンダカン（Sandakan）は大英北ボルネオ（British North Borneo）の首都にして同名の湾に臨み東岸に於ける最良港にして水深く四時風波の恐なく東部地方貨物の呑吐口たり。……同港の輸出商品は天産物にして材木其首位を占め而して其大部は南清に向ふものとす。従て同地は香港との取引関係頗る密接なるものあり。然るに両港間の交通連絡は甚だ不完全にして郵便の如きは新嘉坡を経由し、直接運輸機関としては北独逸ロイド会社汽船ボルネオ号、シャデン・マヂソン商会汽船茂生号の二隻あるのみ。共に荷物船にして其積載量二千噸を超へざるを以て毎年各平均十一回の航海を為せども殆ど不定期にして且つ他に競争なきが為め運賃過重なるのみならず兎角取扱懇切を欠くの弊ありと為し、荷主殊に清商間に不平の声高し。(26)」

つまり、香港 - ボルネオ（カリマンタン島）間の交易は有望であるにもかかわらず、航路の開拓がなされておらず、ロイド汽船およびジャーディン・マセソン商会保有汽船の二隻が就航しているにすぎず、これらの汽船の独占状態にあるということである。が、ここで注目すべきことは、報告がそれを中国人商人が不満に感じていると指摘している点である。

報告者である商務官はこの点について、「該地開始以来の居住者にして……嘗て支那居留民取締（Captain China）を為せし」中国人商人「許金興號主宰者李廣」に面談し、運賃相場の現状まで報告する。それによれば、「ボルネオ號、茂生號共に毎航海運賃として収入する金額は少なくも一万弗に上り、而かも其積載量荷主の希望を満たす能はず。是迄清商等汽船回航を企つるもの無きに非らざりしも或は買収せられ或は脅迫に遭ふ等種々の事情の為め成就せざる」状態であることをつきとめ、「以て此際日本船主にして該地香港間に海運を開始するあらば清商は喜んで之れを迎ふべく而して此は亦有利の営業たるを失はず云々と申出でたり(27)」と中国人商人の組織を日本人が航路というインフラストラクチュアを開設することによって補完しうることを示唆するのである。

しかし、ボルネオから香港への輸入貨物としては木材がその有望商品としてあるものの、逆に香港からボルネオへの復路の貨物が存在しないことを問題視し、さらに続けて「海峡殖民地並に北ボルネオに於ける有力なる商人にして賭博、亜片の公許下受人……主業としては酒類販売、銀行業をなし、北ボルネオ各地に於て瑞興、豊興、振興、順興、萬興等の名称を以て幾多は《ママ》支店を有し営業せる」シンガポールの中国人商人「徐垂清」なる人物に、航路開設の際に問題となる往復の積載貨物の見込みの情報を面談によって確認している。報告によれば、この中国人商人「徐垂清」は「往航の荷物を得るには香港より新嘉坡に出て北ボルネオ西岸ラブァン（Labuan）、ジェセルトン（Jesselton）、クーダート（Kudat）の諸港を経由しサンダカンに向ふに若くはなし、前顕諸港は其物資の供給を新嘉坡に仰ぐものなれば汽船荷物を得るに難からず、又此挙に関しては新嘉坡並にサンダカンに於て充分に応援をなすべしとのことなり」[28]と述べたとされている。

もちろん、これがただちにビジネスを発生させるものでないことは言うまでもない（この点は、「領事報告」でも指摘されている）。しかし、商務官がこのような人物とのより具体的な情報の交換によって、いままでにみられなかったような通商網構築の端緒となりうる情報を「領事報告」を通じてもたらしていることは重要である。

まさに「本来清人が全般に商権を壟断せる南洋地方に於て同號にて約束の如く応援を為すあらば其便益蓋し尠なからざるべきなり」あるいは「北ボルネオに於ては蘭領地方に於けるが如く行政上外人の企業を掣肘せず、又該地方商業は全然清商の握中に在りて是等清商間には毫も排日思想なきもの丶如し。旁々本邦人の乗ずべき機会にして或は日清商人合同企業も又可ならん歟」[29]と、報告は中国人による香港を結節点とした通商網に日本人が参入する可能性を指摘していたのである。

小括

日清日露戦後期は、日本のアジア市場へ向けての直輸出政策が本格化した時期である。しかしながら、実際の輸出拡大は第一次世界大戦をまたねばならなかったこともまた事実である。第二次世界大戦前における日本にとっての、とくに中国南部・東南アジア市場の輸出地域としての重要度の高まりは、第一次世界大戦後に明確に認識されていったといってよい。

在外公館による通商情報網の整備という側面からいえば、第一次世界大戦を契機としての東南アジア市場に対する認識の変化が、同時に当該地域における通商情報網に対するニーズを高め、さらには情報のみならず、より本格的な組織形成に対する商工業者のニーズをも高めていった。そうした局面において、在外公館の役割は次第に当該地域での商業会議所・商工会議所結成や現地の各種政府機関・商工会議所などとの通商交渉に重点を移していった。

本稿での考察の目的は、第一次世界大戦前期の香港「領事報告」にみられる特徴をいくつか検討することによって、そうした通商情報網の拡大・深化という問題にアプローチすることにあった。

結論をいえば、第一次世界大戦前期にすでに後背地全域を含むかたちで拡大していた香港を結節点とする通商情報網の空間的な広がりは、とくに広東から雲南・貴州方面に広がる地域を中心にして香港「領事館報告」によっても把握されており、さらに第一次世界大戦直前期には、「商務官報告」が香港領事館の本来の管轄地域を超えた通商情報網の広がりをカバーしつつあったということである。とくに前節で取り上げた「商務官報告」は、香港・英領北ボルネオ・シンガポールを結ぶトライアングルに日本の貿易商が参入する基礎的な条件となりうる情報を提供するものであったことを示している。

本来「領事報告」は、在外公館の設置された都市およびその周辺といった限られた空間を中心とする情報を提供するものである。だからこそ在外公館がどこに設置されるのか、その管轄地域はどこに設定されるべきなのかは、通商情報の収集という意味でも組織間関係の構築という意味でも、通商政策の戦略的な重要性を握っていた。したがって香港が通商情報網の結節点としての重要性を増し、それがカバーしなければならない地域が拡大すればするほど、次にはその周辺地域・後背地地域の情報を直接的に取り扱うための新たな在外公館の設置、あるいは既存の在外公館の増強の必要性は高まっていったと考えられる。一九二〇年代から一九三〇年代にかけての〝東南アジア新市場〟開拓という日本の通商戦略のなかでの通商情報網整備の問題は、こうした香港を中心とする後背地の重要性の高まりとの関連において再検討されねばならない。

が、歴史的には事態はより複雑である。一九二〇年代の日本から香港へ向けての輸出貿易は、山東出兵をきっかけとする日貨排斥と中国南部の政情不安とにより大幅な後退を余儀なくされたからである。香港が通商情報網の結節点としての機能をはたせなくなったために、一九二〇年代には〝東南アジア新市場〟への直接的な輸出が必要とされたとみることも可能であろう。しかし、一九三〇年代に入り「満州事変にともなう排日運動が終息すると、香港の綿製品市場にはふたたび日本製品が進出した。このような状況は、日本商人が上海や香港などに機関を設け、市場調査を着実におこなっている結果であり、日本商人の競争精神は各国にまねできないものであり、上海在華紡品の香港市場への進出は、輸送コストと輸送時間に優位性をもつため、欧米品はこれに対抗しえない、と香港の広東商人は認識していた。……また香港市場への日本品の輸入は繊維製品、食料品、石炭、雑貨が中心であるが、それらは、シンガポール、フィリピン、華南に再輸出されており、香港はこうした日本品の再輸出の中枢であると〔広東商人は〕指摘している[30]」との指摘も一方ではある。ここで指摘されている日本商人の「機関」は直接的には商工会議所や商品陳列所を指してのものであるが、在外公館も当然そのような機関の一つに含めて考えてよい。重要なのは、このように広東商人をして慨嘆せしめた日本商人の通商網が、第一次世界大戦をはさむ時期からすでにその端緒を開いていたということであろう。

さらに、中国人商人との関係で言えば、大陸部と香港・東南アジアでの状況の違いを中国人商人団体の団結と組織統制のあり方の違いに求める見解もある。つまり、中国人商人団体の団結は中国人商人が独占している様々な経済権益の保護承認と引き換えの徴税によって保たれていた。そして、自らの組織団結力＝徴税機構が崩壊することを阻止するために中国の当局あるいは有力商人団体の指導者層がおこなったのが、「利権回収運動」やボイコット運動であった。それゆえにそうした組織団結力が機能する条件を欠いていた香港・東南アジア植民地税制が、日本及び西洋各国商社と在地中国商人団体との関係を円満なものにしたという可能性が指摘されている。(31)本格的な比較は、今後の検討課題とせざるをえないが、アジア間貿易における商人及び商業組織の具体像を明らかにしていくために重要な論点のひとつであろうと思われる。

＊本稿は、『杉野女子大学・杉野女子大学短期大学部　紀要』第三四号所収の拙稿「『領事報告』からみた香港——一八九四—一九一三年」を解題の上、大幅に書き改めたものである。とくに前稿では不用意に用いていた感のあった「ネットワーク」という用語の使用を再検討し、逐次改めた。ネットワーク論に関する筆者自身の考えは、拙稿「ネットワーク論と組織間関係論の射程」(川勝平太編『グローバル・ヒストリーに向けて』藤原書店、二〇〇二年)を参照のこと。

注

(1) 湛山は、鶴見佐吉雄の肩書きを農商務省商事課課長としているが、湛山が参照したと思われる農商務省商工局『臨時海外派遣官報告集第一回　其の一—其の四』一九一五年三—六月では、単に書記官となっている。当時の鶴見佐吉雄は、農商務省管轄の商品陳列館館長であり、「臨時派遣官」として一九一四年から翌年にかけて中国北部の巡察をおこなった。なお、鶴見佐吉雄『日本貿易史綱』(巖松堂書店、一九三九年)には、この視察に関しての意見をまとめた『対支私見』(一九一七年刊行か。未見)が出版されたと述べられている。なお鶴見の『対支私見』の一部「対支政策ノ大綱」は『日本貿易史綱』に再録されている。

(2) 角山榮「日清戦後の南部中国市場をめぐる日英通商競争」(中川敬一郎編『企業経営の歴史的研究』岩波書店、一九九〇年、所収)。

(3) 角山榮編著『日本領事報告の研究』同文舘、一九八六年。波形昭一編『近代アジアの日本人経済団体』同文舘、一九九七年。および同書についての拙評(『社会経済史学』第六五巻第六号、一九九九年)も参照のこと。
ただし、商社などによる情報収集体制の意義ももちろん軽視できるものではない。たとえば三井物産は明治三〇年代、中国支店の拡充と修習生の派遣により独自の情報網をアジア地域の一部に構築することに成功していた(日本経営史研究所編『稿本　三井物産株式会社百年史』上、日本経営史研究所、一九七八年、一六八—一六九頁、二〇五—二〇九頁、二一三—二一六頁)。しかし、自前の情報網を構築できたのは、一部の大企業に限られていたこともまた事実である。

(4) 香港領事館は、後述のように一九〇九年一〇月に総領事館に昇格しているが、本稿では「領事館」と一括して表記しておく。

(5) 香港の後背地関係については、濱下武志『香港――アジアのネットワーク都市』ちくま新書、一九九六年、とくにその第五章「香港後背地の形成」を参照のこと。

(6) 領事館および領事館員の増強が本格的に展開されるのは、第一次世界大戦後のことである(拙稿「戦間期東南アジア市場における在外公館とその機能」松本貴典編『戦前期日本の貿易と組織間関係』新評論、一九九六年、所収を参照のこと)。

(7) 香港に再度商務官がおかれたのは一九三一年になってからであり、しかもそれは一時的なものであった。しかし、だからと言ってただちに当該地の通商情報が軽視されたわけではない。商務担当領事・副領事が存在したからである(前掲、拙稿、三一五―三二一頁)。

(8) この時期の商務官設置に関しては本宮一男「第一次世界大戦前後における商務官制度の展開」(『外交史料館報』第三号、一九九〇年)、同「一九二〇年代における商務官制度――貿易行政一元化問題の一側面」(『横浜市立大学論叢 社会科学系列』第四六巻第一号、一九九五年)を参照。

(9) 『通商彙纂』には類別索引もあるが、類別索引は年度によって項目の立て方が一定ではなく、そのままでは通年の比較ができない。そこで本稿では領事館別索引をおもに用い、類別索引は参照するにとどめた。

(10) 農商務省経由の通商情報報知体制については、角山幸洋「農商務省の海外情報」(前掲、角山榮編著、所収)を参照のこと。

(11) 「清国西江沿岸出張取調報告書」(外務省通商局編『通商彙纂』第八一号附録、一八九七年一一月五日)一頁。なお、原文は漢字カナまじり文であるが、カナはひらがなに改め、句読点を適宜補い、また明らかな誤字・誤植は修正した。

(12) 同右、五―六頁。

(13) 同右。

(14) 同右、八頁。

(15) 同右。

(16) 「外務書記生隈部軍蔵清国広東出張視察復命書」(外務省通商局編『通商彙纂』一九〇五年第六五号、三一―四七頁)。

(17) 同右、四頁。

(18) 同右、三二頁。
(19) 同右、三二―三三頁。
(20) 同右、三三頁。しかし、ここで挙げられている香港への輸出額は、そのまま信用できない。台湾からの輸出額がどのように扱われているか不明だからである。山澤逸平・山本有造『長期経済統計一四貿易と国際収支』（東洋経済新報社、一九七九年、二〇六頁）によると、日本本土から香港向け輸出は約二九七〇万円であるので、資料中の数値は台湾から香港向けの製品輸出額も含んでいるようであるが、現在のところ確認できていない。
(21) 同右、三三頁。
(22) 同右、三六―三七頁。
(23) 同右、三七―三八頁。
(24) 同右、三八頁。
(25) 「大英北ボルネオ・香港間航路開始に就て」（『通商彙纂』一九一一年第六五号附録、一三―一五頁）。なお原文では各種の傍点が使われているが、その部分に関しては傍点で表した。
(26) 同右、一三頁。
(27) 同右、一四頁。
(28) 同右。
(29) 同右、一四―一五頁。
(30) 飯島渉「香港・日本関係のなかの日本商工会議所」（波形昭一編、前掲書、所収）、二〇二―二〇三頁。
(31) 本野英一「イギリス向け紅茶輸出貿易の衰退と中国人商人「団結力」の限界――福州での紛争、論争を中心に」『東洋学報』第七七巻、第一・二号、一九九五年、同「在華イギリス企業株主の株価支払責任をめぐる中英紛争――恵通銀行事件を中心に」『史学雑誌』第一〇六編第一〇号、一九九七年など。

8 タイ米輸出とアジア間競争

【一九二〇年代におけるタイ米の「品質問題」を中心に】

宮田敏之

はじめに

一九世紀後半以降、アジア、欧州さらには中南米の米需要増大を背景に、タイの米輸出は大きく拡大した。[1] こうした海外の米市場でタイの輸出米は、アジア産の輸出米と激しく競合した。[2] ビルマ、コーチシナ、ベンガル、マドラス、ジャワさらには一九世紀末の一時期は日本から輸出された米との競合である。[3] 中でも、大陸部東南アジアのビルマやコーチシナの米とは、激烈な輸出競争を繰り広げた。[4] タイの米輸出経済は米をめぐる「アジア間競争[5]」の中で発展したといえる。

本研究は、戦前期大きく発展したタイ米輸出経済の中で、タイ米の特性、特にその品質がどのような意味を持っていたかを再検討したいと考える。たとえば、様々な在来種のあるタイ米の中で、すくなくともガーデン・ライス[6]（カーオ・ナー・スアン園産米）として精米業者や輸出業者が取り扱った移植米は、形状、色、堅さや味などの点で、シンガポール市場や香港市場、二〇世紀初頭以降は欧州や中南米市場でも、ビルマ米やコーチシナ米より高い評価を受けていた。[7] 一九世紀後半から第二次世界大戦前まで、タイの米輸出は米の品質をめぐる「アジア間競争」に直面し、しかも、他の東南アジア産米に対して一定の優位を保っていたのである。[8]

もちろん、米はアジアの多くの地域で主食であったため、単に品質や味だけで消費が決定されたわけではなく、自然災害や社会的混乱などによる国際的な米需給バランスの変化や国際的な貿易構造の変化に依存する側面があった。たとえば、イングラム[9]や末廣昭[10]が指摘するように、スエズ運河の開通によってビルマ米の欧州向け輸出が拡大し、そのことが結果的にアジア市場におけるタイ米の需要を喚起させたという側面である。また、一九世紀後半以降のアジア米貿易の構造変化、つまり英領マラヤ、蘭領東インドや中国南部の米需要が拡大したことも事実であった。さらに、アジア域内へのタイ米輸出の拡大について、杉原薫が強調するように「アジア間貿易」の発展、つまりアジア域内の貿易構造の変化も重要であった。錫やゴムなどの資本主義的な輸出セクターが発達した英領マラヤなどでは、対欧米輸出が増大すればするほど、ビルマ、コーチシナやタイの米、ジャワの砂糖、インド製や日本製綿製品などのアジア製品の輸入が拡大するという構造が強化された。[11] 対欧米輸出の「最終需要連関効果」の圧倒的部分がアジア内部に、しかもその多くが東南アジア内部に落ちる仕掛けになっていた。タイ米輸出経済の発展はアジア域内貿易の構造連関の強化と深く関わっていたのである。[12]

しかしながら、タイ米輸出の拡大は、こうしたタイを取り巻く国際米貿易の構造変化からだけではなく、海外市場で高い評価を受けていたガーデン・ライスに代表される高級米の輸出によって牽引されたことも見逃してはならない。タイ米の持つ品質自体が輸出拡大の重要な要素になっていた。ガーデン・ライスは二〇世紀初頭にはアジア市場だけではなく、欧州や中南米市場にその販路を広げている。タイ政府は、一九四三年に発行した商業年鑑で、「米粒は美しく細長く、真珠のように透明で、……タイ米は第一等の米であり、その名は世界中の国々でよく知られている」とし、海外市場においてタイ米が高い評価を受けていたことを紹介したほどである。(13)

ところが、一九二〇年代前半、欧州市場向けのタイ米輸出が大きな不振に陥る。この一九二〇年代は、タイの米輸出全体からみると、第一次世界大戦後の世界的な米需要の回復に刺激されて、輸出量・輸出額ともに大きく拡大した時期であった。たとえば、一九二〇年代の年平均輸出額は第二次世界大戦前の最高水準となり、その額はおよそ一億五〇〇〇万バーツに達し、二〇世紀初頭のおよそ二倍となった。この時期、米輸出経済は全体として大きく発展している。にもかかわらず、欧州向けの米輸出は停滞したのである。その原因は、必ずしもタイ国内の不作や欧州市場の米需要の低下ではなかった。欧州の米業者がタイ米、特にガーデン・ライスの品質の低下と重量の不足についてバンコクの欧米系商社に多数苦情を寄せ、タイとの米取引自体を敬遠したという事情があった。その後、一九二〇年代末には、欧州と中南米市場向けの、特にガーデン・ライスの品質低下の原因をめぐって、欧米系商社と華僑系精米業者との間に深刻な対立が生じた。バンコク在住の欧米系商社が、華僑系精米業者に米の取引契約方法の改訂を要求し、米の管理を徹底しようとしたのである。その結果、一九二八年後半から一九二九年初頭まで欧米系米商社が華僑系精米業者からの米の買い付けを止め、欧州と中南米向け米輸出が一時中断するという事態にまで発展した。

では、なぜ、一九二〇年代、欧州と中南米向けのガーデン・ライスの品質が低下したと評価されたのであろうか？　すでに指摘したように、ガーデン・ライスは、海外米市場では品質の面では他の東南アジア産米よりも高く評価され、タイ米の輸出拡大をすくなからず牽引していたはずである。そこで、まず、当時バンコクのライス・ビジネスに関わっていた欧米系や華僑系の米業者、さらにはタイ政府が、米の「品質問題」をどのように捉えていたのかを確認しておく必要があろう。実は、当時、彼らが直面した米の「品質問題」とは、米自体の形、色や味に関する性質が劣化するということではなかった。問題は、実際に輸出された米が、契約した米の規格に合致していないという点であった。すなわち、ガーデン・ライスに対して、直播米の、低級米とされるフィールド・ライス（カーオ・ナー・ムアン　野産米）が混入され、欧州や中南米に搬送された米が契約上の規格と大きく異なるものになってしまったという点である。また、同時に、搬送された米の重量不足も問題とされた。

本研究は、タイ米輸出のいわば戦前の最盛期であった一九二〇年代、こうしたガーデン・ライスの「品質問題」が生じた原因、また欧米や中南米向け米輸出が停止した背景を検証し、タイのライス・ビジネス業が抱えていた諸問題を整理する。さらに、タイの米輸出経済発展において米の品質が持っていた、その重要性の一端を明らかにしたい。

一　タイ米輸出と米の「品質」——ガーデン・ライスの重要性

ガーデン・ライスの白米輸出の先鞭をつけたのは、シンガポールの福建系華僑、陳金鐘（タン・キムチェン）が、一八七〇年代バンコクに設立した米輸出商社と精米所である。[14]その米輸出商社と精米所がシンガポールにもたらしたガーデン・ライスの白米（Siam White Rice No. 1シャム白米一等）は、他地域の米を抑え、シンガポール米市場で高い評価を得、高値で取引されたという。[15]こうしたタイのガーデン・ライスに対するシンガポール市場における高い評価は、一九二二年タイ米の調査をした水野宏平の記録においても確認できる。彼はこのガーデン・ライスが「品堅くして色澤鮮麗、粒長大にして、支那人欧州人の嗜好に適す」と紹介し、ビルマの白米やコーチシナの白米よりも高い評価を得ていたと指摘した。[16]

タイのガーデン・ライスに対する高い評価は相対的な価格の高さにも反映していた。たとえば、一八九二年九月から一八九五年九月までのシンガポール米市場における平均価格で見ると、ガーデン・ライスのシャム一等白米は一ピクル（六〇キログラム）あたり平均で三・〇七シンガポールドル、ラングーン白米が二・六八シンガポールドル、サイゴン一等米が二・六一シンガポールドルであった。[17] この傾向は一九二〇年代、[18] そして世界恐慌の影響によってタイの米輸出が打撃を受けた一九三〇年代前半でさえも確認できる。たとえば一九三二年三月から五月の平均価格で見ると、シャム米一等四・四〇シンガポールドル、ラングーン一等米三・九五シンガポールドル、サイゴン一等米が四・一〇シンガポールドルであった。一九世紀末から一九三〇年代まで、タイのガーデン・ライスの高級白米がラングーン米やサイゴン米よりも相対的に高値で取引されていたという傾向を確認することできる。[19]

タイから輸出される白米の最大の仕向地であったシンガポールにおけるタイのガーデン・ライスに対する評価や価格を見ると、タイ米が単に輸出数量だけではなく、米の品質でみた「アジア間競争」においても、他の東南アジア産米に対して一定の優位を保っていたことがわかる。

他方、欧州や中南米市場向けのタイ米輸出はやや特徴を異にしていた。二〇世紀初頭まで、欧州や欧州を経由して再輸出された中南米市場には、[20] フィールド・ライスとして取引された直播米の低級品が主に輸出されていた。そのため、一九世紀末、イギリス・リヴァプールの日本領事館が報告しているように、タイ米に対する評価は「粗悪ナルヲ常トス其質モ柔軟砕ケ易キコト此米ノ如ク甚シキハナシ」という極めて低いものであった。[21] やがて、二〇世紀初頭になると、欧州や中南米にも、タイのガーデン・ライスの白米が輸出されるようになり、これら市場でも高い評価を受けるようになった。たとえば、一九〇六年の在バンコク英国領事の報告には、「シャムの白米は、引き続き、欧州市場でさらに好意を持って受け入れられており」、「シャム白米の最上級品は、より高級とされるベンガルのテーブル・ライスにとって代わっている」という内容が掲載されている。[22] さらに、第一次世界大戦前には、タイのガーデン・ライスがロンドン米市場でさかんに取引され、その一等米は「ガーデン・ライスの品質の高さをよく示していた」というタイ政府・商業発展委員会の報告もある。[23] すくなくとも一九一〇年前後には、タイのガーデン・ライスが欧米市場に販路を拡大し、その市場で高い評価を受けていたのである。

二　欧州向けタイ米輸出の不振——一九二〇年代のガーデン・ライスの「品質問題」

二〇世紀初頭以降、フィールド・ライスに加えてガーデン・ライスが欧州やその再輸出地である中南米向けに輸出された。これに伴い、欧州向けのタイ米輸出自体も大きく拡大した。一九〇二年から一九〇五年の平均では欧州向けのタイ米の輸出量はわずか七万トン弱であったが、一九〇六年から一九一〇年には一八万トン、第一次世界大戦前の一九一一年から一九一五年には一五万トンに達していた。

ところが、第一次世界大戦中は、欧州の戦争の影響によって欧州市場向けのタイ米輸出は激減した。しかも、大戦直後、タイ国内の不作と、英領マラヤの米不足などによる海外の米需要急増が重なり、タイ国内の米価格は高騰した。[24] この事態に対処するため、一九一九年七月タイ政府はアジアだけではなく欧州や中南米等を含む米の全面的な輸出禁止を決定する。[25] 一九二〇年末になると、ようやく米の生産回復が明らかとなり、翌一九二一年一月、米の輸出禁止は解除された。その後一九二〇年代は、一転して、タイの米輸出全体でみれば、輸出量の増大もさることながら、輸出額が第二次世界大戦前の最高水準に達した。第一次世界大戦後の海外の米需要回復を背景に、いわば戦前期タイの米輸出経済の最盛期を迎えることになる。

しかし、この一九二〇年代、欧州向けのタイ米輸出は第一次世界大戦前の水準を回復できなかった。輸出が解禁された一九二一年こそ八万トンに回復したが、以後一九二二年五万トン、一九二三年一万トン、一九二四年七万トンにとどまった。一方、シンガポール向けの米輸出はこの四年間平均およそ四〇万トンが輸出され、第一次世界大戦前の水準に回復した。輸出額で見ると、第一次世界大戦前の三七〇〇万バーツを大きく上回るおよそ五〇〇〇万バーツに増大していた。欧州向け米輸出の停滞とは対照的であった。こうした中、一九二四年末には、欧州向け米輸出の不振を憂慮したタイ商業・運輸省アドヴァイザーのル・メイ（R. S. Le May）が、その原因究明に着手した。(26) ル・メイは、農業省アドヴァイザーのグレイアム（W. A. Graham）、バンコク在住の欧米系商社や欧州在住の米商社へのヒアリングをもとに調査を進め、欧州向けのタイ米輸出が回復しない原因を内部報告書としてまとめた。(27)

ル・メイは、欧州向けタイ米輸出低下の原因について以下の四つの可能性を検討した。①シャム米の米粒自体が劣化した。②異なる品質の米が精米業や流通業者によって混ぜ合わされ、品質の低下を引き起こしている。③欧州（特にドイツ）が以前と同じ量の米を買い付ける購買力がない。④シャム米の価格が極めて高いため、ビルマ米やコーチシナ米と競争できない。この四点の中で、最終的にル・メイは、農業省アドヴァイザーのグレイアムや欧州市場の米取引業者の見解を重視して、②の原因を強調した。(28) たとえば、グレイアムの見解は、上記①の原因を否定し、米の「混入」問題の重要性を指摘するものであった。彼は一九二三年におこなったランシット地区の米のサンプル調査をもとに、「洪水や旱魃の後、一時的な籾の劣化はあったかもしれないが、現在、それを原因として、籾が劣化しているとはいえない」と断じている。そのため、「商人が苦情を申し立てている米の品質低下は、精米業者が中間商人によって混合された籾を買い付け、自ら異なる種類の米を混合していることが原因である」とし、「市場に送り出される米の品質を回復する決め手は精米業者と商人にあると確信している」とする。(29) 同様に、アングロ・サヤーム社（The Anglo-Siam Corporation）のスコット（Scott）がル・メイに示した見解も上記②の原因を主張するものであった。スコットは「品質の低下の主要な原因が、何年もの間ガーデン・タイプの米とフィールド・タイプの米が混合されてきたことにあるとする考えに、躊躇なく賛成する。多くの場合、精米業者の手に米が渡る前に混入がおこなわれ」、「このことが欧州向けに米輸出の低下の主な原因となっている」と述べる。[30] さらに、なぜ、欧州向けの米の品質が問題となるかという点についてスコットは貴重な見解を示している。彼は「バンコクで精米された米の品質を決めるのは香港やシンガポール向けの米だ」という。つまり、バンコクの精米業者や輸出業者にとって、香港やシンガポール向けの米が低級品でありながら、従来の価格よりも高い価格がつけば、あえて欧州向けに輸出する米の品質を厳格に守って手配する意味がなくなると説明する。[31]

また、スコットは、ル・メイのヒアリングに対して、タイ米を実際に欧州市場で取り扱っている米取引業者の貴重な見解も付して回答している。たとえば、ロンドン・ラングーン貿易会社（The London-Rangoon Trading Company）は、タイ米の混入について、まず、次のように苦情を述べている。「ここ五年から六年の米の高価格によって、シャムの農民が大きな利益を得て、籾の選別をわざわざしなくなっている。質の劣る米であっても高い価格で売ることができるからだ。そのため、農民は時間と費用とを必要とし、より小さい規模の栽培に適する品質の良い米を栽培するよりも、多くの米を栽培する方法を選んだ」とする。[32] 一九二〇年代の米輸出拡大と米価格の上昇の下で、農民が籾の選別を厳格におこなわなくなっているのではないかという見解である。

ジャクソン社（Messrs. Jackson & Co.）は、欧州におけるタイ米の需要低下の最も重要な理由を次のように回答している。[33]「現在、ガーデン一等米として輸出されている品質の米は第一次世界大戦前に輸出されていたものと比較できない。当時、この米は純粋に長粒の米であった。カルカッタのセータ（Seeta）米やパトナ米に匹敵するほどであった。しかし、近年、シャムの米は完全にその品質が低下しており、純粋なガーデン・ライスとして輸出されていた従来の米とは全く異なる。……かつて、シャム米は他の長粒米との競争にたやすく勝利できた。しかし、現在、劣悪な米の流通によって、ビルマ米やサイゴン米などのような他の長粒米によってシャム米は簡単に打ち

図1　欧米向けタイ米輸出量の推移(1902-35年)

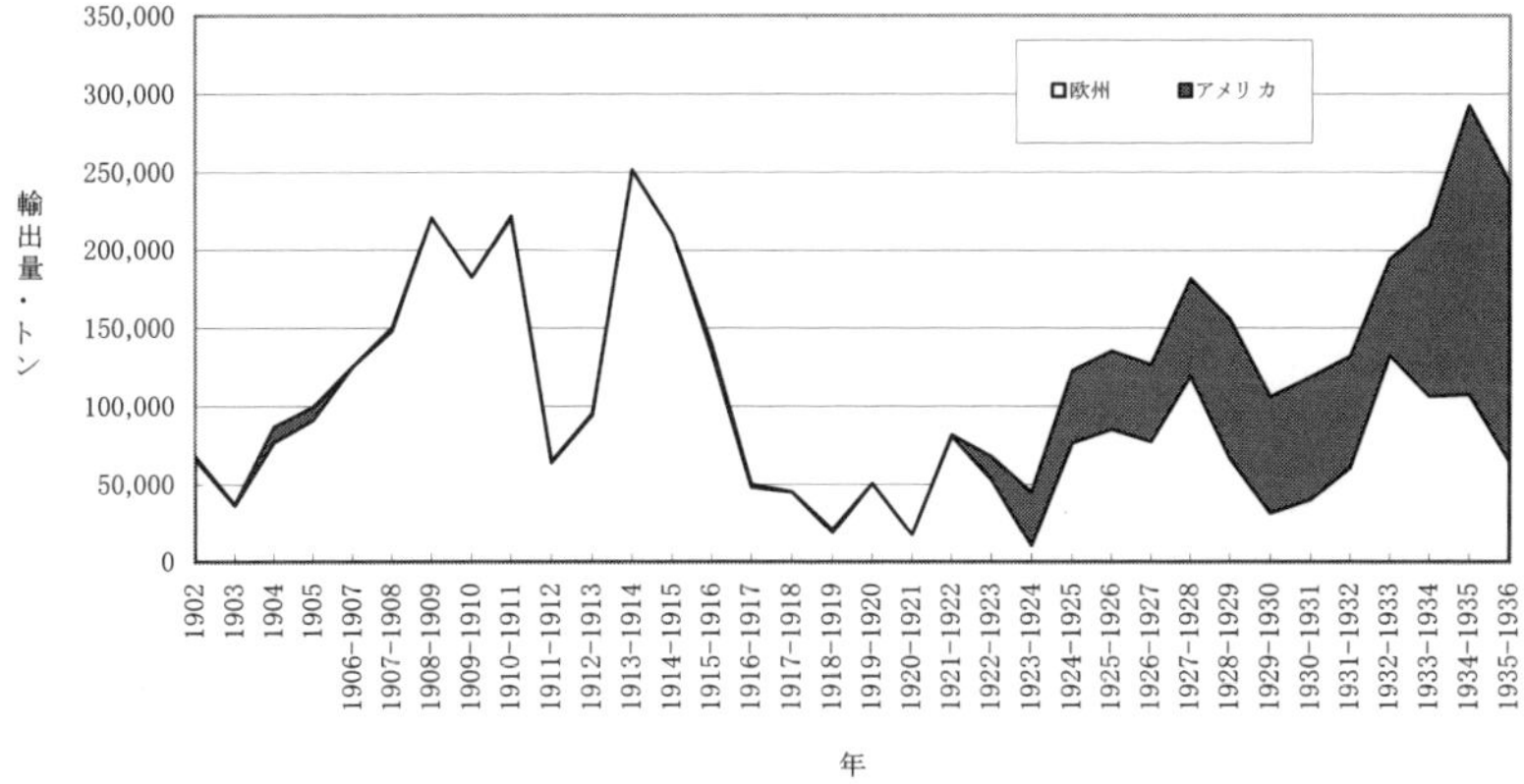

注:アメリカは英領西インド、キューバ、メキシコ、ベネズエラ、コロンビア、コスタリカ、パナマ、ペルー及び北米のアメリカ合衆国、カナダも含む。通関統計で見る限り中南米向けの割合が圧倒的に大きい。
出所:タイ国通関統計(*Foreign Trade and Navigation*)の各年版をもとに筆者作成。

負かされている。その昔、これらの国の米がシャムとの競争に勝つことは不可能であった。」

また、ロッキー・ペンバートン社（Messrs. Lockie, Pemberton & Co.）は、ガーデン・ライスへのフィールド・ライスの混入問題を次のように説明する。(34)「ここ数年、シャム米の品質が大幅に低下しているのは、主として低級米の混入にあると考える。低級米の一部は、栽培する際ほとんど手入れのされないフィールド・ライスと呼ばれる米である。……一五年から二〇年くらいさかのぼると、膨大な量のシャムのフィールド・ライスを取り扱っていた。その頃、ガーデン・ライスはほとんどなかった。やがて、ガーデン・タイプのシャム米が欧州に紹介されると、その需要は拡大し、フィールド・ライスは次第に取り扱われなくなった。しかし、現在〔一九二四年〕、ガーデン・タイプのシャム米は二〇年前のフィールド・ライスのごとくである。」

バンコクの欧米系商社や欧州市場の米取引業者のこうした指摘は次のように整理することができよう。第一に、タイ米、特にガーデン・ライスの品質の低下が欧州市場向け輸出の低下の原因である。第二に、品質の低下は、農民が籾の選別を

表1　タイ米の欧州向け輸出量（数量・トン）

	欧州向け輸出量	英国	ドイツ	オランダ	その他
1902-1905	67,611	0	16,483	0	51,128
1906-1910	179,546	39,639	48,597	23,398	67,912
1911-1915	150,711	67,129	37,070	25,107	21,405
1916-1920	36,111	23,605	878	1,982	9,647
1921-1925	61,250	18,137	21,435	10,026	11,653
1926-1930	67,025	10,793	24,410	10,987	20,835
1931-1935	94,232	12,833	49,059	19,623	12,717
1936-1939	173,381	38,839	34,868	48,552	51,122

出所：タイ国通関統計（*Foreign Trade and Navigation*）の各年版をもとに筆者作成。

徹底せず、籾の中間商人や精米業者などがガーデン・ライスにフィールド・ライスなどの低級米を混入することによる。(35) 第三に、一九二四年時点では、欧州にガーデン・ライスとして輸出された米は、ビルマやコーチシナの米に品質面で太刀打ちできなくなっていた。このような指摘を受け、商業・運輸省アドヴァイザーのル・メイは欧州市場向けの米輸出の不振がタイから輸出される米の品質の低下、つまり、それが混入の問題であるとの認識をもつに至る。(36)

しかしながら、ル・メイのこの報告については、いくつかの留保も必要である。さしあたり、以下の三点を指摘しておかねばならない。第一に、この報告は一九二四年一二月に作成されており、一九二一年から一九二三年までの欧州向け米輸出の停滞だけが扱われている。前頁**図1**のように、一九二四年以降、欧州向けの米輸出は一定程度回復している。この事実は、もちろん報告に反映されていない。第二に、この報告でヒアリングした欧州の業者は英国だけだということである。**表1**からもわかるように、一九二〇年代後半以降は、相対的に英国への輸出は低下し、ドイツやオランダへの輸出が増加する。特に、ドイツ向け輸出の復活が欧州向け米輸出回復の原動力となっている点を指摘しておかねばならない。第三に、**図1**からもわかるように一九二三年あたりから、欧州を経由しない、アメリカ、大部分は中南米向けの直輸出が増加する。そのため、欧州向けの米輸出の不振は、中南米向けの直輸出に代替された側面があったことを注意しておく必要がある。

しかし、**表2**が示すように、一九二六年から一九三〇年の欧州とアメリカ向け米輸出量の合計は年平均約一四

表2　タイ米の地域別輸出量(数量・トン)

	米輸出量合計	シンガポール	香港・中国	欧　州	アメリカ	その他
1902-1905	768,787	266,521	420,656	67,611	5,203	8,796
1906-1910	922,120	353,135	378,952	179,546	604	9,883
1911-1915	927,906	406,680	340,536	150,711	1,389	28,590
1916-1920	777,613	369,301	291,231	36,111	790	80,181
1921-1925	1,257,991	406,622	561,486	61,250	29,071	199,562
1926-1930	1,333,319	570,255	428,789	67,025	70,501	196,749
1931-1935	1,638,278	493,196	575,856	94,232	121,163	353,832
1936-1939	1,527,000	660,185	314,369	173,381	117,929	261,136

出所:タイ国通関統計(*Foreign Trade and Navigation*)の各年版をもとに筆者作成。

万トンであったが、この輸出量は一九一一年から一九一五年までの欧州向け輸出の約一五万トンに及ばない。欧州及び中南米向けの米輸出は一九二〇年代後半やや回復するものの、第一次世界大戦前の水準を上回ることはなかった。一九二〇年代後半、第一次世界大戦前の約一・五倍に増大したシンガポール向けや香港向けの米輸出の傾向とは大きく異なる。ル・メイの報告は右記の三点に示すような限界があったにせよ、その問題意識、つまり、欧州及び中南米向け米輸出の不振が品質の低下と結びついているという認識は、一九二〇年代の米問題の本質を適確に捉えていたといえる。

ル・メイの報告はこのように重要な内容を有していた。にもかかわらず、タイ商業・運輸省やバンコクの欧米系商社による米の品質に関する抜本的な対策は先送りされた。一九二四年以降、欧州向け、特にドイツやオランダ向けの米輸出が一定の回復をみせ、中南米市場への直輸出も拡大したことによる。結局、欧米向けの米の「品質問題」は、一九二〇年代末、欧米系商社と華僑系精米業者との間に大きな対立を呼ぶことになる。

三　一九二〇年代末の欧州及び中南米向け米輸出の停止——欧米系商社と華僑系精米所の対立

例年どおり新しい米の買い付け契約が始まろうとしていた一九二八年一〇月、[37]バンコクの欧米系商社六社[38]は欧州や中南米向けの輸出米の混入を防いで品質を確保し、重量不足を解消するために、米の取引契約の改訂を華僑系精米業者に要求した。欧州と中南米市場の米業者からガーデン・ライスの品質に関する苦情が依然として後を絶たなかったからである。要するに、欧米系商社は米の混入や重量の不足の原因が地方からバンコクに籾を運ぶ中間商人や華僑系精米所にあるとしたわけである。しかし、華僑系精米業者側はこの契約改訂を断固拒否したため、両者は新しい米の取引契約をめぐって激しく対立した。欧米系商社側は、あくまで取引契約の改訂を主張して、旧来の取引契約による売買を停止し、華僑系精米所も欧米系商社の主張する契約に従った米の販売を止めたのである。[40]結局、一九二四年末に商業・運輸省アドヴァイザーのル・メイが指摘した欧州および中南米市場向けガーデン・ライスの「品質問題」は解決されず、一九二八年後半から一九二九年初頭にかけて、欧州および中南米向けの米取引が停止するという事態に発展した。

従来の取引契約は華僑系精米業者が精米を終え、欧米系商社側がその米を精米所側の倉庫で受け取り、代金を支払うというものであった。[41]それに対し、一九二八年後半、欧米系商社側が提示した新しい契約方法は、精米所から欧米系商社への米の受け渡し手順を次のように変更するというものであった。①華僑精米業者は精米した米を、小帆船（Rua Chalom）に積み、欧米系商社の埠頭あるいは倉庫まで運ぶ。②欧米系商社側はその米が契約どおりの品質と重量であることを確認した後、米を受け取る。そこで③欧米系商社側は代金を精米業者側に支払う。ただし、④もし、契約した米の品質が異なり、重量が不足している場合、精米業者側はその米を引き取り、新たに精米しなければならない。また、⑤精米所から欧米系商社へ帆船で輸送中、何らかの事故に遭遇した場合、たとえば、転覆して米が被害にあった場合、精米所側が全て責任を取らなければならないというものであった。[42]要するに、米の品質と重量を確認するために、精米した米を欧米系商社の埠頭あるいは倉庫まで精米業者側に運ばせ、さらにその検査を欧米系商社側がおこなうという要求であった。こうした対立により、結局、一九二八年一〇月欧州および中南米向けの米輸出が停止するのである。

以後、異例の輸出停止が続いたが、欧米系商社と華僑系精米所は、もちろん、この問題を放置していたわけではない。地方からの新米の流通が増大する一二月になると、双方とも契約問題解決への動きは活発となった。[43]たとえば、一九二八年一二月二四日付けで、バンコク近郊の精米業者であり、かつ法律家でもあったマンゴーン・サームセーン[44]は、バンコクの華僑系精米所を代表して、クロマルアン・ガンペーンペットアカラヨーティン商業・運輸大臣に対して米取引停止問題に関する要望書を提出し、彼らの立場を説明した。[45]その中で、マンゴーンは、欧米系商社の新しい取引契約に華僑系精米所側が反対している理由を次のように述べる。第一に、精米所から欧米系商社の埠頭や倉庫までの水運には危険が伴うという点、第二に、海外の米価格が低下すると欧米系商社が契約した見本と異なるとして故意にクレームを付け、米を引き取らない可能性がある点、さらに、第三として、この場合、華僑系精米業者は、米の代金の回収が遅れるばかりではなく、米の運送費、船荷の積み下ろし費用や袋代を負担しなければならないという点、第四として、この対立によって結局農民が大きな不利益を被るという点である。[46]

このマンゴーンの請願書を受けて、商業・運輸大臣はアドヴァイザーのル・メイにこの請願に対する意見書を作成させた。結局、ル・メイは、前述した一九二四年に作成した内部報告に沿って、次のような意見書を作成した。[47]つまり、①対立は欧米系商社と精米所との間のものであり、現時点で農民全体が直接影響を受けているとは考えられない。②欧州とキューバ向けの米輸出は全体の一〇パーセントに満たない規模であるため、シャムの米貿易全体の危機とは認識できない。ただし、実際に、③輸出米の重量が不足し、契約と異なる米の混入問題が生じている。④この問題は精米所における重量の管理や米の選別が原因だと欧米系商社側は確信している。⑤旧来の契約は取引当事者の相互の信頼に大きく依存する緩やかなものであった。現在は、特に精米業者の商業道徳が一般に昔より落ちている。⑥商社と精米業者との間の契約問題であるため、政府は彼らに売買を強制させることはできない。そして、ル・メイは欧米系商社と華僑系精米所の調停役を政府が務める必要はないと主張する。

ル・メイのこの意見書は、大蔵大臣や農業大臣等が参加した一九二九年一月九日の商業発展委員会[48]に提出された。翌一月一〇日商業・運輸大臣はこの委員会の討議を踏まえ、プラチャーティポック王に次のような書状を奏上する。①米の取引当事者の問題であって、政府が介入するには時期尚早である。②この対立によって農民がどの程度苦境に陥っているかはわからない。③海外に輸出される白米の重量不足とサンプルと異なる米が輸出されている。④地方精米所からは白米がバンコクに送られており、海外に輸出される米貿易全体は中断していない。この奏上は農業大臣等が指摘した④以外は、ル・メイの意見書をほぼ踏襲したものであった。一月一二日国王は、結局、マンゴーンの請願書が何を政府に求めているのか不明だという理由で政府の不介入を決定する[49]。華僑系精米所側の意見を代弁したマンゴーンの請願は政府レベルでは全く聞き入れられなかったわけである。

それ以上に、この時期の政府側の姿勢は、華僑系精米所をはじめ、籾の中間商人や農民側の責任を厳しく問うものであった。たとえば、一九二九年一月二六日にチャオプラヤー・ポンテープ農業大臣は米の混入に関してタイ字紙『バンコク・ガーンムアン』とのインタビューで次のように答えている[50]。「第一に、農民は栽培する米の種類を注意深く選別していない。栽培している稲に、低級な品種が混ぜ合わせられると、それが少量で一時期であったとしても、四年も経過すれば、その栽培している稲には低級の品種が大量に混ざることになる。第二に、中国人商人は様々な郡の多くの農民から米を買い付ける。その結果、様々な種類の米を一緒に船に積み込んで、川を下って、精米所に売る。第三に、バンコクの精米所は地方から来た米の運搬船から米を買いつける。これらの米をあわせて倉庫に置く。第四として、白米に精米して、シンガポールや香港に輸出するが、これらの市場の華僑商人はシャム米を他の諸国の米と混ぜ合わせる。例えば、ビルマ、ベトナムの米とタイの白米を混ぜ合わせる。これらの要因によって、欧米の米市場の商人はタイ米の大部分が混ぜ合わさっていると評価し、タイ米の引き取り価格を引き下げる結果となっている。」この中には欧米系商社側を支持するという直接的な表現は見当たらないが、欧米系商社が指摘する精米所や籾商人、さらには農民らの責任を政府側も追認する内容であったといえる。(51)

他方、マンゴーンが政府に請願書を提出した、一九二八年一二月末から一九二九年一月にかけて、バンコクの華字紙やタイ字紙『クルンテープ・デーリーメール』などには、華僑系精米所側の反論がたびたび掲載された。(52)その論調は、米の買い付けにまつわる欧米系商社側の問題を指摘するものである。たとえば、一九二八年一二月二七日の『クルンテープ・デーリーメール』で、ティー・トー・シーウォングという有力な華僑系精米業者は、次のように指摘する。「従来の取引方法であっても、欧米系商社は代理人を精米所に派遣しているのだから、米(53)の種類や重量を検査し、契約と合致しているかどうかを確認することができるはずだ。……新しい契約になれば、多くの精米所から欧米系商社の倉庫に何千という米袋が運ばれる。それを全て検査できるのか？　欧米系商社は代理人を精米所に派遣する場合とどちらが効率的かを考えてみるがよい。」さらに、「精米所が不正をおこない、信用がないのならば、どこであろうと、そうした業者と欧米系商社は取引する必要はない。……ところが、欧米系商社は全ての精米業者と取引を止めようとしている。それは公正ではない」とし、「この対立に関して、欧米系商社はいくつかの間違いを犯している」とはっきり主張する。(54)また、欧米系商社は華僑系精米所の品質管理の悪さを問題にしているが、ティー氏自身の取引では断じてそうしたことはないとして、次のように力説する。「私と電信を通じて取引し、私から米を買い付けているシンガポールの商社がある。私は毎回米をそこに送る。その反応は、例外なく、契約どおりのよい米だという称賛の声である。取引を長く続けて今日にいたるが、問題は何も起こっていない。」

さらに、一九二九年一月二日の『クルンテープ・デーリーメール』には、「ヴァッチャラーティット」というペンネームの精米業者が、欧米系商社側の管理体制の不備、つまり、商社に雇われている代理人、すなわちコンプラドールの不正について厳しく指弾している。彼は、まず「欧米系商社が代理人を精米所に派遣しているのならば、なぜ、米がサンプルと異なったり、その重量が不足したりするのだろうか?」と疑問を呈した上で、代理人達の不正行為を次のように指摘する。(55)

……欧米系商社の代理人は精米所で〔精米と袋詰めを〕監視するために派遣されている。彼らも我々と同じ普通の人間である。利益を手にすることのできる方法がなにかあれば、それがかつて用いた方法ではなくとも、当然それに手を染めるであろう。たとえば、欧米系商社が第一等の米を一万トン、ある精米所から買い付ける注文をおこなったとする。その商社は代理人を派遣し、精米作業と袋詰めから袋の縫合まで監視させる。しかし、代理人の中には、もうけを、自分の懐に入れようとするものもいる。そこで、精米所の持ち主と次のような密約を交わす。「第一等米に、第二等米、第三等米そして砕け米を混ぜて袋詰めにし、重量は、契約で交わした第一等米の重量に近づけることにしよう」と。……精米所側の中には自分のもうけを膨らませるこうしたやり方を受け入れることもある。むしろ、精米所であれば、このやり方をあえて拒否するものはいないだろう。たとえば、〔代理人が〕一トンあたり二・五〇バーツを手にするとすれば、米一万トンの取引をした場合、代理人のもうけは通常よりも二万五〇〇〇バーツも多くなる。独立してやっていくにも十分な金額である。たとえ、後にこの仕事を辞めさせられても、心配することはなにもないほどだ。
こうした取引の後、欧米系商社は、米はサンプルどおりであり、重量も契約どおりであるとの報告を代理人から受ける。欧米系商社は残りの代金を支払う。輸送船を送り、船荷を受け取って大型船に輸送し、積み込む。海外にその米が運ばれ、やがて、海外の商社が米を検査し、重量を測る。しかし、その時、今述べたような事情で、米は契約したものより劣っており、その重量も不足していることは間違いない。」

コンプラドールの不正が米の混入問題に関係しているという、同様の指摘は、一九二九年一月九日の『クルンテープ・デーリーメール』にも掲載された。(56)

欧米系商社がコンプラドールを派遣し、中国商人から米を買い付けさせる。その商社は一ハープあたり一〇バーツでコンプラドールに注文をさせる。しかし、コンプラドールは中国人商人と密かに合意して一ハープあたり八バーツで買い付ける。自分の懐に二バーツを入れるわけである。中国人商人の方は密かに米の原価を下げる必要がある（もちろん、領収書には一〇バーツと記載しなければならない）。資金不足に陥らないように、秘密裏にやりくりしなければならない。つまり、米袋の中央部と底部には、米袋のあけ口あたりの米よりも低級の米を入れておくわけだ。

また、一九二九年一月五日の『クルンテープ・デーリーメール』では、華僑系精米業者の匿名氏「ジャオ・スア」という人物が「欧米系商社が不注意にも商品管理の厳格さを欠いているという点を批判したい」とし、次のような欧米系商社の米調達の実態を暴露する。(57)

たとえば、〔欧米系商社が〕一隻の汽船で四〇〇〇トンの米を運ぼうとするとき、三〇〇〇トンの米しか手配できなかった場合、残りの一〇〇〇トンの米を中小の精米所を走り回って手配する。その米は良いものもあれば、悪いものもある。定められた数量を満たすために、米をかき集める。このように、欧米系商社は慎重に吟味をした上で、米を調達しているわけではない。その場しのぎである。従来の契約方法に従ったとしても、多少変更すれば、取引をうまくおこなうことができる。しかし、欧米系商社は座して待つだけである。それでは、新しい契約条件を設け、精米業者にそれを押し付けようとしても、問題の解決は無理である。

さらに、前述した「ウァッチャラーティット」という人物は、バンコクや海外向け汽船が停泊するシー・チャーング島における欧米系商社の輸送管理の甘さを指摘する。つまり、米袋の保管や積み込みを担当する業者の不正である。[58]

もし、あなたがシー・チャーング島、あるいはバンコク市内でもよいが、そこに行ってみると、不心得者の一団が何袋もの販売用の白米を、彼らが輸送するほとんどすべての船便に積み込んでいるところを目にするだろう。しかし、欧米系商社の米袋の数が不足すると思ってはいけない。袋の数は不足していない。不足するのは通常重量である。すなわち、こうした不心得者達は袋に穴を開けて、たくさんの袋からそれぞれ少しずつ米を盗み取るのである。その後、袋にため込んで、自分の物にしてしまう。

こうした欧米系商社内部の米取引に関する管理上の問題に関する重要な指摘の数々は、商業・運輸省アドヴァイザーのル・メイの報告や商業発展委員会発行の季刊報告『レコード』の中では、全く言及されていない。バンコク発行の英字新聞、たとえば『バンコク・タイムズ』等にも掲載されていない[59]。政府の報告や英字新聞が意図的に欧米系商社側の不正を隠蔽したという確証を見つけることは困難である。しかしながら、上述のような、欧米系商社側自身が米取引の管理を徹底できていないという華僑系精米業者側の批判は、結果として無視された。そのため、政府内、あるいは英字紙が流通したタイの欧米人社会では、華僑系精米業者のこうした反論は黙殺された。米の「品質問題」は複雑な原因から生じていたにもかかわらず、結局、政府や欧米系商社は精米所、中間商人や農民に責任を押し付けようとし、華僑系精米所側も欧米系商社の管理責任やその代理人、つまりコンプラドールやナーイ・ナーの不正に批判を浴びせることに終始した感がある。それを裏付けるように、華僑系精米業者の一人は、欧米系商社と華僑系精米業者は双方とも「自らの名誉を守ろう」として、率直な「話し合い」が実現していないと訴えている[60]。結局、双方の自省の無さと両者の率直な討議の不足が、米の混入や重量の不足、さらには海外市場でのタイ米に対する評価の低下といった諸問題を一九三〇年代にも残す要因になったといえる。

実は、欧米向けの米輸出をめぐる欧米系商社と華僑系精米業者との対立自体は、結果的に、欧米系商社が米の買い付けを再開することで、一応の収束を見た。欧州および中南米向け米輸出を中断していた欧米系商社六社[61]は一九二九年初頭になると徐々にその中断を解除せざるを得なくなった。まず、自社の汽船を持つイースト・エーシアティック社が米の買い付けを再開した。自社の汽船を就航させていた同社は、汽船の船荷に空きが続くことによる損失の拡大を無視できなくなったのである。これに続いて、ウィンザー社も米を二五〇トン買い付け、スティール・ブラザーズ社も二〇〇〇トンの米を買い付けた[62]。結局、一九二九年一月中旬には、残りのアングロ・サヤーム社やアラカン社[63]も米の買い付けを再開せざるを得なくなった[64]。

もちろん、取引の再開によって、米の品質低下の問題が根本的に解決されたわけではない。一九三〇年代に入っても品質問題は依然として重要な課題として残った。むしろ、欧州や中南米市場だけではなく、タイ米の海外市場全体に問題が波及したとさえ言える。たとえば、満鉄調査部の報告は、タイ米に関して次のように解説している。[65]「一般に良質であるのみでなく、政府は毎年選種に努力しつつあって品質は引續き向上の傾向にあるにも拘らず、海外市場に出現したタイ米がその實價を認められず、兎角品質低下の不評を買ひ勝であるのは、國内に於ては米の商品化を獨選《ママ》する華商、海外に於ては主として仲繼市場の華商の背徳心より劣質品と混合され、又は生産より消費への配給が敏速を缺く為實質を損傷することによることが多い。飯米として邦人が嗜好しない所以も、唯にその粒形の細長及風味の淡泊《ママ》さにある丈でなく、斯してその本來の風味を著しく損傷されてゐる點にあることも閑却されない。」

一九三七年タイ政府はタイ米穀会社を設立した。その実務は華僑系の精米業者や商人に任せはしたが、米の流通、精米及び輸出を国策会社の管理下におくとした。この会社設立の主な目的は次の四点にあった。[66]①公正な価格で米を農民から買い上げることによって農民の基盤を向上させ、農民が中間商人に米を買い叩かれることのないようにすること、②低い価格で米を消費者に提供し、また米の不足を防ぐことによって、米の消費者の利益を保護すること、③海外米市場に米を直接輸出し、タイ米の品質に対する評価を守ること、④精米業と米貿易に関するタイ人の知識と能力を高めることである。注目すべきは③として、タイ米の品質に対する評価を守るべきだということがはっきりと明記されている点である。その意味するところは、国策会社がこの点を問題にせざるをえないほど、米の「品質問題」が切実な課題となっていたということである。[67]

おわりに

ガーデン・ライスは、第一次世界大戦前にはアジアのみならず欧米にも市場を拡大し、ビルマ米やコーチシナ米に対して、その形状、色、堅さや味は高い評価を受け、高値で取引された。アジア市場及び欧米市場でも、米の品質をめぐる「アジア間競争」に一定の優位を保ったわけである。ガーデン・ライスの輸出は、タイ米自体の評価を高める一つの要因となり、ひいてはタイ米輸出全体の拡大にも寄与した。しかしながら、一九二〇年代になると、欧州や中南米向けのタイのガーデン・ライスはその品質が低下したという苦情を両市場から受けることになる。その結果、一九二〇年代前半は欧米向けの輸出は停滞し、一九二〇年代末には輸出が一時中断することになった。一九三〇年代に入っても、この問題は解決を見ず、かえってタイ米輸出全体が直面する大きな課題となってしまった。この米の「品質問題」とは、本文でも指摘したように、ガーデン・ライスそのものの色、形などが劣化したのではなく、ガーデン・ライスに低級米が混入され、その重量不足が頻発することによって、契約どおりの規格が守られないということを意味した。その責任をめぐって、バンコクでは欧米系商社と華僑系精米業者との間に大きな対立が生じ、輸出が停止するという事態に発展した。やがて、輸出は再開したが、問題の抜本的な解決は先送りされ、結果的に一九三〇年代を通じて米の「品質問題」は残った。

商品としての「米」は、それ自体が持つ形状、色、堅さや味という意味での品質と、種類や精米具合が規格どおりであるかどうかという意味での品質とによって、市場での評価が左右された。ガーデン・ライスのように高級米として、これら二つの意味での品質が市場で高く評価された米の場合は、絶えず、低級米の混入による規格の混乱という人為的な「品質問題」に直面する危険をはらんでいた。こうした問題は、海外市場の評価を裏切るという結果を招き、輸出規模や取引価格にも大きな影響を与えた。つまり、戦前期タイの米輸出経済にとって、米の品質はその浮沈を握る極めて重要な意味を持っていたといえる。実は、現在タイで生産される高級米ジャスミン・ライス（タイ語ではカーオ・ホーム・マリ）もこうした米の「品質問題」に直面している。[68] 米の「品質問題」は、古くて新しい終わりなき課題なのである。しかし、これは、とりもなおさず、米の品質がタイの米経済発展にとって、今もなお決定的な意味を持っていることを雄弁に物語っている。

注

（1）米の輸出量全体で見れば、タイはビルマやコーチシナを凌駕しているわけではなかった。一八七〇年代の年平均米輸出量はビルマが約八〇万トン、コーチシナが約三〇万トン、タイが一七万トン、一九三〇年代で見ても、ビルマが約三〇〇万トン、コーチシナ約一五〇万トン、タイも約一五〇万トンであった。しかし、アジア域内の米の主要な中継地であるシンガポールや香港への輸出で見ると、一八七〇年代のタイの年平均輸出量は合計一五万トン、コーチシナ約二〇万トン、ビルマは七万トンであったものが、一九三〇年代にはタイが約一〇〇万トン、コーチシナ約四七万トン、ビルマ三三万トンとなった。シンガポールや香港を中心とするアジア米市場向けの輸出をみると、タイはビルマやコーチシナの輸出を大きく上回っていた。このように、シンガポールと香港という二つの中継地を基点とするアジア域内米市場をめぐる「アジア間競争」において、タイは輸出量からみると一定の優位を保っていたといえよう（拙稿「戦前期タイ米経済の発展」加納啓良編著『岩波講座東南アジア史　六　植民地経済の繁栄と凋落』岩波書店、二〇〇一年、一八一頁掲載の表二参照）。

（2）大陸部東南アジアのシャム、ビルマ、コーチシナから輸出された米の生産や輸出を総合的に比較・整理した業績として、一九世紀後半から二〇世紀初頭については Owen, Norman G., "The Rice Industry of Mainland Southeast Asia 1850-1914", *Journal of Siam Society*, No. 59, 1971, pp. 75-143; 山田秀雄「一九世紀後半の東南アジアにおけるモノカルチュア型輸出貿易の発展」『経済研究』第二八巻第二号、一九七七年、一四二―一五五頁、さらには Latham, A. J. H. and Neal, Larry, "The International Market in Rice and Wheat, 1868-1914, "*Economic History Review*, Vol. XXXVI, No. 2, May, 1983, pp. 260-280などがある。一九一〇年代以降については Wickizer, V. D. and Bennett, M. K., *The Rice Economy of Monsoon Asia*, California : Food Research Institute, Stanford University, 1941がある。「アジア間貿易」

の成長とアジア米市場の発達に関しては、「アジア間貿易」の成長における大陸部東南アジアの米輸出の重要性を強調した杉原薫『アジア間貿易の構造と形成』ミネルヴァ書房、一九九六年、一九世紀末の日本米輸出との比較の中で東南アジア産米の品質の違いやその海外需要を明らかにした角山榮「アジア間米貿易と日本」『社会経済史学』第五一巻第一号、一九八五年、一二六―一四〇頁がある。

（3）一八八〇年代末から一八九〇年代半ばまで日本の米は主力輸出商品の一つであった。一八九一年の欧州の米輸入全体に占める日本米の割合はおよそ一〇パーセントにも達し、ビルマ諸港の七八パーセントを除けば、ベンガル・マドラス八パーセント、タイ三パーセントを上回るほどであった。しかし、これは一時的なものでやがて輸入国に転じた（在倫敦領事大越成徳「倫敦米穀商況」『官報通商報告』第二四八三号、一八九一年）。

（4）例えば、香港の場合、その主たる米輸入地域は長江流域、コーチシナ、シャム、あるいは上海などであった（在香港副領事宮川久次郎「香港米穀商況」『官報通商報告』第二九五五号、一八九三年五月九日）。シンガポールの場合、ビルマ、コーチシナ、シャムからの輸入が一八九三年一八九四年の平均で九割を超えていた（「英、佛領、印度並暹羅米作ノ景況」『通商彙纂』第三一号、一八九五年）。また、欧州の場合も一八九〇年から一八九三年の平均でビルマ、コーチシナ、シャムの割合は、合計で九割弱に達していた（在倫敦領事館・田結書記生「二十六年中倫敦市ニ於ケル米穀商況」『通商彙纂』第五号、一八九四年）。こうした数字からみて、アジアや欧州へ向けられたアジア産米の輸出の中で、ビルマ、コーチシナ、シャムなど大陸部東南アジア三地域が圧倒的なシェアを有していたことは明らかである。ただし、レイサムとニールが指摘しているように、一九世紀中葉には、インド、特にベンガルやボンベイの米輸出が重要であった。たとえば「一八六〇年代の最大の米輸出地域はベンガルであり、……一八六八・六九年になってはじめてビルマがベンガルの輸出量を抜いた。通常、セイロン、さらにはベンガルの苦力のいるところにはどこにでも販路が見出せた……さらに、マレー半島西岸に輸出された」としている（Latham, A. J. H. and Neal, Larry, *op. cit.*, **pp. 260-261**）。

（5）川勝平太「日本の工業化をめぐる外圧とアジア間競争」濱下武志・川勝平太編『アジア交易圏と日本工業化　一五〇〇―一九〇〇』新版、藤原書店、二〇〇一年、一八一―一九三頁参照。

（6）ガーデン・ライスは、主にバンコク周辺、タイ西部のラーチャブリーやナコンチャイシー（現在のナコンパトム県の郡）あたりで主に生産されていた。その移植栽培は、水が安定的に供給されること、そして堤防やあぜによって稲が守られる必要があった。他方、直播米のフィールド・ライス（カーオ・ナー・ムアン　野産米）はアユタヤの北地域、ナコンサワン、ピッサヌロークなどで生産されていたという。こうした地域では農地の大部分が洪水にみまわれる時期があり、その水位の上昇とともに成長する品種の米、たとえば浮稲が栽培されていた。こうした直播の米を一般に米の流通、精米、輸出段階ではフィールド・ライスと呼んだ。また。プラチンブリー県などのように両方の種類の米が生産される地域もあったという（"The Present Position of the Rice Export Trade of Siam," *The Record*, No. 34, 1929, p. 233)。ちなみに、ガーデン・ライスの中でも最高品とされた「カーオ・ピンゲーオ」（玉かんざし米）という米があった。タイの西部に位置するナコンチャイシーという地域で生産され、「全ての精米業者が賞賛する米」であったといわれている（タイ国立公文書館所蔵文書ファイル［R7. M. 26.5/108］所収のタイ字紙 *Krungthep Daily Mail*（一九二九年一月三〇日)。なお、以下、タイ国立公文書館所蔵資料については文書ファイル番号［　］と所収の資料名を記す。

(7) タイ米のガーデン・ライスが海外の米市場において高い評価を受けていた点については、すでに別稿で指摘している。本節の内容は、別稿で指摘した点と重複する部分がある。以下の拙論を参照のこと。拙稿二〇〇一年、一六九―一九四頁、および、拙稿「世界市場とタイ産・高級米の輸出」川勝平太編『グローバル・ヒストリーに向けて』藤原書店、二〇〇二年a、二五〇―二五八頁。

(8) しかしながら、シンガポール、香港及び欧米など、米の消費市場におけるガーデン・ライス単独の取引量の統計を筆者は確認できていない。確認しているのは、タイのガーデン・ライスに対する市場での高い評価や価格動向に関する資料である（拙稿二〇〇一年、一八六―一九〇頁）。よって、ここでいう優位とは米の形状、色、堅さ、味や価格に関するものであり、取引量において他を圧倒したとまではいえない。

(9) イングラムは「スエズ運河の開通によって、ビルマの米が欧州に向けられ、タイ米に対するアジアの需要が拡大した」可能性を指摘し、タイ米に対する海外需要はおそらく、「アジア市場における競争にタイが参入しうる安価な海上輸送が発達した点、マラヤなどのように、アジア域内において定期的な米の輸入に依存する経済が拡大した点によって、説明した方がよいかもしれない」とする（Ingram, J. C., *Economic Change in Thailand 1850-1970*, Stanford: Stanford University Press, 1971, p. 41)。

(10) 末廣は東南アジアの植民地産業の発展、たとえばマレー半島の大規模ゴムプランテーションや錫鉱山業の発展が、インド人移民と中国人移民などの賃金労働者を必要とし、エスニシティや国籍は違っていても、彼らが全て「米食の人々」であったことを強調する。この「米食の人々」のマレー半島への移住増加にともなって、シンガポールの米輸入が急速に増加したとする。他方、中国南部においては、度重なる自然災害や人口過剰によって伝統的に米不足に苦しんでいた上に、アヘン戦争後の英国の介入によって反植民地闘争が生じ、米不足などの社会経済条件が悪化し、海外の米需要が拡大した点を強調する。こうした英領マラヤ、蘭領東インドや中国南部の米需要が拡大する中で、ビルマ米は主として欧州市場、後にはインド市場に輸出され、フランス領コーチシナ米はフランス及びその他の欧州市場にその大部分が輸出され、東南アジアや中国南部向けのタイ米輸出の重要性が高まった。こうして、タイは東南アジアや中国の「米食の人々」にとって、最も重要な主食の供給者となったと説明する（Suehiro Akira, *Capital Accumulation in Thailand 1855-1985*, Tokyo : The Center for East Asian Cultural Studies, 1989, p. 28-29）。

（11）杉原、前掲書一九九六年、三〇—三一頁。

（12）杉原、前掲書一九九六年、八三—八四頁。

（13）*Commercial Directory for Thailand B. E. 2485*, Department of Commerce, Ministry of Economic Affairs, Bangkok, 1943, p. 21.

（14）拙稿「シャム国王のシンガポール・エージェント——陳金鐘（Tan Kim Ching）のライス・ビジネスをめぐって」『東南アジア　歴史と文化』（東南アジア史学会）第三一号、二〇〇二年b、二七—五六頁。

（15）Stiven, A. E., "Rice" in Wright, Arnold and Breakspear, Oliver T. (eds.), *Twentieth Century Impressions of Siam*, Bangkok : White Lotus, 1994 [1908], pp. 157, 160, 161.

（16）水野宏平「暹羅の米」『南洋協会雑誌』第八巻第四号、一九二二年、六八—六九頁。

（17）「英、佛領、印度並暹羅米作ノ景況（二十八年十月五日付在新嘉坡領事館報告）」『通商彙纂』第三一号、一八九五年、一〇—一三頁。

（18）一九二三年から一九二九年の平均価格でラングーン一等米が一ピクルあたり六・七〇シンガポールドル、サイゴン一等米が六・九四シンガポールドルであったのに対し、シャム一等米は一〇・一一シンガポールドルであった（大谷敏治『南方経済資源総攬　第六巻　マライの経済資源』東亜政経社、一九四三年、四五五—四五六頁）。

（19）"Siam Market-Notes on Current Trade during the June Quarter 1932, " *The Record*, Vol. 12, No. 1, p. 65.

（20）タイ国通関統計（*Foreign Trade & Navigation*）のバンコクに関する各年版を用いた筆者の推計によれば、タイ米が中南米市場に向けて、本格的に直輸出が行なわれるようになるのは、一九二〇年代にはいってからである。一九二一年から一九二五年の年平均輸出量は約三万トン、一九二六年から一九三〇年が七万トン、一九三一年から一九三五年が一二万トン強、一九三六年から一九三九年が一二万トン弱であった。その大部分は白米であった。

（21）在リヴァルプール帝国領事館書記生呉大五郎「英國米穀市況」『通商報告』第一三三七号、一八九一年。

（22）*British Parl. Papers 1908*, Vol. 115, Cd. 3727-21 : 'Diplomatic and Consular Reports, Siam, Report for the year 1906 on the Trade of Bangkok, ' p. 6.

（23）*The Record*（1929），*op. cit.*，p. 233.

（24）一九一八年七月バンコクの一等白米の輸出価格は一ピクルあたり九・四〇バーツであったが、米価格が最も高騰した一九一九年七月には三四・五〇バーツに達した（拙稿二〇〇一年、一七五―一七六頁）。

（25）詳しくは、Kratoska, Paul H., "The British Empire and the Southeast Asian Rice Crisis of 1919-1921," *Modern Asian Studies*, Vol. 24, No. 1, 1990, pp. 115-146を参照のこと。

（26）ここで参照する商業・運輸省アドヴァイザーのル・メイ（R. S. le May）が大蔵省アドヴァイザーのウィリアムソン（W. J. F. Williamson）に一九二五年二月一七日付けで送付した報告"The Export of Siam Rice to Europe-A Report on its Decline, and the Cause alleged therefor"は［K. Kh. 0301.1.28/16］に収録されている。以下、この報告はle May（1925）と記す。なお、本文書ファイルの閲覧にあたっては南原真・東京経済大学助教授にご教示いただいた。記して謝意を表します。

（27）一九二四年末時点における、欧州、特に英国の米取引業者やバンコクの欧米系商社がどのように欧州向け米輸出の停滞を捉えていたかを示す上で貴重な資料を提供している。

（28）ボルネオ社（the Borneo Company）のスティーヴン（Stiven）やイースト・エーシアティック社（The East Asiatic Company）のブジョーリン（Bjorling）らは④のタイ米の価格の高さを問題とし、価格が下がれば輸出は回復するとした。この意見もル・メイは紹介しているが、あまりに楽観的すぎるとコメントしている（le May（1925），*op. cit.*，p. 6）。

（29）*ibid.*，pp. 4-5.

（30）*ibid.*，p. 6.

（31）*ibid.*，p. 7. つまり、一九二〇年代のように香港やシンガポールの米市場が活況を呈すると、欧州向けの米輸出への魅力が乏しくなり、精米業者や中間商人らの米の品質を遵守するインセンティブが低下したということである。

（32）*ibid.*，p. 8.

（33）*ibid.*，p. 9.

（34）*ibid.*，pp. 11-12.

（35）事実、一九二〇年代半ばにはバンコクではガーデン・ライスの相場は建っていたが、フィールド・ライスとしての米取引は見られなくなっていたという（*The Record*（1929），*op. cit.*，p. 233）。

（36）le May（1925），*op. cit.*，p. 13.

（37）英字紙『バンコク・ポスト』には「欧州とキューバ向けの米を買い付けている欧米系商社は通常一〇月には新しい契約をはじめる」という解説が掲載されている（*Bangkok Times Weekly Mail*, 27 Dec. 1928）。

（38）欧州および中南米に米を輸出していた欧米系商社は七社あった。そのうち、最も規模の小さいディー・クーパー・ジョンストン社を除く六社①イースト・エーシアティック社、②アラカン社、③スティール・ブラザーズ社、④ウィンザー社、⑤ボルネオ社、⑥アングロ・サヤーム社が米の取引停止に踏み切った。

（39）タイの通関統計によれば、英領西インド諸島、コロンビア、コスタリカ、キューバ、メキシコ、パナマ、ペルー、ヴェネズエラ、英領以外の西インド諸島に輸出された。中でも、重要な輸出先はキューバであった（*The Record* (1929), *op. cit.*, p. 232）。なお、アメリカ合衆国にもタイ米は輸出されていた。

（40）*The Record* (1929), *op. cit.*, p. 232.

（41）[R7. M. 26.5/108] 所収のタイ字紙 *Krungthep Daily Mail*（一九二八年一二月一五日）。

（42）[R7. M. 26.5/108] 所収のタイ字紙 *Krungthep Daily Mail*（一九二八年一二月二二日）。

（43）たとえば、欧米系商社六社はあらためて取引契約改訂を華僑系精米業者側が受け入れるよう求めた。しかし、精米業者側は、次の四点から反論した。（1）冠水と火事による危険性、（2）盗難の危険性、（3）代金の支払いが遅れるので、精米所は予備の資金がなくなるという点、（4）精米所が信頼できる代理人（コンプラドール、多くの場合、華僑）を探すことは困難だという点、である。これに対して、欧米系商社は次のように対案を出した。（1）欧米系商社は冠水と火事の危険については保証する。（2）盗難については、船主が当然その保証をする。（3）代金の支払いが遅れた場合、欧米系商社は銀行利子率にしたがって利息を支払う。または。精米業者側が別の方法を選択するならば、欧米系商社はそれに従う。米を船に積み込むと、欧米系商社は精米業者に代金の七五パーセントを支払い、米が欧米系商社の倉庫に到着すると、残りの代金を支払う。（4）代理人（コンプラドール）を探し出すのは、華僑系の精米業者の方が欧米系商社よりも容易である。こうしたやり取りはあったものの、結局、この交渉は合意には至らなかった（[R7. M. 26.5/108] 所収のタイ字紙 *Krungthep Daily Mail*（一九二八年一二月二四日））。

（44）マンゴーン・サームセーンは一八八八年七月三日バンコク県生まれ。ベーンチャマボピット校でタイ語の初等教育を受けた。当時のタンマガーン（文部）省のカリキュラムを終了し、チャナソンクラーム寺で英語の教育を受けた。これ以外に中国語の読み書きを家庭教師から学んだ。初等教育を終えた後、法律を学び、官吏となった。官吏時代からすでに自営業を営み、退官した後は商売だけではなく、ココ椰子油の貯蔵業、精米業、白砂糖工場などを運営すると同時に、弁護士業もおこなった（*Nangsu anuson nai nganphraratchathanphloengsop nai Mangkorn Samsen na mer-*

uwatmongkutkasatriyaram『マンゴーン・サームセーン葬式本』タイ文、一九四七年)。

(45) [R7. M. 8/4] 一九二八年一二月二四日付けマンゴーン・サムセーンの「請願書」。

(46) また、マンゴーンはこの請願書の中で華僑系精米所側独自の契約案も提示している。その要旨は①米の引渡しは精米所の埠頭とし、米を船に運んだ後の責任は欧米系商社側にあり、②代金は米を引き渡す段階に支払うか、精米を五〇トン終了するごとに支払う、というものである(前掲「マンゴーン・サームセーンの要望書」)。華僑系精米所の提示したこの契約は欧米系商社にも提示された模様だが、これを彼らが受け入れたという記録はない。

(47) [R7. M. 8/4] 一九二八年一二月二四日付け商業・運輸省アドヴァイザーのル・メイの所見。

(48) 委員会の主な参加者はクロマプラ・チャンタブリーナルナート最高顧問、クラマルアン・カムペーンペットアッカラヨーティン商業・運輸大臣、スッパヨークカセーム大蔵大臣、チャオプラヤー・ポンテープ農業大臣兼関税局長並びに商業・運輸省アドヴァイザーのル・メイなどである([R7. M. 26.5/108] 所収のタイ字紙 *Krungthep Daily Mail*(一九二九年一月九日))。

(49) [R7. M. 8/4] 一九二九年一月一二日付けプラチャーティポック王の回答。

(50) [R7. M. 26.5/108] 所収のタイ字紙 *Krungthep Daily Mail*(一九二九年一月二六日)。

(51) また、一九二九年三月に発刊された商業発展委員会の報告書『レコード』は、「二つの種類の米(ガーデン・ライスとフィールド・ライス)が精米所に搬入される前に籾商人がボートの上で見境なく混ぜ合わせている」として、地方とバンコクを結ぶ籾商人の責任を強く非難している(*The Record* (1929), *op. cit.*, pp. 232-234)。なお、バンコク発行の英字紙 *Bangkok Times Weekly Mail*, 28 March 1929にもこの報告が転載されている。

(52) タイ字紙の記事の中には華字紙から転載したものもあったというが、本研究では華字紙を参照出来ていない。タイ字紙に掲載された華僑系精米所側の主張を取り上げる。なお、欧米向け米輸出停止に関する文書ファイル [R7. M. 26.5/108] についてはパンニー(Phanni bualek, *Laksana khong naithun thai nai chuang rawang pho. so. 2457-2482: botrian cak khwam rungrot su soknatakam*, krungthep : phanthakit, 2002, pp. 389-396『一九一四年―一九三九年のタイ資本家の特徴:繁栄から悲劇にいたる教訓』タイ文、二〇〇二年)やタノーム(Thanom tana "Kitcakan rongsi khao nai thi rap phak klang khong phrathet thai pho. so. 2401-2481, " witthayaniphon prinyatho, phakwichaprawattisat mahawitthayalai Sinlapakon, 1984, pp. 107-111『タイ国中央部平野における精米業 一八五八年―一九三八年』タイ文、一九八四年)も参照し、欧米系商社と華僑系精米業者との対立を紹介しているが、戦前期におけるタイ米輸出経済の発展の中でタイ米の品質のもつ意味を捉えるという文脈で検討してはいない。

(53) バンコクにおける華僑系精米所と欧米系輸出商社との米取引には次のような中間商人が介在していた。その中間商人には二つの種類があった。まず、コンプラドールと呼ばれた華僑系の中間商人がいた。欧米系商社に雇われたスタッフであり、会社から給料を得ると同時に、精米所側からも特別な斡旋料を手にした。ペナンやシンガポール出身者、これらの地で英語教育を受けたり、バンコクのアサンプション校などで学んだ華僑の子弟が多く、英語を駆使することができたという。また、もう一つのタイプの中間商人としては、ブローカーあるいはナーイ・ナーといわれる者がいた。輸出会社や精米所に雇われておらず、決められた給料の支給は受けない。しかし、欧米系輸出商社が必要としている米を、精米所から買い付けて手配するなどして、輸出会社と精米所、双方から手数料を得た。こうした二種類の中間商人は多くの場合英語のできる華僑・華人達であり、欧米人と華僑系精米所側との仲立ちをした（Phanni *ibid.*, pp. 141-154；Thanom *ibid.*, pp. 104-105)。

(54) ［R7. M. 26.5/108］所収のタイ字紙 *Krungthep Daily Mail*（一九二八年一二月二七日)。

(55) ［R7. M. 26.5/108］所収のタイ字紙 *Krungthep Daily Mail*（一九二九年一月二日)。

(56) ［R7. M. 26.5/108］所収のタイ字紙 *Krungthep Daily Mail*（一九二九年一月九日)。

(57) ［R7. M. 26.5/108］所収のタイ字紙 *Krungthep Daily Mail*（一九二九年一月五日)。

(58) ［R7. M. 26.5/108］所収のタイ字紙 *Krungthep Daily Mail*（一九二九年一月二日)。

(59) 欧米向け米貿易の中断に関しては、精米業者が欧米系商社側の倉庫で米を引き渡すことを拒否していることへの批判（*Bangkok Times Weekly Mail*, 27 Dec. 1928)、米の規格化（Standardization）の重要性（*Bangkok Times Weekly Mail*, 8 Jan. 1929)、米の規格や価格に関するビルマなどの経験の紹介（*Bangkok Times Weekly Mail*, 8 Jan. 1921）等についての記事を確認できる。しかし、欧米系商社側の内部的な問題に関する指摘を本研究では確認できなかった。

(60) ［R7. M. 26.5/108］所収のタイ字紙 *Krungthep Daily Mail*（一九二九年一月二日)。

(61) 欧州及び中南米市場に米を輸出していた欧米系商社七社のうち、最も小規模のクーパー・ジョンストン社は米輸出を停止する余裕がなく、米輸出を続けた。この会社に対しては、輸出停止に踏み切った六社が共同で全ての取引を中断するという制裁を加えたが、小規模ながら米輸出を続けた（［R7. M. 26.5/108］所収のタイ字紙 *Krungthep Daily Mail*（一九二八年一二月一五日))。

(62) ［R7. M. 26.5/108］所収のタイ字紙 *Krungthep Daily Mail*（一九二九年一月一日)。

(63) ［R7. M. 26.5/108］所収のタイ字紙 *Krungthep Daily Mail*（一九二九年一月一五日)。

(64) 結局、欧州および中南米向けの輸出が停止しても、精米業者には国内販売を行なうという道もあった（［R7. M.

26.5/108］所収のタイ字紙 *Krungthep Daily Mail*（一九二八年一二月一五日））。また、大規模な華僑系精米業者の中には、欧州および中南米向け米輸出の停止に乗じて、シンガポールや香港向け米輸出を拡大させ、大きな利益を上げたところもあった。販路が縮小された中小精米業者から販売委託手数料をとってシンガポールや香港への輸出を請け負うなどしたからだという（［R7. M. 26.5/108］所収のタイ字紙 *Krungthep Daily Mail*（一九二八年一二月二七日））。

（65）拙稿二〇〇二年 a、二五七頁でもすでに指摘している。資料の出所は中島宗一『南洋叢書第四巻　シャム』満鉄東亜経済調査局、一九四三年、四五四頁。

（66）Thanom, *op. cit.*, p. 155.

（67）タノームも、当時のタイ米貿易が海外の米市場で他の諸国と競合し、タイ米に対する評価の低下という問題に直面していたと指摘している（Thanom, *ibid.*, p. 154）。

（68）拙稿二〇〇二年 a、二五〇―二五八頁。

9 西太平洋諸島の経済史
【海洋アジアと南洋群島の経済関係を中心にして】

松島泰勝

はじめに

本論では、海洋アジア（海洋との経済的関係が深いアジア諸地域）と南洋群島（日本が委任統治領としたミクロネシア諸島）との経済関係について、委任統治領時代、米国の戦略的信託統治領時代、そして現在という長期の歴史の中で考察する。特に委任統治領時代の経済史分析に重点をおきながら、それぞれの時代の経済的特徴、長期の歴史を貫く性格等について明らかにする。本論では、特にパラオ、ミクロネシア連邦、マーシャル諸島、北マリアナ諸島、グアム島等のミクロネシア諸島に焦点を合わせた。海洋アジアの経済圏は東アジア、東南アジアに限定されるのではなく、西太平洋の島々にも波及したことについて論じた。

面積が狭く、数多くの島々が分散し、経済開発を行うための資金、人材、技術等が不足していたミクロネシア諸島が、日本の委任統治領になることでヒト・モノ・カネが日本から流入するようになり、大きな経済成長を遂げた。

第一次世界大戦にともない日本海軍は同諸島を軍事占領した。その後、日本が正式に委任統治領の受任国になると同時に、小規模な武官駐在事務所を残して軍隊が撤退し、軍事を目的とした統治ではなく、経済開発に重点がおかれた。

第二次世界大戦後になると、米国は戦略的信託統治領としてミクロネシア諸島を自らの支配下においた。冷戦という世界状況を背景に、米国の軍事戦略上の利益を最優先させた統治であった。経済的・社会的発展の面では戦前よりも大きく後退した。

北マリアナ諸島が米国のコモンウェルスとなり、ミクロネシア連邦、マーシャル諸島、パラオが独立する過程において、米国との軍事的関係を継続させながらも、経済開発上の自主権を獲得したことで、海洋アジアとのあいだでヒト・モノ・カネを通じた経済交流が促された。現在では、海洋アジアとミクロネシア諸島は一つの経済圏になりつつある。戦前、戦後、そして現在にわたって展開された西太平洋諸島における経済史がもつ意味を考えてみたい。

一　太平洋国家日本の誕生

1　南洋庁による群島統治

日本による南洋群島の領有化は第一次世界大戦後にはじまるが、その前にも領有化の試みがあった。一八八四年、外務省御用掛の鈴木経勲は、マーシャル諸島で発生した日本人漂流民殺害事件を調査するために現地に赴いた。鈴木は調査活動をするとともに、同諸島のアイリングラパラプ島に日章旗を掲げて、日本の領有化を明らかにし、島民の人質を伴って帰国した。しかし、井上馨外務卿は次のように述べて、鈴木の行動を諫めた。

日本は今、西南戦争の後で多額の金を借款して尚華族銀行には十五万円の負債がある。又、陸軍も歩兵は七ヶ連隊しかないのだ、仮に南洋を属領とすれば数万の金が要る、その上、警備の兵も数ヶ連隊を必要とする、そんな事が出来ると思ふか、直ぐ取つて返へし、国旗を下してこい。(1)

井上外務卿の意を受けて鈴木は翌年、同島に戻り、国旗を引き下ろした。鈴木は、一八八六年、外務省を辞し、忠信丸に乗船して太平洋諸島を航海し、島々に寄港して船上にて物産の取引をした。日本からは金布、提灯、石油ランプ、暖簾、竹細工、鍋釜をもっていき、島民とコプラ、鱶の鰭、乾燥ナマコ等と交換した。九〇年になると、鈴木は田口卯吉が主宰する南島商会の事業に参加し、マリアナ諸島、カロリン諸島への巡航貿易におもむいた。(2)

一八八六年にマーシャル諸島はドイツの保護領となるが、明治維新後の日本は、諸列強に対抗する実力をつけておらず、南洋群島の領有化は第一次世界大戦後を待たなければならなかった。

第一次世界大戦が始まると、日本は日英同盟の規定に従ってミクロネシア諸島に海軍を派遣し、同諸島を占領した。一九一七年、日英連合秘密協定にもとづいて日本が地中海に艦隊を派遣するかわりに、イギリスは赤道以北のミクロネシア諸島を日本領とすることを承認し、その後、日本政府はロシア、フランスの了解も得た。(3)パリ講和会議によって旧ドイツ領ミクロネシアはC式委任統治領となり、日本が受任国となった。日本のミクロネシア統治時代は軍政期と、南洋庁が設立された二二年以降の南洋庁期に分けることができる。日本統治時代においてミクロネシア諸島は南洋群島と呼ばれた。

C式委任統治領が適用されたのは、人口が少なく、領地が狭く、文明の中心地から離れた地域であり、受任国の法律に基づいて統治が行われた。国際連盟は査察をする権利をもたず、受任国は統治行政に関する年次報告を国際連盟に提出する義務を果たすだけでよかった。(4)

ドイツ時代には、植民地政府の職員二五人が約二〇〇〇以上の島々を管理していたが、南洋庁では一九三〇年代中頃において約九五〇人の職員が勤務していた。南洋庁の本庁がパラオに設置されたほか、サイパン、ヤップ、トラック、ポナペ、ヤルート、パラオに各支庁が置かれた。また、パラオには高等法院があり、他の三つの支部に地方法院がおかれ、裁判官は南洋庁長官が任命し、また罷免することも可能であった。(5)

南洋庁長官は拓務大臣の指揮監督を受け、南洋群島における政務一般を統括したが、郵便通信に関しては逓信大臣、貨幣・銀行・関税に関しては大蔵大臣、度量衡に関しては商工大臣の指揮監督下におかれた。(6)一九四二年に拓務省が解体され、その業務は内務省と大東亜省に継承されたが、南洋庁は大東亜省の管轄下に入った。(7)

南洋庁が開設されるとともに、海軍部隊は撤退し、小規模な武官駐在事務所がおかれ、南洋群島海域の防備には小型警備艇一隻が配備されただけであり、陸上の警備は警察官が行った。(8)南洋庁は、軍事的利益を目指した統治ではなく、各種の産業奨励、インフラ整備等、経済開発に重点をおいた統治を実施した。

南洋庁は産業育成政策を積極的に行った。一九二二年に南洋庁は、糖業奨励規則、水産業奨励規則、椰子栽培奨励規則、畜産奨励規則、商工業補助規則等にもとづいて各種の補助金を事業者に与えた。南洋庁が補助金を提供するかわりに、事業者に対し各種の規制が設けられた。例えば、砂糖製造業者は、南洋庁長官から製造許可を得る必要があった。また、製造業者は長官の指定する期間以内に甘蔗の引き受けを義務付けられ、かりに、期間内に甘蔗を引き取らず、栽培者に損害を与えた場合には、長官は製糖業者に対し賠償を命じることができた。甘蔗の買い上げ価格が不当に低くなることを防止するために、原料採取区域内の甘蔗買い上げ価格は前もって南洋

庁長官の認可を得なければならなかった。(9)

甘蔗買い上げ価格は、南洋群島が離島であることを考慮して、内地の糖業地方におけるように砂糖の市価、他の農作物価格を基準とせず、南洋庁は通常の栽培者の一年間における生活上の収支を調査し、生活に余裕が生じる程度に価格を決定した。(10)以上のように、南洋庁は甘蔗の販路、買い上げ価格等を決定するなど、製糖業の生産・販売過程への直接的関与を深めた。

水産業の育成においても南洋庁は主導的働きを示した。一九二二年に漁具、船具の整備に対する補助がはじまり、二三年に漁獲奨励金の下付、真珠養殖業の技術員費に対する補助金の下付等が行われた。さらに、二四年からナマコ、鰹節、その他の水産製造業に対する助成制度が実施され、二九年から鰹節移出奨励金の下付、三三年からマグロ漁業に対する奨励金の増加がみられた。(11)

一九三四年に南洋群島開発委員会が設置された際に、水産業の発展に関しては次のような施策が講じられることになった。(1)中小漁船による近海漁業の育成、(2)大型漁船の建造奨励による遠洋漁業の促進、(3)船型の統一、(4)パラオ、サイパン、ポナペ、トラックの各漁港の修築、漁業上必要な陸上施設の整備、(5)前進根拠地の設置、(6)鰹節製造業以外の水産製造業の奨励と、海外への販路開拓、(7)外南洋の公海における貝採取事業、群島内の貝類養殖業の奨励と統制、(8)水産試験機関の充実、大型試験船の整備、漁撈、養殖、加工に関する調査・試験、飛行機による漁場調査、(9)水産関係法規の整備、組合の組織化、製品検査の充実、(10)資金の融通、必要品の供給、生産物の販売促進等である。(12)

このような南洋庁による行きとどいた開発行政が、南洋群島の経済発展を急速に進めた。

表 1

（円）

	1917年	1922年	1927年	1932年	1937年
移輸入	938,456	1,831,719	3,814,511	6,588,177	23,264,525
移輸出	1,091,675	1,769,818	7,867,955	13,898,188	38,252,645
収支	153,219	−61,901	4,053,444	7,310,011	14,988,120

出所：外務省編著(1999)『日本帝国委任統治行政年報』第１巻—第５巻(クレス出版)、を基にして作成。

2　島嶼経済自立の達成

南洋群島における経済成長を端的にしめす現象は、日本市場に対する移出額の急激な増大である。移出額増は移出商品に課せられた出港税の増加をもたらし、財政を潤した。南洋庁は一九二二年に出港税の賦課を始めた。南洋群島には消費税が存在せず、商品を南洋群島から日本、その植民地に移出する場合には移出先の消費税と同率の出港税が課せられ、それが南洋庁の財政収入となった。ただし、群島内において消費する物産、外国に輸出する物産には出港税が賦課されなかった。

南洋群島における経済開発を促し、税収の増加に南洋庁が苦慮していたことは、日本政府が国際連盟に提出した報告書の中の次の一文に明らかである。

> 日本政府一般予算ヨリ多額ノ補助金ヲ繰入ルルハ南洋群島ヨリノ収入カ南洋庁歳出ノ約一五分ノ一ヲ充スニ過キサルニ他方行政機関ノ充実、諸事業ノ進捗、産業ノ助長、文化的事業ノ発達等ニ因リ多額ノ費用ヲ要スルヲ以テナリ而シテ南洋群島カ夫レ自身ノ歳入ヲ以テ歳出ヲ補填シ得ル時機ハ前途尚遼遠ナリ施政ノ局ニ當ル者ハ常ニ此点ニ付苦心経営ニ努メツツアリ(13)

この報告書が記された一九二二年当時において、域内収入が一五分の一でしかなく、南洋群島における経済的・社会的発展を目的として、日本政府の一般会計から南洋庁特別会計に対し多くの補助金が投入されていた。南洋庁関係者は、このような財政依存構造

表 2

(円)

	1917年	1922年	1927年	1932年	1937年
第一位	コプラ 574,216	燐鉱石 1,019,897	砂糖 4,392,987	砂糖 9,605,252	砂糖 19,566,618
第二位	燐鉱石 493,777	コプラ 562,495	コプラ 1,792,267	コプラ 1,173,258	鰹節 5,770,724
第三位	高瀬貝 20,288	その他 100,771	燐鉱石 911,266	燐鉱石 1,080,984	コプラ 3,307,389

出所:外務省編著(1999)『日本帝国委任統治行政年報』第1巻—第5巻(クレス出版)、を基にして作成。

からの脱却を念頭において開発行政を実施していたといえよう。

一九一七年から三七年までの、南洋群島における移輸出入額を**表1**で明らかにした。一九二二年は製糖工場用機械等の移輸入が増大した結果、収支は赤字となった。一九一七年に比べ三七年は約一〇〇倍近く黒字が増えており、それは南洋群島内において各種産業が著しく成長した結果だといえよう。

一九一七年から三七年までにおける上位三位までの移輸出商品とその金額を**表2**で示した。

一九一九年までコプラ、燐鉱石、高瀬貝が上位三位内に入っており、二〇年に砂糖が第三位の移輸出物となった。二五年からは砂糖が第一位となり、上位三位内には砂糖、コプラ、燐鉱石が占めるようになった。そして、二八年に鰹節が第三位となり、その後、年により燐鉱石、鰹節、コプラのいずれかが上位三位内に入った。[14]移輸出商品のほとんどは日本に対する移出であり、他に英領ギルバート諸島、米領グアムに向けて雑貨類が輸出されていた。

砂糖が最大の移輸出物であったが、同じように大きく増加したのは鰹節である。一九四二年において南洋群島で製造された鰹節は、日本で需要される鰹節全消費量の約五〇%を充たしていた。同年において鰹節は、南洋群島の全水産物製造高の約九〇%を占めていた。[15]

移輸出の増加と、出港税等の税収増により、一九三二年に日本政府からの補助金依存状態を脱することができた。そのうえ、三六年には約四五万円、三七年には約一一〇万円、三八年以降においては約七〇万円を一般会計財源に繰り入れることが可能になった。[16] 補助金に頼らず、島嶼内の経済活動にもとづく税収により歳出を賄うことができたことが、委任統治領時代の大きな特徴であった。米国の戦略的信託統治領時代、そして現在のミクロネシア諸島は、米国を中心とした諸外国からの援助金に大きく依存しており、それと比べると南洋群島時代の経済発展は好対照をなしているといえる。

物産の移輸出からもたらされた収益は一九二二年から三五年までの間に、その四七％が日本に還流した。製糖業を中心とする移輸出産業が成長した理由として、次の諸点を指摘できる。(1) 日本からの安価で勤勉な労働力の投入、(2) 日本が世界の主要な原料供給地から経済的に孤立していたため、砂糖、燐鉱石、コプラ、鰹節等が比較的高い価格で大量に需要されたこと、(3) 国際的な貿易システムの崩壊と、それにかわる大東亜共栄圏というブロック経済圏によって製糖業が保護されたこと等である。それ故に、戦後、国際的貿易システムが再開されたことで、ミクロネシア諸島からの輸出物に対する保護措置が消滅し、さらに安価で勤勉な労働者も流入しなくなり、産業全体が大きく衰退した。[17] それとともに、南洋庁が実施したような積極的な開発政策が行われなくなったことも、産業衰退の原因として挙げることができよう。

次に、南洋群島の経済成長を可能にした一因である活発な企業活動について考察してみたい。

3　日本企業・日本人の経済活動

一九一七年、サイパンに西村製糖所（後の西村拓殖）が設立された。山口県、長崎県から移民が入植したが、甘蔗の虫害、技術の未熟等により事業は成功には至らなかった。また、藤山雷太、伊藤忠兵衛等により設立された南洋殖産の製糖事業は、会社経理の乱脈、主事業であるフィリピン麻事業の破綻、経済恐慌等を原因として失敗に帰した。二一年に東洋拓殖からの資金提供をうけて設立されたのが南洋興発（南興）である。南興は西村拓殖や南洋殖産の権利、事業を継承し、労働者もそのまま雇用した[18]。南洋庁は糖業奨励規則を制定し、南興に助成金を与えるとともに、国有地を安価で貸し与えた。

しかし、一九二三年、二四年ともオサゾウムシの猖獗、砂糖黍を運搬する鉄道工事の難航、旱魃等により砂糖生産は失敗に終わり、南洋群島放棄論が台頭した。台湾から導入したジャワ品種の甘蔗一六一ＰＯＪの普及、オサゾウムシの天敵であるタキニット・フライをハワイから導入したこと等により虫害問題が解決され、二五年から砂糖生産が順調に行われるようになった[19]。南興による砂糖生産量の推移をみると、二三年は一二八二トンにとどまったが、二五年には八九三七トンに増加した。三八年には砂糖生産量としては最大値である七万四五〇一トンを記録した。興味深いことは、太平洋戦争が始まった四一年に約五万九〇〇〇トン、四二年に約四万七〇〇〇トン、四三年に約五万七〇〇〇トン、四四年に約一万七〇〇〇トン等のように四三年まで高生産量を維持していたことである[20]。戦時中の物不足時代に南洋群島からもたらされた砂糖が、日本人の生命維持にとって大きな役割を果たしていたものと考えられる。

日本市場からの需要の半数近くを充たすまでに成長した鰹節製造業には、幾つかの企業が参入したが、南興も一九三三年から鰹節製造業を始めた。本社がおかれたサイパンと、パラオに鰹節工場を建設して、沖縄県漁民が獲った魚を鰹節の原料として加工した。それとともに、沖縄型の漁船を建造して、沖縄県漁民を雇って直接操業を行った。三五年に南興は水産部門を分離し、他の子会社である南洋製氷と合併させて南興水産を設立した。南興水産はパラオに本社、サイパン、ポナペ、トラックに営業所、焼津に出張所を設置し、従業員数約五八〇人という大規模な漁業会社に成長した。同社は鰹節の製造だけでなく、漁港埠頭、護岸施設、製氷所、冷凍冷蔵施設、缶詰工場等を建設した[21]。三七年には南洋拓殖が南興水産株式の半数を取得して実質的な管轄下においた。

南洋群島は日本内地の漁場のように赤潮、その他の被害をうけることなく、内地に比べて短期間に優良な真珠が産出された。一九四二年の時点でパラオに九カ所、マーシャルのヤルートに一カ所の真珠養殖場があった。パラオにおいては南洋群島産出の黒蝶貝、北オーストラリア・アラフラ海産出の白蝶貝を母貝として、御木本等の企業が養殖業を発展させた。[22]

南洋群島最大の地下資源は燐鉱石であった。一九〇三年にドイツの探検家がパラオのアンガウルで燐鉱石を発見し、九年からドイツ南洋燐鉱会社が採掘を始めた。日本海軍は一五年よりアンガウル島を直接管理して採掘を行った。南洋庁が設置されてからは、アンガウル島の燐鉱石採掘権、付属施設、ペリリュー、トビ、フハイスにおける未着手の燐鉱石採掘権をドイツ南洋燐鉱会社から日本政府が買収し、南洋庁の採鉱所が官営事業とした。そして、三七年には各島における採掘権、付属施設が政府現物出資として、南洋拓殖に委譲された。アンガウルの燐酸分は四〇%近くであり、他の太平洋の燐鉱石産出諸島である、ナウル、オーシャン、マカテアに次ぐ良質の燐鉱石であった。燐鉱石は肥料等の原料として日本に移出された。[23]

南洋庁の開発政策に変更が生じたのは一九三〇年代前半であった。日本は満州事変、国際連盟からの脱退にともない、国際的な経済的孤立状態に陥るようになり、天然資源の輸入に事欠くようになった。新たな天然資源の開発地として南洋群島に期待が寄せられた。従来の燐鉱、新しく発見されたボーキサイト鉱の二つを中心に、銅鉱、マンガン鉱等の開発が行われた。ボーキサイトは南洋アルミニウム鉱業が三七年から採掘を始めた。サイパンではマンガン鉱、ヤップでは銅鉱、金鉱、銀鉱がそれぞれ採掘された。[24]

一九三五年に拓務省は南洋群島の開発をさらに促進するために、「南洋群島開発調査委員会」を結成した。委員会の答申に基づいて日本政府は三六年に南洋拓殖（南拓）を設立した。南拓の株式総数は四〇万株であり、その過半数である二一万九二〇株を南洋庁が所有する国策会社であった。同社の株式を引き受けた企業は、南興が四万八〇八〇株、三井物産が二万株、三菱商事が一万二〇〇〇株、東洋拓殖・日本郵船・三井鉱山・大倉組がそれぞ

れ一万株であった。(25)

南拓の直営事業としては、アンガウル、フハイス、エボン、トビにおける燐鉱石採掘、ヤップにおけるニッケル銅鉱床の調査、バベルダオブ、ポナペ、ヤップにおける農場開拓、パラオでの小型船舶建造修理工場の経営等があった。

また、パラオに設置された南拓の関係会社としては、南洋鳳梨(パイナップルの栽培)、熱帯油脂組合(アガリッタム樹の栽培、油脂・タンニン製造)、熱帯繊維組合(繊維作物栽培)、南洋アルミニウム(ボーキサイト採掘、精錬)、南洋電気(発電事業)、南興水産(鰹節の製造)、南洋汽船(海運)、南拓興業(ホテル経営)、南洋新報社(新聞発行)、南方産業(住宅建設、埋立工事)、熱帯農産(農作物栽培)、豊南産業(キャッサバ栽培)、太洋真珠(真珠貝の加工販売)等があった。(26)

右の企業のうち、南洋鳳梨は、パラオに三つの工場を設立し、約一五万缶のパイナップルを生産した。さらに、一九四〇年には三万缶の生産能力のあるポナペ工場を竣工させた。(27) 同社は農家が栽培したパインを買い上げて加工し、日本に移出した。(28)

豊南産業は、主に大阪の業者に向けて、紡織糊用の澱粉、酒精、飴等の原料であるキャッサバを栽培した。パラオ官営植民地である四五〇ヘクタールの農地で栽培を行うほか、南洋庁から六一一ヘクタールの土地の貸し下げをうけ、日本人約一五〇家族を入植させ、キャッサバ加工工場を設置した。(29)

南洋群島における産業の発展は次のような数値によっても明らかである。砂糖黍の栽培面積は、一九一九年において約四五五ヘクタールであったが、三九年には約一万ヘクタールに増大した。魚の冷蔵に必要な氷の産出額をみると、一九二七年の九五四円から、三九年には約二一万八〇〇〇円に増えた。会社の払込資本額と会社数においては、一九二二年にそれぞれ約一二二八万八〇〇〇円、一〇社であったが、三九年には、約七五〇七万三〇〇〇円、五三社に増大した。(30)

しかし、日本企業は、南洋群島の経済開発において次のような問題に直面していた。サンゴ礁が粗質石灰岩であるため、港湾建設の際、通常の浚渫船が利用できず、特殊な岩砕船を利用する必要に迫られ、その結果、工事の進捗が遅くなり、追加的費用も膨大な額にのぼった。さらに、南洋群島の海岸の砂は石灰質であるため、コンクリートの材料として使用できず、多摩川からとれた高価な砂利を取り寄せなければならなかった。そのうえ、労働力が少ないため、労賃も高くなる傾向にあった。(31) このような諸問題を抱えながら、日本企業は発展を遂げたのである。

企業活動を支援した南洋庁はパラオに拠点をおいたが、アジア太平洋地域における経済活動もまたパラオを軸にして展開した。ハルマヘラ、セラムにおける鰹・鮪の産卵地調査、アラフラ海、木曜島における真珠貝採取、赤道海流域・南方海域での鰹・鮪漁業、これらのいずれもパラオを拠点としていた。ニューギニアにおけるジュート・綿花栽培、飛行機の塗料・船底塗料・その他塗料・蓄音機のレコード・電気の絶縁材等の原料となるダマール樹脂の栽培、セレベスでのヤシ・ゴム・カポックの栽培、メナドやマカッサルでのコプラ栽培等も、サイパン、テニアン、パラオ等を基地として進出した。さらに、パラオを基点としてポルトガル領チモールに航空路線が開設され、郵便定期便がメナド、ダバオ等に就航した。(32) 南洋庁が設置され、多くの企業が投資を行い、さらに南方各地への進出拠点となったパラオは、「成長の先端」(33) と呼ばれた。

南洋群島の開発が進むにつれて、日本からの移民も増えた。一九二〇年における南洋群島の全人口は五万二二二二人であったが、三三年には八万八八四人に増大した。そのうち、日本からの入植者は三六七一人から三万六七〇人に増えた。三三年における入植者の出身別内訳は沖縄からは一万七五九八人、東京からは二七三三人（そのほとんどが小笠原島、八丈島出身）、鹿児島からは一〇六一人（そのほとんどが奄美大島出身）であった。因みに、ドイツ統治時代にドイツ人を含めた非島民の数は約二〇〇人であった。(34) ドイツが主に島民を労働力として利用していたのに対して、日本は自国からの移民労働者を開発の担い手とした。

南興の松江春次は、製糖業で失敗した西村拓殖のバラック小屋に収容されていた約一〇〇〇人の沖縄県出身の移民をそのまま従業員として採用した。南興との契約で来島した移民は、日本からマリアナ諸島までの交通費、農具や生活用品、住居を建てるための資金、初年度の生活費用まで南興から支給された。日用品は会社の売店で安く購入することができ、診療サービスも無料で会社が提供し、クラブハウスには娯楽施設が用意されていた。(35)

製糖業が確立するまでに克服しなければならなかった問題は、病害虫や品種改良とともに、甘蔗の後芽処理の問題があった。甘蔗の後芽とは、甘蔗が成熟した後に雨が降ると、甘蔗の根から新しい芽がでてきて、母茎を越えるほどに成長することをいう。この後芽はほとんど糖分を含まず、刈り取り、輸送、精糖の各作業過程において無駄な労働力を必要とし、精糖歩留まりが著しく低下する原因となった。この問題を解決するにあたって大きな力を発揮したのが、沖縄県内において実施されていた「原勝負」という農民同士の競争的な共同作業であった。それは、甘蔗の管理を小作人達の共同責任制とし、集団別に甘蔗管理の優劣を競わせて、後芽処理問題やその他の甘蔗の栽培管理を向上させるものであった。(36)

沖縄県民は漁業においても中心的役割を果たした。一九四二年において、南洋群島で働いていた日本人漁業者は六七一九人であったが、そのうち、沖縄県出身の漁業者は六一六四人を占めていた。(37) 一九年に沖縄県出身の玉城松栄らがトラックにわたり、その近海の鰹資源が豊富であることを発見し、鰹漁業をはじめた。玉城は鰹一本釣り漁業、鰹節加工を一貫して行い、南洋群島における鰹漁業の創始者であるといわれている。(38)

パラオでは、沖縄県出身の上原亀蔵が一九二五年にサイパンから漁船と沖縄県漁民を呼び寄せて鰹漁をはじめ、二八年には南洋庁の水産業奨励金を得て八馬力の動力船を建造し、鰹漁業と鰹節製造に着手した。二六年にパラオ近海で実施された南洋庁の試験的な鰹漁業に沖縄県漁民が参加したが、その後、沖縄県漁民は小型動力船による鰹漁業にのりだし、鰹節製造も沖縄県民が請け負うようになった。三五年における全鰹鮪漁船九一隻のうち、五三隻は沖縄県民が操業する漁船であった。[39] 一九七八年から八九年まで沖縄県知事に就任していた西銘順治氏の父・西銘順石氏は、南洋群島時代にパラオで鰹鮪漁業・加工販売業を営んでおり、順治氏はパラオの国民学校で学んでいた。

沖縄県漁民は、追い込み網漁を南洋群島に導入し、魚の餌も自給するなどして、漁業の生産性をあげた。また、男性が捕獲した鰹を、女性が鰹節に加工して販売するという、男女分業体制をしくことで、効率のよい経営を行った。沖縄県民の漁業技術の高さ、珊瑚礁という沖縄と南洋群島に共通した自然環境等により、沖縄県漁民の活躍が可能になった。

当時、南洋群島に移住した沖縄県民は、沖縄と比べて稼ぎが多く、税金が少なく、物価が安かったと、当時を回想している。[40] 沖縄県内の経済的窮状をプッシュ要因とし、南洋群島における賃金の高さ、生活のしやすさ等をプル要因として、沖縄県から多くの人々が南洋群島に生活の場を求めた。沖縄県と南洋群島が似たような風土、産業構造であったことから、沖縄県民は南洋群島の環境・生活に順応し、製糖業、漁業等において主導的働きを示したのであろう。

4 米国のグアム統治との比較

以上のように南洋群島には日本からヒト・モノ・カネが流入し、大規模開発が行われ、急激な経済成長がみられた。その中で島民は日本による開発にどのように対応していたのであろうか。

南洋庁は、伝統的なクラブハウスでの島民の寝起きや、村同士の交換儀礼を禁止した。一九二〇年代の半ばにはクラブハウスでの活動がほとんど停止したが、それに代わり南洋庁は青年団を育成した。[41] 青年団は、パラオの伝統的な若者組や、第一次大戦中に海軍により組織された日本語学級をもとにして結成された。公学校職員が指導し、各支庁職員、巡査、日本人有志等が援助した。月一回例会を開き、講話、談話、協議、運動競技等を行い、地域のための集団労働等を実施した。青年団の中には制服を着用し、国歌を斉唱する団体もみられた。二八年までにポナペ、トラック、パラオの各村に青年団が設置された。(42) 現在でもパラオ人は地域のための活動を「キンロウホウシ（勤労奉仕）」と日本語の発音で呼んでいる。

島民の教育にも南洋庁は力を注ぎ、一九一八年、南洋群島全体において三年間の公学校制度をはじめた。二六年にはパラオに木工徒弟養成所を設置し、南洋群島内において優秀な学生を集めた。学生は養成所から小遣いと衣服が支給され、各種の技術を学んだ。彼らの技術は日本人移民に必要とされ、四一年には鍛冶工、自動車機械工、電気工等をも養成した。(43) 同養成所においては、授業料が免除され、文具、材料費は貸与または給与され、年額一五円の範囲内で被服費が与えられ、寄宿舎に住む学生には食費が支給された。(44) 戦後、パラオの政界、経済界において多大な功績を残したローマン・メチュール氏も木工徒弟養成所で学んだ。

また、一九二九年、パラオに物産陳列所がおかれた。同陳列所では、南洋群島内の産物、地理歴史関係の博物資料を一般の人々に公開し、物産の販路開拓、商品の取引仲介等を行った。(45) そのほか、農業、鍛冶、手芸等の技能を島民に教えるための講習会、農産物品評会、日本本土への観光団派遣、部落改善功績者の表彰、コプラ栽培や商工業のための補助金交付等が実施された。以上のように、経済開発の過程に島民の参加を促すために、南洋庁は人材育成、物産の栽培・販売の補助、そして、各種の補助金支給を行った。

南洋庁の施策と島民の努力により、経済活動に進出する人々が現れた。パラオでは島民による野菜や果物の栽培が盛んとなり、一九三〇年代になるとパラオ人が耕作する農場規模が大きくなり、南洋庁と協力しあって農会を設立するまでになった。また、島民の中には、日本人を相手に行商、パン屋、魚屋、床屋、食堂を経営する者があらわれた。サイパンでは日本人が来島したことで借地料収入が増え、日本の会社に有利な条件で土地を貸して得た資金により、自分の家を立て、船や車を所有する者もいた。(46)南洋群島研究者のマーク・ピーティー氏は、現代のパラオにおける南洋群島時代の影響について次のように述べている。

現在のパラオ人の習慣や、何ごとにつけ積極的へと駆り立てるエネルギーは、かつてミクロネシアの他の島々の経済開発モデルといわれたように、パラオが活気にあふれ、産業の栄える日本人の町だったということと関係がある、と多分いえるだろう。また、日本人とミクロネシア人を祖先にもつ人々が、ミクロネシア社会において社会的上昇をとげたことに、日本統治の遺産をみることもできよう。彼等の多くが、戦前の「小学校」教育を受け、戦後はミクロネシアのそれぞれの地域で権力と影響力をもつまでにいたった。(47)

これまで日系人の大統領がパラオから二人（ハルオ・レメリーク、クニオ・ナカムラ）、ミクロネシア連邦とマーシャル諸島からそれぞれ一人（トシオ・ナカヤマ、アマタ・カブア）うまれ、そのほか、日系人や日本の学校で教育を受けた人々が、戦後、政治、経済、教育等、多方面で活躍してきた事実を考えると、右のような指摘も首肯できよう。また、太平洋戦争において日本軍と闘った米海兵隊のドナルド・ワインダー中佐が、マーシャル諸島から無線送稿したものとして次のような証言がある。

ジャップと現地住民との関係はまずくはなかった。……ジャップは現地人労働者を口汚く罵ったり蹴とばしたりして、怨みを買ってはいたが、全体として住民の扱い方はよかった。子供たちが八時から十一時まで学校に行くことを義務付けた以外は、現地の生活慣習に介入しようとはしなかった。ジャップは、すべてが首長に帰属するマーシャルの共同財産制度を破ろうとした。当然、これは島の上流階級には不人気だったが、一般島民は歓迎していた。(48)

このような米軍人自身の発言にみられるように、日本の委任統治政策は必ずしも全面的に否定されるべきものでなく、一般の島民から歓迎されていたことがわかる。そうであるがゆえに、今日、ミクロネシア諸島の各政府、人々の多くが親日的な態度で日本、日本人に接しているのであろう。日本は委任統治国として経済発展、住民の社会開発に多くの力を注いだのであり、太平洋戦争が近づくまで軍事的に島々を利用しようとはしなかった。日本の南洋群島統治方式と対照をなしているのが、米国によるグアム統治である。米領グアムは日本の南洋群島に取り囲まれる形で存在していた。一八九八年、米国は米西戦争に勝利し、グアムを自国領としたが、統治において最優先されたのはその軍事的利用であった。

グアムを含めた米国領島嶼では経済発展よりも島の軍事的利用が重視された。タフト大統領は一九一二年、キューバのグアナタナモ湾、ハワイのパールハーバー、フィリピンのスービック湾、グアム等を対外的に閉鎖する命令を発した。この命令によりグアムは六二年まで地元の貿易船を例外として米国や他の世界から閉ざされることになった。島に帰るチャモロ人を含めてグアムに入島する全ての人間は安全保障上の入域許可の手続き(security clearance)が必要となった。入域許可証はハワイの太平洋艦隊司令部か、ワシントンDCの海軍事務所で入手しなければならなかった。

日本が植民地とした地域において皇民化教育が実施されたように、米国もグアムにおいて同様な教育を行った。スペインは、グアム島民の言葉であるチャモロ語をスペイン語に置き換えようとしなかったが、米国は教育・行政機関において英語のみの使用を強制した。一九二二年にはチャモロ語英語辞書を集めて焼いた。このような英語だけを強制する政策は五〇年代まで続けられた。チャモロ語を話すと体罰が加えられもした。海軍はチャモロ人に英語を教育するために子供が遊び場でチャモロ語を話すのを禁じた。チャモロ人の教育レベルは農業を行う程度だけで十分であり、二〇〇〇年までチャモロ人に市民権を与える必要はないと、戦前の海軍は考えていた。国防総省もグアムにおける民間経済の発展は米国の安全保障にとり脅威になるため、その発展を抑えるべきだと認識していた。(49) 米国はチャモロ人に英語を強制して同化を促し、経済自立を妨げることで米国への経済的依存度を深め、それによって住民を自らの意思に従わせ、島を軍事基地として自由に使おうとした。

グアムの輸入品のほとんどがガソリン、機械、自動車など海軍統治に必要なものであり、現地住民の生活とはほとんど関係のないものであった。(50) グアムの面積はミクロネシア諸島のなかで最大であるにもかかわらず、南洋群島のように製糖業、漁業等の産業の発展がみられなかった。

また、米海軍は一九四一年までにグアム総面積の三分の一の土地を所有していた。その面積は一八九九年における米軍所有地面積よりも三〇%広かった。(51) 南洋庁が自らの所有地を拡大したのは、土地を経済開発用として民間企業に貸し出して、産業を発展させるためであったのに対し、グアムを統治した米海軍は軍事目的のために土地を利用した。

米国は自国の軍事戦略を最優先にしてグアムを統治したが、島嶼を軍事的な観点から配置するという方針は米領島嶼全体に共通していた。米国は、島嶼を軍事的に利用するために国内において様々な政治的地位を設けている。民主主義の原則を国民が享受できる度合いは、米国領内における政治的地位の違いに従って異なる。米国が施政権、領土権を有している地域をテリトリーというが、その中で米国憲法が全面的に適用されている地域は連邦編入地域(incorporated territory)であり、そうでない地域は連邦未編入地域(unincorporated territory)とされている。

前者は五〇州及びコロンビア特別区の連邦、準州を指す。準州とは、自治能力、人口数、経済力の諸点から州に準ずる資格があると認められた地域だが、独自の憲法、議会が存在せず、連邦政府の直轄統治が行われる。その例は戦後、州になったハワイ、アラスカの前の状態であるが、現在は存在しない。

未編入地域（属領（possession）とも呼ばれる）では、連邦憲法の中で基本的人権に関する法律は適用されるが、統治機構に関して独自の法体系が存在する。住民が施政権を有する地域を自治的未編入地域（organized unincorporated territory）といい、連邦政府の直轄地は非自治的未編入地域（unorganized unincorporated territory）と呼ばれる。一九〇一年、米最高裁判所が米西戦争により獲得した島々に対し未編入地域という地位を生みだした。

自治的未編入地域には独自の議会があり、知事の民選が認められ、裁判権も住民の名において行使され、米本土への渡航、就職が自由である。しかし、住民は大統領や、議会において投票権を有する連邦議会議員を選出することができない。グアム、米領サモア、ヴァージン諸島等がその例である。

非自治的未編入地域は人口数が少なく、独自の政治経済の単位としては機能しないが、国防、航空の観点から利用価値があるとされている。そのような地域としては、連邦航空庁直轄のウェーク、海軍省直轄のミッドウェイ、ジョンストン等がある。

実態的には未編入地域に準じて扱われるのがコモンウェルス（commonwealth）であり、現在の北マリアナ諸島、プエルトリコがそれにあたる。外交権、軍事権は米国政府が有し、内政に関しては住民の自治が認められる。現在、北マリアナ諸島には独自の労働法、移民法が存在し、中国から労働者を導入し、衣料製造工場で働かせ、製品を米国本土向けに移出している。

戦後、ミクロネシア諸島は米国の信託統治地域（trust territory）とされたが、国連憲章、それに基づく信託統治協定により設定された地域であり、領土権、施政権は米国が持っていた。他方、日本復帰前の沖縄は米国が施政権、日本が領土権（潜在主権）を有しており、米国管理下の島々（islands under United States administration）と呼ばれていた。戦前のグアムは非自治的未編入地域とされ、海軍による軍政が布かれていた。南洋群島では一九二二年から南洋庁による民政となった。経済重視の南洋群島と、軍事重視のグアムという対照的な島嶼がミクロネシア海域に存在していたのである。太平洋戦争において日本が敗戦し、島々から撤退すると、南洋群島は米国の戦略的信託統治領となり、軍事重視の島嶼として再編成された。

日本列島の東側には広大な太平洋が拡がっている。漁場として太平洋は日本人にとって身近な存在であったが、自国民が定住し、企業が経済活動を行い、行政政策を実施したのは南洋群島の統治をもって嚆矢とする。日本は南洋群島における経験によってはじめて太平洋国家になったといえよう。

二　海洋アジアとミクロネシア諸島の経済的融合化

1　米国の戦略的信託統治領時代

一九四七年、米国は旧日本委任統治領を戦略的信託統治領とし、グアムを含めたミクロネシア諸島を軍事的支配下においた。戦後の冷戦状況を背景とする核実験場、アジア情勢に対応した軍事的拠点の確立という目的を、米国はミクロネシア諸島統治の中心に据えた。米国は同領域において軍事的活動が保証されたうえに、統治内容を安全保障理事会に報告するだけでよかった。なお、一般的な信託統治領では軍事活動が禁止され、国連総会への報告が義務付けられていた。

原子力艦船、原子力潜水艦はインド洋と米国との間の往復の際、パラオ領海を通過した。マーシャル諸島では原水爆の実験が行われ、一九六〇年代初めより対弾道ミサイルの実験場となり、カリフォルニアのバンデンバーグ空軍基地からクワジェリン環礁に向けて発射されたミサイルを、同環礁から発射するミサイルで迎撃するという実験が行われた。スターウォーズ計画ではウランの核弾頭をつけたミサイルがカリフォルニアから発射され、それを迎撃する実験が実施された。

右のような理由で米国はミクロネシア諸島を軍事的に利用したが、それと同時に、戦略的信託統治国の義務として次のような項目を国際連合に対して約束した。(1)政治制度を発展させ、住民の政治への参加を促す、(2)自治または独立に向けて住民を育成する、(3)経済自立を促進するが、特に漁業・農業・工業を発展させる、(4)住民が自らの土地を失うことを防ぐ、(5)住民の自由や諸権利を守り、社会的進歩を促進する、(6)教育を発展させる等であった。[52]

日本の委任統治の内容と同じく、島嶼の経済的・社会的発展、住民所有地の保護等が含まれている。両統治の最も大きな違いは、米国がミクロネシア諸島における軍事的行為を認められていたことである。日本の委任統治の場合は、軍事基地の建設が禁じられており、日本はその義務を一九三九年まで守った。[53]そして、日本の場合は、経済的・社会的発展を実現したのに対し、米国の場合はそれらを疎かにした。

米軍のミクロネシア諸島統治は「動物園政策」と呼ばれており、軍事的な機密保持のために外部からの経済投資を抑制し、開発政策もほとんど無視した。同諸島への入域も許可制であり、行政官、人類学者、軍関係者等の出入りが主であった。

しかし、世界的な植民地独立運動の高まり等をうけて、米国のミクロネシア諸島への援助政策が一九六〇年代初めに転換した。ケネディ大統領が六二年に上院議会の法案に署名したことで、ミクロネシア諸島への予算が約七五〇万ドルから約一二〇〇万ドルに増大した。次いで米国政府はソロモン調査団を派遣し、経済開発の方向性を探った。[54]同調査団がまとめたソロモン報告書では、日本企業によるミクロネシア諸島の開発、民選議会や自治政府の設立等が提案されていた。

ミクロネシア諸島を訪れた国連ミッションの報告書でも米国の政策転換が促されていた。一九六一年に提出された同報告書は、不十分な経済発展、貧弱な教育プログラム、住民の健康に対する無配慮、交通システムの貧弱、軍事的利用のために取得した住民の土地に対する不十分な補償等を挙げて、米国の施策を批判した。その批判を受けて、六三年に経済開発専門官が統治領政府に配属され、ミクロネシア開発基金が設置され、六六年に平和部隊が派遣された。そして、六六年に初めて経済開発調査が行われ、ナサン報告書としてまとめられた(55)。

ミクロネシア諸島を戦略的信託統治領下においてから約二〇年たって、本格的な経済開発のための政策が実施されたことになる。しかし、米国による経済開発は、援助金への依存構造を固定化し、日本の委任統治領時代のように経済自立を達成することはなかった。

2　海洋アジアとミクロネシア諸島との経済的融合化

ミクロネシア連邦、マーシャル諸島は一九八六年に独立し、パラオは一九九四年に独立した。北マリアナ諸島は、一九八六年に米国のコモンウェルスとなり、島民は米国籍を有しながら、独自の労働法、移民法にもとづく経済発展を行う道を選択した。

ミクロネシア連邦、マーシャル諸島の場合は、一五年間、パラオの場合は五〇年間、米国が安全保障に関して権限をもち、その見返りにコンパクト・マネーと呼ばれる贈与ベースの援助金が与えられるという自由連合盟約(コンパクト)を米国との間で締結した。マーシャル諸島に対しては別途、核実験による被害の補償として一億五〇〇〇万ドルが支給された。その他に気象、郵便、航空行政、教育、医療に関するプログラム援助の供与、関税の免除(商品の付加価値と、現地産の材料価格の合計が商品の評価額の三五%以上であることを条件とする)等が実施された。

このようにミクロネシア諸国は軍事的、経済的に米国の影響下に制度的にはおかれたが、実際の経済の動きをみると海洋アジアとの関係を深化させていった。

パラオにおいて経済成長が可能となったのは、コンパクト・マネーの投入と観光業の発展である。観光客総数の伸びは著しく、一九七九年は五八七六人でしかなかったが、八八年は二万二六七五人、九九年は六万四九〇一人（うち、日本から二万二一五一人、米国から一万一七一四人、台湾から一万八八八人）[56]となり、七九年に比べると約一〇倍以上増えた。米国からの訪問者はグアム、北マリアナ諸島、ハワイを初めとする米領に住むパラオ人の来島者が主であり、観光客の大半は日本と台湾から訪問している。日本や台湾の企業はホテルやリゾート開発等においても活発な投資活動を行っている。

民間部門に従事する労働者の大半はフィリピン人を中心とする外国人である。一九九八年における全労働者数は八一七一人である。そのうち、政府職員は二八六〇人であり、民間部門で働いているパラオ人は一〇四二人、外国人労働者は四二六九人であった。[57]政府職員はパラオ人がほぼ独占しており、民間部門、なかんずく観光関連産業では外国人労働者が不可欠の存在になっている。一般従業員だけでなく、総支配人、会計担当、経営の幹部、専門職として多くの外国人が働いている。

北マリアナ諸島においてもアジア人が全人口の大部分を占めるようになり、それとともに、島の経済が急速に成長した。一九八〇年における人口は一万六七八〇人であったが、九〇年には四万三三四五人となり、九五年には五万八八四六人に増大した。八〇年から九五年にかけての人口増は約三倍である。しかし、同期間中に地元民のチャロモ人は六五％増えたのに対し、アジア人を中心とする外国人は七一六％増えた。[58]九五年における人口構成をみると、フィリピン人が一万九四六二人、チャモロ人が一万三八四四人、中国人（中国本土、香港、台湾）が六七六二人等であり、[59]フィリピン人が地元のチャモロ人を上回るようになった。

日本から近く、安価な観光地とされている北マリアナ諸島の観光客数の推移を見ると、一九八〇年が約九万人、八九年が約三〇万人、九四年が約六〇万人と急増し、九七年には約六九万人(うち日本からの観光客数は全体の約六〇%)となった。[60] グアムや北マリアナ諸島における観光関連施設への投資の面でも、日本企業を中心とするアジア企業の活動が顕著である。

北マリアナ諸島では観光業とともに衣料製造業が盛んであり、一九九八年七月現在、縫製工場には約一万三〇〇〇人が働いており、労働者の九九%は中国人であった。[61] 北マリアナ諸島では、米国市場への無関税、数量無制限の製品輸出が認められており、それとともに、独自の労働法、移民法が付与されているために、アジア人労働者を多数入域させ、安い賃金で働かせることが可能となり、衣料製造業の発展をみることになった。

一九九二年には香港資本がミクロネシア連邦のヤップ島で縫製工場の経営を始めた。米国市場に対する輸出品の免税措置を利用するための投資であった。約四〇〇人の女性従業員は労賃が安く、勤勉な中国人であった。[62] 労働者や投資資金はアジア諸国から導入され、輸出市場は米国が提供しており、太平洋にまたがってヒト・モノ・カネが移動している。

一九九七年におけるミクロネシア諸国の対日貿易品の構成比をみると、ミクロネシア連邦は鮪と鰹が六七%、マーシャル諸島は鮪と鰹が九八%、パラオは鮪と鰹が九四%となっており、[63] 日本とは鮪や鰹の輸出を通じても経済的に強く結ばれている。しかし、一九九三年以降、パラオ近海で漁獲される鮪の数が減少している。その理由として、中国漁船数の減少、日本における鮪需要の縮小等が指摘されている。さらに、パラオ近海だけでなく九八年において西太平洋、中部太平洋における鮪の漁獲量が、アジア経済の低迷を原因として減少した。[64] これは海洋アジアとミクロネシア諸島との経済的関連性が強いことを示唆する現象であるといえよう。

グアムは米国領であり、現在でも政治的には米国の影響下にあるが、経済的にはパラオや北マリアナ諸島のように、アジア経済圏に取り込まれつつある。グアムに来島する観光客は一九七〇年に七万三七二三人、七九年に二七万二六八一人、八四年に三六万八六六五人、九〇年に七八万四〇四人のように急増した。[65] そして、九七年には約一三八万にまで増えたが、そのうち、約一一一万人が日本からの観光客であった。

パラオ、北マリアナ諸島、グアムの観光客数は、一九九七年まで順調に伸びてきたが、一九九八年には三諸島とも減少した。パラオは、前年の約七万四〇〇〇人から約六万四〇〇〇人、北マリアナ諸島は約六九万人から約四九万人、グアムは約一三八万人から約一一四万人へと減った。グアムにおいて特に大きく落ち込んだのは、経済不振が深刻であった韓国からの観光客であり、約一二万人から約二万人に減少した。[66]

アジア経済が好調なあいだは、パラオ、北マリアナ諸島、グアムの経済も上向きに推移したが、アジア経済が低迷すると、それとともに島々の経済も大きな影響を受けるようになった。二〇〇一年九月一一日に発生した米国における同時多発テロ事件により、これらの島々への日本人観光客の来島が激減した。観光業はこれらの島々における基幹産業であることから、他の周辺産業への影響も大きく、失業率の悪化、進出企業の撤退等の問題が生じた。

ミクロネシアの島々は自由連合諸国、コモンウェルス、米属領という形で米国の政治的影響下におかれているが、一九九八年において好調な米国経済ではなく、低迷していたアジア経済と連動しており、経済の上昇と低迷という同一の変動パターンを共有していたといえよう。

結びにかえて

南洋群島において顕著な経済発展がみられた第一の理由は、南洋庁が委任統治領受任国の責務として同地域の経済的発展を積極的に押し進めたことにある。南洋庁は、土地調査、インフラ整備、製糖業・水産業をはじめとする各種の産業に対する補助政策、人材育成等を一貫して行った。

また、南洋群島の経済発展にとり不可欠な要素は、南洋興発のような企業、移民労働者という各経済主体である。台湾における製糖業経営や、沖縄における製糖業・漁業等の経験を積んだ人々が南洋群島に来島したことで、島嶼の環境や生活に順応でき、膨大な移出商品を日本市場に送り込むことができた。それにより、域内歳入で歳出をまかない、補助金依存状態から脱却し、パラオ人に代表されるように地元民が経済活動に積極的にかかわることも可能になった。

他方、米国による戦略的信託統治領時代のミクロネシア諸島は、一九六〇年代初めから開発関連の施策が本格化するまで、「動物園政策」が行われており、軍事的利用が最優先され、経済的・社会的に停滞した状態におかれた。

委任統治領時代においては、一九三九年頃まで基本的には経済開発に重点がおかれた統治が行われていたため、日本と南洋群島とのあいだにはヒト・モノ・カネの交流が活発であり、一つの経済圏が形成されていた。米国の統治時期は、冷戦の真っ直中であり、経済開発よりも軍事戦略の遂行が最重要課題とされ、ミクロネシア諸島は、核実験場、安全保障上の砦として位置付けられた。

他の太平洋諸島の独立運動に促されるように、ミクロネシア諸島の三国は一九八六年、一九九四年に独立、コモンウェルスという政治的地位を獲得した。米国との政治的・経済的関係は、ミクロネシア諸島に対する安全保障上の権利や、援助金を通じてなお強いことは否定できない。しかし、市場経済の動きをみると、ミクロネシア諸島は海洋アジアの経済的ダイナミズムに引き寄せられているといえる。

観光客、労働者として海洋アジアから人々が来島し、資本が投下され、それにともない観光関連産業や衣料製造業が発展し、島嶼経済が成長するようになった。他方で、アジア経済の低迷にともない観光業、漁業を中心に島嶼の経済にも陰りがみられるようになった。しかしこのことは、経済が好調な米国ではなく、アジア経済にミクロネシア諸島の経済が連動していることを示すものであると考えられる。

海洋アジアとミクロネシア諸島は地理的に近接しており、北マリアナ諸島、パラオ、グアム等のように最も海洋アジアと近い島々ほど、アジア経済と緊密な関係を有するようになった。政治体制はコモンウェルス、独立国家、米国属領と異なるが、経済動態的にはアジア経済圏と融合しつつあるといえる。委任統治領時代においてグアムには南洋庁の開発行政が及ばず、経済成長がみられなかった。戦後の戦略的信託統治領時代には、他のミクロネシア諸島が「動物園政策」に喘いでいたのに対し、グアムでは基地建設ブーム、各種の戦争にともなう軍需景気、観光景気によって潤っていた。政治体制の違いによって同じミクロネシア諸島の中でも経済発展上の違いが生じていたのである。しかし、今日では、政治体制の違いを越えて、海洋アジアと同一の経済変動を経験するようになった。

南洋群島とグアムとのあいだにみられたように、戦前は政治体制の違いにより経済発展の方向性が異なった。しかし、現在においては政治体制に相違がみられても、海洋アジアとミクロネシア諸島とは経済的に融合してきているといえよう。ただ、西太平洋諸島における経済史を概観してみると、日本と米国による島嶼統治の基本的方針の違いに行き当たる。資源開発の必要に迫られた島国日本は南洋群島統治方法の中心に経済開発をおいた。また、現在でも、ミクロネシア諸島に対する主な関心事は観光業、漁業を中心とする経済的側面である。他方、資源が豊富な米国は、経済開発よりも、自国の安全保障政策のなかで島嶼をどのように戦略的に配置するかに関心を払った。海軍によるグアム統治、「動物園政策」、マーシャル諸島における原水爆実験・弾道ミサイル実験、軍事同盟としてのコンパクト等、経済開発よりも軍事的利用という立場は歴史を通じて一貫している。

戦前と戦後のミクロネシア諸島の経済史をみると次のような違いを指摘できる。まず、戦前の南洋群島においては日本人移民、日本企業が主体となって経済開発を行ったが、今日ではフィリピン人、日本人、中国人、台湾人、韓国人、バングラデッシュ人等が移民として島々におもむき、日本企業を中心とするアジア企業の投資が顕著である。低賃金で勤勉な労働者として戦前では、多くの沖縄県民が南洋群島で働いたが、今日では安価な労働者としてアジア人がミクロネシア方面に働く場所を求めるようになった。

また、戦前においては南洋庁が統一的な開発行政を実施し、企業の育成、移民の導入等を図り、急速な経済発展、自立経済を達成することができた。しかし、独立したミクロネシア三国をみると、援助金への依存、政府部門の肥大化等の経済問題を抱えている。米国による「動物園政策」、援助金付け政策にその大きな原因があると考える。

これらの経済問題を解決するためにも海洋アジアとの経済関係をさらに強化して、民間部門の発展を図る必要があろう。戦前において実施された南洋庁の政策、企業の開発手法等は、今日の島嶼経済問題を解決するうえでの具体的な経済発展策として活用できよう。南洋群島統治の歴史的重要性を認識するためにも、戦前、戦後、そして現在という長期の観点からミクロネシア諸島の経済史を考察する必要があろう。

海洋アジアとミクロネシア諸島との経済的関係は、時代毎にその性格を変えた。しかし、西太平洋上には、海洋アジア、ミクロネシア諸島それぞれが単独で完結する圏域ではなく、双方が融合した経済圏が存在していることは確かなようである。

注

（1）鈴木経勲（一九三六）「明治十七年マーシャルに使して――ヤルート島三十二島占領の想ひ出」（『南洋群島』第二巻

第四号)、三八頁。
(2) 同右論文、三九頁。
(3) 矢内原忠雄(一九六三)『南洋群島の研究』岩波書店、四八頁。
(4) Francis X. Hezel (1995) *Strangers in Their Own Land-A Century of Colonial Rule in the Caroline and Marshall Islands,* University of Hawaii Press, pp. 155-157.
(5) Mark Peattie (1988) *Nan'yo—The Rise and Fall of the Japanese in Micronesia, 1885-1945,* University of Hawaii Press, p. 71.
(6) 「一九三一年度日本帝国委任統治行政年報」(外務省編著(一九九九)『日本帝国委任統治行政年報第四巻』クレス出版)、一三頁。
(7) マーク・ピーティー(一九九六)『植民地——帝国五〇年の興亡』読売新聞社、一八八―一八九頁。
(8) 「一九二五年度日本帝国委任統治行政年報」(外務省編著(一九九九)『日本帝国委任統治行政年報　第二巻』クレス出版)、一〇三頁。
(9) 同右書、五二頁。
(10) 「一九二六年度日本帝国委任統治行政年報」(外務省編著(一九九九)『日本帝国委任統治行政年報　第二巻』クレス出版)、一〇三頁。
(11) 高山伊太郎(一九四一)「南洋群島の水産概要」(『太平洋』第四巻第八号)、二六頁。
(12) 同右論文、二二頁。
(13) 「一九二三年度日本帝国委任統治行政年報」(外務省編著(一九九九)『日本帝国委任統治行政年報　第二巻』クレス出版)、一八―一九頁。
(14) 外務省編著(一九九九)『日本帝国統治行政年報』クレス出版、第一巻、第二巻、第三巻、第四巻、第五巻。
(15) 大蔵省管理局(一九八五A)『日本人の海外活動に関する歴史的調査　通巻二十一冊　南洋群島篇　第二冊分』大蔵省管理局、八九―九一頁。
(16) 大蔵省管理局(一九八五B)『日本人の海外活動に関する歴史的調査　通巻二十冊　南洋群島篇　第一分冊』大蔵省管理局、八四頁。
(17) Schwalbenberg M. and Hatcher T. (1994) "Micronesian Trade and Foreign Assistance : Contrasting the Japanese and American Colonial Periods" in *The Journal of Pacific History,* 29 (1), pp. 101-102.
(18) 武村次郎編著(一九八四)『南興史』南興会、七三―七五頁。

(19) 同右書、七八―八〇頁。
(20) 同右書、一〇七頁。
(21) 下出繁雄他著（一九八二）『南拓誌』南拓会、七五頁。
(22) 大蔵省管理局（一九八五A）前掲書、九〇頁。
(23) 武村次郎（一九八六）「太平洋のリン鉱の島々」（『太平洋学会誌』一月号）一〇三―一一〇頁。
(24) 大蔵省管理局（一九八五A）前掲書、九三頁。
(25) 下出（一九八二）前掲書、三六―三七頁。
(26) 同右書、五七―五九頁。
(27) 同右書、七〇頁。
(28) 大蔵省管理局（一九八五A）前掲書、三七頁。
(29) 下出（一九八二）前掲書、八〇―八二頁。
(30) 大蔵省管理局（一九八五A）前掲書、一三八―一四一頁。
(31) 梅崎卯之助（一九三五）「群島に対する愚かな誤解」（『南洋群島』第一巻第一号）、二二頁。
(32) 平野義太郎（一九四一）「南進拠点としての南洋群島」（『太平洋』第四巻第八号）一一―一二頁。
(33) 同右論文、一三頁。
(34) 矢内原（一九六三）前掲書、六二―六三頁。
(35) ピーティー（一九九六）前掲書、二六六―二六七頁。
(36) 大蔵省管理局（一九八五A）前掲書、六六―六七頁。
(37) 石川友紀（一九七四）「海外移民の展開」（『沖縄県史　七　移民』国書刊行会所収）、三九七頁。
(38) 片岡千賀之（一九九一）『南洋の日本人漁業』同文館、一七六頁。
(39) 同右書、一八〇頁。
(40) 鈴木均（一九九三）『「玉砕」に潰えた「海の満鉄」サイパン夢残』日本評論社、八七―九二頁。
(41) Hezel (1995) *op. cit.*, p. 175.
(42) 「一九二八年度日本帝国委任統治行政年報」（外務省編著（一九九九）『日本帝国委任統治行政　第三巻』クレス出版）、一五六―一五七頁。
(43) Peattie (1988) *op. cit.*, p. 95.

(44)「一九二六年度日本帝国委任統治行政年報」(外務省編著(一九九九)『日本帝国委任統治行政年報 第二巻』クレス出版)、六五頁。
(45)「一九三〇年度日本帝国委任統治行政年報」(外務省編著(一九九九)『日本帝国委任統治行政年報 第三巻』クレス出版)、一一九頁。
(46)ピーティー(一九九六)前掲書、二二八頁。
(47)マーク・ピーティー(一九九二)「日本植民地支配下のミクロネシア」(『近代日本と植民地——植民地帝国日本』岩波書店)、二二二頁。
(48)ヘレン・ミアーズ(一九九五)『アメリカの鏡・日本』メディアファクトリー、四七頁。
(49)Joseph Ada(1993)*The State of the Colony*, Guam Government, p. 25.
(50)ミアーズ(一九九五)前掲書、五三頁。
(51)Robert Rogers(1995)*Destiny's Landfall- A History of Guam*, University of Guam, p. 158.
(52)Arnold Leibowitz(1989)*Defining Status-A Comprehensive Analysis of United States Territorial Relations*, Kluwer Law International, p. 488.
(53)ピーティー(一九九二)前掲論文、二〇八頁。
(54)Hezel(1995), *op. cit.*, pp. 300-303.
(55)Leibowitz(1989), *op. cit.*, pp. 496-497.
(56)Office of Planning and Statistics(2000)*1999 Statistical Yearbook*, Office of President, 11.1-11.2.
(57)Bank of Hawaii(2000)*2000 Republic of Palau Economic Report*, Bank of Hawaii, p. 14.
(58)Osman, Wali, M.(1997)*Commonwealth of the Northern Mariana Islands Economic Report*, Bank of Hawaii, p. 10.
(59)Department of Commerce, Central Statistics Division(1997)*1996 Commonwealth of the Northern Mariana Islands Statistical Yearbook*, Department of Commerce, Central Statistics Divison, p. 12.
(60)「グアム、サイパン開発の緊急課題」(『日経リゾート』一九九〇年八月六日号)、一三頁、Department of Commerce(1998)*Commonwealth of the Northern Mariana Islands Statistical Yearbook*, p. 83.
(61)*Pacific Islands Report* 1998/7/22(http://pidp. eastwestcenter. org/pireport/1998/)
(62)日本ミクロネシア協会(一九九五)『協定援助金と経済開発——ミクロネシアの自由連合諸国』日本ミクロネシア協会、一三頁。

(63) *South Pacific* 1998.8, p. 15.

(64) Palau Conservation Society (1999) *Palau's Locally Based Foreign Tuna Fishery:Benefits and Costs to Palau*, Palau Conservation Society, pp. 1-5.

(65) Sanchez Pedro (1988) *Guahan Guam-The History of Our Island*, p. 402.

(66) Guam Visitors Bureau (1999) *Research Report December 1999*, Marianas Visitors Authority (1999) *Visitor Arrival Statistics*, Palau Visitors Authority (1999) *Overview of Palau Tourism Industry for the Year of 1998 & Past Five Years*.

III　日本の社会科学とアジア

10　山田盛太郎の中国農業分析

武藤秀太郎

序

本稿は、戦後日本の社会科学に圧倒的な影響を及ぼした『日本資本主義分析』（一九三四、以下『分析』）の著者、山田盛太郎（一八九七―一九八〇）が第二次大戦中におこなった中国農業研究が、『分析』における日本農業論の再考を迫るものであったことを明らかにする。戦後日本を代表する二大社会科学者として、一般に政治学者の丸山真男と経済学者の大塚久雄を挙げるケースが少なくない。(1)この両者が自己の学問を形成するにあたり、決定的といえる感化を受けたのが、『日本資本主義発達史講座』（一九三二―三）であり、『分析』であった。(2)

日本には「小農」の成立する余地がない。――山田が『分析』で打ち立てたテーゼは、内田義彦をはじめとする市民社会論の原点となり、地主制や産業革命等に関する多くの歴史研究の立脚点となった。(3)また、戦後農地改革の立案過程において、山田理論は少なからぬ影響を与えたといわれている。[4]『分析』はまさに、戦後日本社会再建の拠り所というべき著作であった。

『分析』では、日本農業が「ミゼラブルなほど遅れた」と規定され、その「零細性を確定するに足りる」例として、農家一戸当たり平均耕作面積の日本内地一・〇六町歩が、中国一・二町歩と対比された。[5]かかる見解を抱いた山田は戦時中、実際に中国大陸へと赴き、「北満」農家を視察した。その折、彼は調査結果を報告する席上、現地職員にこう語ったという。

　従来の日本の支那学は量的には汗牛充棟も啻ならざるに、殆んど凡て東洋史に限られ、現代支那の科学的研究がなく、遂に一人のリヒトホーフエンに及ばないのは嘆かはしいことである。[6]

ちなみにリヒトホーフェンはシルクロードの命名者であり、著書『中国』(*China*)で知られるドイツの地理学者である。この一地理学者にも及ばないという痛烈な「従来の日本の支那学」批判は、まさに山田自身の現代中国に関する「科学的」認識の欠如を自己批判したものといえよう。帰国後、山田は「日本稲作技術における卓越性と日本稲作農家経済における組織性」に照らして、「支那稲作農家経済における低位の事情」[7]を明らかにした論文「支那稲作の技術水準――支那稲作の根本命題」(一九四一・八)と「支那稲作農家経済の基調――支那稲作の根本問題」(一九四二・二)を、『東亜研究所報』に発表した。

「ミゼラブルなほど遅れた日本農業」と、「現在の段階において最高と思われる日本農業」[8]。言葉の表現だけに限ってみても、『分析』と戦時中の中国農業研究との間には、明らかな矛盾がある。だが、『分析』理論は何ら修正されずに戦後復刊され、[9]山田は従来の日本農業観に立脚しつつ、農地改革事業に身を投じた。

この『分析』と中国農業研究との間の齟齬については、これまでいくつかの解釈がなされてきた。長岡新吉氏は、両研究の間に見られる日本農業についての記述表現の落差に触れ、『東亜研究所報』に掲載された二論文が、何れも筆者名を明記せずに発表された事実等から、山田の戦時中における「屈折した心理」を読みとっている。[10]また、正田健一郎氏は「アジア稲作経営の中での日本の稲作経営の進歩性、優秀性を確認」する一方、「西欧農業との比較においては、その前近代性、封建性を確認」する山田のアプローチが、西欧畑地麦作農業と日本水田稲作農業との「エコロジカルな相違」を「完全に無視」していたと指摘する。[11]他方、杉山光信氏は、中国農業研究における日本農業の記述が『分析』と「かなり大きなちがい」があるとしつつも、山田が国策に合うように主張を変えたわけではなく、事実の中で「型のちがいを同じ系列の展開のうえで比較しようと試みてい」たと評価する。[12]

先行研究では、このように戦時中の厳しい学問環境や生態条件の無視が、両研究における不整合の原因として挙げられている。私見では、『分析』に適用された方法論は、戦前戦時中を通じて一貫していた。他方で、山田が試みた中国農業分析は、単なる言葉の表現に止まらず、日本に「小農」成立の余地がない、とした『分析』の根本命題そのものの再検討を促したのである。

本稿では、両研究の理論的関係を解明するために、まず『分析』と「連繫を有する」[13]とされる「再生産過程表式分析序論」（一九三一、以下『序論』）を手掛かりに、山田の資本主義観を考察する。つづいて、『分析』における「小農」範疇の位置づけを確認した上で、再生産論を日本資本主義分析へ具体化する「媒介環の解明」[14]を試みたと考えられる論文「再生産表式と地代範疇」（一九四七）をたよりに、資本主義の「型」と「小農」との関連を検討する。さいごに、戦時中における中国農業研究が、『分析』テーゼを覆すものだったことを明らかにしてゆきたい。

一　内部完結する資本主義システム

『序論』は、改造社版『経済学全集』第十一巻「資本論体系　中」に収録された『資本論』第二巻第三篇の解説書である。第二巻第一・二篇を担当した宇野弘蔵の回想によれば当初、山田には第三巻の地代論が割り当てられていたという。だが、山田の強い要望により、第二巻全体を引き受けていた宇野が第三篇を譲ったとしている[15]。『序論』では、再生産表式に関するマルクスの説明に矛盾はなく、マルクスを批判したトゥガン＝バラノフスキーやローザ・ルクセンブルク、河上肇、福田徳三、高田保馬等の表式解釈は誤謬とされた。山田の表式理解は、正統的マルクス＝レーニン主義に則っているといえるが、ここで注目したいのは、その根底にある彼の資本主義観である。

山田によれば日本の理論経済学は、マルクス経済学に関する三大論争――資本蓄積＝再生産論論争、価値論論争、地代論論争――を通じて次第に確立してきたという。中でも山田は資本蓄積＝再生産論論争を「経済学界に深甚なる影響を与え、重大な意義を有するもの[16]」、「わが国における理論経済学の発展の歴史上、特筆記録さるべきもの[17]」と位置づけている。この資本蓄積＝再生産論論争とは、再生産表式解釈をめぐり、トゥガンの表式に立脚して資本主義が内在的矛盾を有していないことを主張した福田徳三と、ルクセンブルクの見解を基に資本主義が必然的に行き詰まってしまうことを唱えた河上肇を中心に展開された論争を指しているが、「ことに注意すべきは、河上博士が、論争相手の福田博士の示唆をも純理としてうけとめ、ついに『行き詰りの理法』を立論するに至ったこと[18]」と述べているように、山田にとって問題の核心は、河上の資本主義行き詰り論にあった。というのも、河上の表式理解は、山田の抱く資本主義像と真っ向から対立するヴィジョンを提示していたからである。

河上はマルクスの拡大再生産表式（第1例）第一年度をこう分析する。[19] 前提条件にしたがい、第Ⅰ部門の蓄積率は五〇%、第Ⅱ部門の蓄積率は第Ⅰ部門の運動に依存して決定することから、第Ⅰ部門の資本家は剰余価値五〇〇単位、第Ⅱ部門の資本家は六〇〇単位を消費することとなる（合計一一〇〇単位）。また、両部門の労働者は、資本家から受け取った貨幣で合計一〇〇〇＋七五〇＝一七五〇単位の消費資料を購買する。したがって、消費資料需要の総計は、資本家と労働者合わせて二八五〇単位となるが、今年度生産された消費資料は三〇〇〇単位なので、一五〇単位売れ残ってしまう。この一五〇単位は、次年度に増加する労働者の生活資料に充てられるはずだが、一旦貨幣によって買われなければならず、どう売り捌くかが表式内部で解決できない問題として生ずる。そのため、「純粋な資本主義的組織」の下では、資本の増殖は初発の第一歩から不可能であり、拡大再生産をおこなうには「剰余産物」として生産された消費資料の一部を、資本主義組織の外部に売りつけると同時に、賃金労働者の需要に充てるべき消費資料の一部を、圏外から買い入れることが必須条件となる。

拡大再生産表式（第１例）第一年度

Ⅰ	4,000c ＋ 1,000v ＋ 1,000m ＝ 6,000
Ⅱ	1,500c ＋ 750v ＋ 750m ＝ 3,000

河上は拡大再生産表式を以上のように解釈し、拡大再生産が成立するためには「先資本主義的領域」が資本主義的組織の外部に存在すること、つまり資本家階級にも労働者階級にも属さない「単なる商品生産者」が介在しなければならないことを主張した。史実に照らしてみても、このことは明らかではないか。河上は、その典型例として一九世紀前半におけるイギリスを挙げた。当時、イギリスは資本主義的組織の下で生産した綿製品を海外へ大量に輸出し、アメリカから綿花を、ロシアから穀物をそれぞれ輸入していた。綿製品の原料となる綿花は奴隷制の下で、労働者の消費資料となる穀物は農奴制の下で搾り取られた「非資本家的生産物」であり、それなしにはイギリス資本主義は成立し得なかったというのである。

黒船による日本への通商の強制もまた、西欧の資本主義が、「先資本主義的領域」を求めて膨張を続けた結果に他ならない。河上によれば、資本主義の洗礼を受けた日本の「都会」は、差し当たってその外囲を国内の「田舎」に見いだしたという。資本家的綿製品の流入により、地方の家内綿業が駆逐されてゆく一方、農家から買い取られた繭は、資本家的生産物に変形され、海外諸国へと輸出された。その後、資本主義の発達と共に、日本は「攻守地」を変えて、自国の領土外へと非資本主義的空間を求めた。明治になって三〇年も経たないうちに日清、日露戦争を起こし、台湾、朝鮮等を領有するに至ったのは、その表れである。

かかる見地からすれば、政治的に同じ国の支配下に属する者でも、「単なる商品生産者」は、資本主義的組織にとって「領外の顧客」であり、反対に政治的に異なった国家にあっても、資本主義的に組織されている限り、「一つの社会」を構成していることとなる。資本主義システムに日本、イギリスといった国家的区別は存在しない。資本主義の「領内」は発展に応じて日々拡張してゆき、「領外」を絶えず取り込んでゆく。そして全世界を領域内に包含しつくしてしまった時、資本主義は「絶対に行き詰って仕舞う」。河上の「行き詰りの理法」は、このように「先資本主義的領域」が消滅し、資本主義が最終的に存立し得なくなることを意味していた。

こうした河上の行き詰り論は、山田からすれば、ルクセンブルクに依拠した近藤康男の『農業経済論』（一九三二）と同様、「日本農業の半農奴制的型を資本一般の再生産一般へ解消する」[20]ものに他ならなかった。日本では資本主義の「領外」が国内の農村に存在し、イギリスはその「領外」を広く海外植民地に求めている。ただ規模が違うだけで、資本主義の本質は何ら変わらない。資本主義に「典型」も「特殊」もない。

日本の資本主義を「特殊」と考える山田にとって、河上の資本主義観を支える再生産表式解釈は、どうしても論駁しなければならなかったのである。[21]山田は河上の見解をこう批判した。

問題は、それ〔消費資料〕が何時何時までに売れるかどうかという販売技術的な問題ではなく、それが貨幣回流＝復帰なる再生産論上の一法則の貫徹している運動段階の必然的な一環を構成しているか、または、運動からの逸脱、運動の中断をなしているかという資本の再生産の運動の問題である。すなわち、河上博士によって提起された問題はすでに解決済みなのである。[22]

追加的貨幣資本を前貸しすれば次年度「回流」し、つじつまが合うため、消費資料を売って貨幣に換えられるかどうかという「販売技術的な問題」は考慮するにあたらない。河上の表式理解は、この技術的問題に拘泥しているというわけである。

ここでの争点は、マルクスの拡大再生産表式自体に、それぞれの解釈を許す余地があるといえる。ともあれ、河上批判を通じて山田が提示したのは、資本主義が本来、「先資本主義的領域」を必要としない内部完結するシステムである、というヴィジョンであった。懇願してまで担当した『序論』の主眼はまさに、この資本主義観を打ち立てることにあったといっても過言ではない。

かかる観点から見た場合、日本の農村は、資本主義的組織とはほど遠い「特殊」な関係にある。そこで初めて、「再生産論を日本資本主義分析へ具体化する理論的展開」のために、「媒介環の解明」が必要となってくるのである。

二 「メルクマール」としての「小農」範疇

一九三〇年七月、当時東京帝国大学経済学部助教授であった山田は、日本共産党への資金提供容疑により検挙、辞職を余儀なくされた。それまで「現実の問題には不得手であった」山田は『序論』執筆後、現状分析に「何んのわがたまりもなく力を注ぐことができた」という。[23]『日本資本主義発達史講座』に発表した論文をまとめた『分析』は、「再生産論の日本資本主義への具体化」を試みた体系的著作であった。

『分析』序言では、産業資本確立の過程が資本主義の「型」が規定される画期とされ、日本資本主義は日清、日露戦争期にあたる明治三、四〇年に、「軍事的半農奴制的型制」として終局的に確定した、と宣言された。この「日本型」資本主義に対し、「近代的大土地所有制をもつ英国資本主義」、「零細土地所有農民の関係をもつフランス資本主義」、「ユンケル経済の支配と零細土地所有農民の局面とをもつドイツ資本主義」、「ユンケル経済と雇役制度《オトラボトキ》=債務農奴《カバラ》態とをもつ『軍事的封建的』な旧露資本主義」、『純粋にロシア的』な雇役制度の基礎と資本主義的大農経営の支配とをもつ米国資本主義」と、各国資本主義の「型」が列挙されているが、(24) ここで注意したいのは、ピューリタン革命を起点とする英国とフランス革命を経験した仏国を、「典型的発達」を遂げた資本主義国として、同一のカテゴリーに位置づけている点である。序言はまた、資本主義分析における産業資本確立過程の検討と同等に、「農民問題において『小農』の範疇の検討が全問題解決の鍵である」(25)と言及している。この「全問題解決の鍵」とされる「小農」範疇に関する記述を、『分析』本編から引用してみよう。

・さき〔徳川時代〕の零細耕作農奴は、フランス革命の場合の「分割」農民におけるが如き解放を得ることなく(26)

〔傍点筆者、以下の引用文の傍点も同じ〕

・かく〔矛盾を有する日本資本主義〕の如き場合においては、生産の自由な順当の発達の余地なく、いわゆる独立自営農民ならびに独立小生産者のその独立性を範疇づける余地なく(27)

・それ〔日本における半農奴制的零細耕作〕は、生産の発展段階から見ても、また範疇の基本特質から見ても、『イギリスのヨーマン、スエーデンの農民身分、フランス及び西部ドイツの農民』の如き典型的独立農民の場合の、貨幣地代のよりも進んだ段階に対応的の、自由な零細土地所有《パルツェレン・アイゲンツーム》の『正常的な形態』の性質を持つというよりも、むしろ、『南東インド』の植民地農民の場合の、『征服者』イギリス人によってその存続の現物地代の形態を利用せられた所の、『零細土地所有《パルツェレン・アイゲンツーム》の一個の戯画』の性質を持つ所であり[28]

•〔日本の半隷農的零細耕作農民と〕フランス革命（一七八九年以降）によって解放せられた独立自由な「分割」農民との差別を記せよ[29]

•日本の自作農をして『独立自由な自営農民』または『小農』の範疇たらしめざる根拠を明示する[30]

•かく〔日本〕の如き狭隘な土地所有＝農耕の関係においては、独立自由な自営農民の成立の余地なく、したがって、小農の範疇は成立の余地なく[31]

これらのコメントから、「小農」とは「独立自営農民」であり、イギリスのヨーマンやフランスの「分割」農民に相当するものであることが読みとれる。また、次節で取り上げる山田の講演「再生産表式と地代範疇」の速記録にも、類似したコメントがある。

〔資本主義が農村の中に浸潤しつつあるにもかかわらず、従来の小作関係を揚棄しえない〕そのメルクマールとしては小農の範疇の成立する余地がなく、のんびりした朗らかな状態、いわゆるデッケンする生計をもたず、中農が特殊の性質を帯びているという関係である。すなわち再生産表式は資本の関係の almighty を示すものであるが、日本のばあいには資本は自己の型に従い全部門を支配しえず、これを阻止する土地所有の存在を示す。[32]

「メルクマール」というように、山田は「小農」の範疇に特別の意味を与えていた。というのも、資本主義の「型」が、「小農」範疇の成立如何により規定されると考えていたからである。

この点を念頭において、再生産論を日本資本主義分析に適用する「媒介環」を解明すると共に、「日本経済再建の方式と農業改革の方向とをきめる理論的基準を、『再生産表式と地代範疇、その関連』におくことにして、問題整理にあたった」論文である「再生産表式と地代範疇」(一九四七、以下『範疇』)を検討してゆくことにする。

三　山田理論とレーニン

『範疇』は、「昭和十年十二月、東京帝国大学経済学部経友会主催の下に行われたところの講義『再生産表式と地代範疇――資本主義経済構造と農業形態』の手稿の内、第一部理論の部」が基となっている。(33) これは『分析』発刊後、山田が公に沈黙を破った戦前唯一の講演であった。

「マルクスの再生産表式はケネーの『経済表』の揚棄であり、その揚棄の最も根本的な条件の一つはマルクス地代理論の完成である」。『範疇』ではまず、マルクスが地代論の完成と同時に、ケネーの経済表の検討を開始し、再生産表式を確立したというプロセスから、ケネーとマルクス両表の差異が「地代範疇の差異に要約しうる」と解釈された。すなわち、マルクスの再生産表式においては、地代理論でいう差額地代、絶対地代として、剰余価値の「一分岐」として包括されるのに対し、ケネーの経済表では、生産階級のもたらす「純生産物」がすべて地代となり、「唯一の剰余価値」として提示される。この地代範疇の違いが、両表式を分かつ規定要因だというのである。

ケネーの経済表からマルクスの再生産表式への発展の「理論的」根拠を、このように整理した後、山田はケネーの経済表が「古典的絶対王政下のフランス」における「封建制度の、土地所有支配のブルジョア的再生産」を、マルクスの再生産表式が「イギリスを本場とする典型的資本主義」を、それぞれ忠実に再現しているという想定に立って、その発展を制約する「歴史的」条件を検討した。(34) ケネーの経済表に表現された諸関係は、フランス革命により清掃され、その結果「零細土地所有農民」が成立した。この「零細土地所有農民」は、イギリスにおける「ヨーマン階級」に「該当」する。他方、マルクスの再生産表式における地代範疇は、農民からの土地収奪により「ヨーマン階級」が一掃され、近代的農業が成立したイギリスを前提としている。したがって、地代範疇のケネーからマルクスへの発展を制約する歴史的条件とは、ピューリタン革命やフランス革命という社会革命と、その担い手である「ヨーマン階級」、「零細土地所有農民」を掃蕩する農業革命=「囲い込み」、「土地清掃」ということとなる。

英仏両国では、メルクマールである「小農」範疇=「ヨーマン階級」、「零細土地所有農民」が成立した。「資本主義は英仏において典型的発達を遂げた。イギリス革命(一六四八年)とフランス革命(一七八九年)とがそれを指標する」。他方で、「両個の革命が時点において約一世紀半を隔つることは、英仏両国間の発展度の差異を示すもので、当面の土地所有形態に関してイギリスにおいては土地『囲い込み』『土地清掃』を前提としフランスにおいては『零細土地所有』の必然を基調とする」。つまり、イギリスに比べると革命時期が一世紀半後れているために、フランスではまだ、近代的=資本主義的農業への移行が済んでいないというわけである。

しかし、フランスにおける「零細土地所有」は、あくまで「当面の土地所有形態」であり、「小農」範疇が成立した以上、近代的農業の条件はクリアしている。「小農」が揚棄されるためには何よりもまず、その「小農」範疇が確立されていなければならない。果たして日本では如何。結論的にいえば、『分析』では「小農」範疇の成立の余地がないことを強調するわけである。

ところで、『山田盛太郎著作集』(以下『著作集』)別巻に収録された山田が講演のために準備した手控えをみると、『農業綱領』等、レーニンの一連の著作を参考にしていることが分かる。レーニンのいわゆる「二つの道」論との関連でいえば、山田にとって「ブルジョア的農業進化の二つの型」は、「小農」範疇が成立しているか否かで決定する、ということになろう。「小農」が確立している場合には、「競争の法則」が作用して「アメリカ型の道」を進むが、成立していない場合には、封建的要素が残存した「プロシア型の道」を歩んでしまう。『範疇』の副題である「日本経済再建の方式と農業改革の方向とをきめるための一基準」とはまさに、「小農」範疇の確立を示唆していたと考えられるのである。(35)

四　山田理論とエンゲルス

このように「小農」概念は、山田理論で重要な位置を占めているが、『分析』や『範疇』では、何故か「小農」の具体的態様について定義されていない。その概要については、東亜研究所調査員時代にこう触れられているのみである。

> 私は中国の農業における農民層の現在の水準がいったいどのようなものであるか、またどの程度のものであるかという問題を研究してきたのであります。このような問題の総括的な資料としましては多々ありますが、その中で「農村復興委員会」で出しました「農村調査」という資料がございます。この資料は、中国の農民のいろいろな層を挙げていますが、その中で中農なる層を「どうにか暮しができ、単純再生産ができて行くもの」というように規定しております。すなわち自分で食うだけを作り、残りが少ないという条件をもつものでありますが、この規定は国際的に用いられている小農という範疇によく適合するものでありまして、一般に中農という場合にはもう少し経営の面積も大きく、もう少しゆとりもあり、豊年の場合には若干の蓄

積も可能でありまた若干の人も雇えるといったものであります。……しかしながら中国におきましてはちょうど収支が相償うといった状態にあるのが中農とされているのでありまして、したがって中国のそれは小農の範疇に適合するものであります。[36]

国際的な「小農」の範疇が「どうにか暮らしができ、単純再生産ができて行くもの」に相当する一方、日本ではこの「小農」が成立していない、とみなされていたことを念頭において、考察を進めてゆくことにしたい。

山田が中国農業研究に従事するまでの経緯は、一九三六年七月のコム・アカデミー事件までさかのぼることができる。当事件により、小林良正や平野義太郎等と共に治安維持法違反容疑で検挙された山田は留置中、転向を声明し、翌年三月に起訴猶予処分で釈放。その後、日本米穀協会食糧問題研究会の会員を経て、一九三九年一〇月に東亜研究所第五調査委員会の専門委員に就任した。この第五調査委員会は、「日満支ブロック」における食糧需給問題の総合的調査を目的として組織されたものであった。[37]

山田は一九四〇年四月から六月にかけ、帝国農会の嘱託で「満州・河北農業事情調査」に従事した。当調査で山田はまず、「北満」の綏化と肇州二県の農家を視察し、その後「南満」から「北支」を巡覧したが、「総べてのことが耳新しく、又眼新しく、大変良い勉強[38]」になったという。現地の報告会で、山田は「北満」大農経営を「アジアの零細経営なる通念を覆すもの」として、こう語っている。[39]

「北満」農家は外見上、「驚くべき壮大な構え」を持っているものの、内部に立ち入ってみると、「何一つ威圧されるといったものはない」。それどころか「貧乏長屋も同然な有様」である。綏化、肇州の二農家の基礎には大家族制があり、その「血族的紐帯」が農家経営の統合原理となっている。これら北満の大農経営は、豊度や交通など経営条件が向上するにつれ規模を拡大してゆくものではなく、反対に「血族的紐帯」を破って小家族の「戸」

に分解してゆく性質のものと考えられる、と。

「北満」における「血族的紐帯」の強固な存在を確認した山田はさらに、北部の畑作地帯ばかりではなく、南部稲作地帯においても「大家族制が小さくなっているとはいってもしかしそれにもかかわらず血縁的な靭帯というべきものがなおかつ存在して未だ断ち切られていない関係がある」のではないか、と推測した。その根拠の一つとして彼が挙げるのが、中国における「政治支配を確立する経済内容」の欠如である。日本のように「近代的にかつ全国民的に統一化」するためには、「血族的紐帯」が破れ、「経済的原理」により一つに組織化されねばならない。だが、漢人農法の基礎には「血族的紐帯」が存在しており、それが「前から必然的に容易ではなかった」というのである。山田は中国に残存する「大家族制という関係」を、「前資本主義的なものというよりはもっと前の、寧ろ封建的なものよりももっと以前の関係を示すもの」とした上で、その下で行われる家族労働を「家族奴隷労働制といってもよい位の関係」と分析した。

以上のような山田の見解は、「血縁的紐帯に結びつけられた農家経営」から中国の政治的国家的不統一を導き出していることから推測されるように、『家族・私有財産・国家の起源』に代表されるエンゲルスの家族、国家論に立脚しているといえる。エンゲルスによれば、国家とは、労働の生産性の発達に伴って粉砕されてゆく「血縁的紐帯」に代わる統合原理として、「一定の発展段階において成立する社会の産物」である。つまり、調査視察した綏化、肇州の農家において「血縁的紐帯」の強固な存在を発見した山田は、中国大陸における政治的に不統一な状況から類推して、北部畑作地帯だけではなく、南部稲作地帯を含めた「漢人農法」全般の特質を「血縁的な関係」の存在に求めたのである。また、山田の用いる「戸」概念も、エンゲルスの家族論から推察すれば、エンゲルスのいう「文明とともに確定的に支配的となる家族形態」＝「単婚家族」となる。「戸」へ分解した後はどうなるか。山田は次のように説明している。

一度分解しますと、その次からは生産力が高まるごとに戸のままで分解することなく拡張して行くのであります。[40]

戸に分解してから市場関係とか、交通関係とか、土地の豊度の増大とか一般的に言つて生産力の発展といふものがあらはれると一旦分解した「戸」を基礎にして再び経営は拡大してゆく、と私はかう考へるのであります。[41]

実地調査で目撃した「血族的紐帯」の存在と、中国が政治的に不統一であるという状況に照らして、中国農家が「戸」へ分解していないと直感した山田は、実際に視察した畑作地帯だけでなく、稲作地帯においても「戸」として独立していないことを、資料的検討を通じて実証しようと努めるのである。

五　逆説の中国――「小農」の範疇と「適正規模農家」の範疇

中国大陸から帰国した山田は、その調査報告の一端として、序論で触れた二論文を発表した。この論文をそれぞれ第一篇、第二篇として、戦後まとめたものが『中国稲作の根本命題――日本稲作技術段階に照らされた中国のその段階』（一九五二、以下『根本命題』）である。[42]『根本命題』の主眼は勿論、稲作地帯における中国農家経済が「戸」として独立していないこと＝「中国稲作の根本命題」を、資料を駆使して証明することにあった。ここで注意したいのは、論証の過程で、日本農業が「戸」の基準として採用された点である。

第一篇ではまず、単位面積当たり収量についての日中比較が試みられた。主計処統計局や中央農業実験所などのデータを用いて山田が導き出した数値によれば、中国における一反当たりの玄米収量は、同時期の日本の約六四%に当たる一・三石であり、これは「明治維新以降の新しい技術指導が及ぶそれ以前の段階」に相当し、日本における「無肥料連作の場合の水準と同じ低位」にあるとされた。一農戸当たりの収量においても、中国農戸の七・二石は日本の六五%にすぎず、さらに「経済量」に換算すれば、日本の一八%という低水準にある。山田はこうした中国農戸の「人目を射る」乏しさこそが、「血族的紐帯」を破って「戸」として独立することを困難にし、「苦力・土匪・流亡」が大量に流出する原因になっていると指摘した。「漢人農法」を特徴付ける水稲二期作もまた、野放し可能なインディカ米を使用しており、ジャポニカ米で二期作を行っている日本との技術格差は歴然である。

収量や耕作方法、品種面から「中国稲作の技術水準」をこのように照射した上で、山田は第二篇で、中国稲作農家経済の具体的実態を検討した。中国農家の耕地面積は日本内地の一・一二倍に相当し、稲作面積も一・一七倍に当たるものの、農業総収入は価格に換算して日本の二八%、農業所得は四三%に過ぎない。また社会構成上の推移をみると、中国では一九三一年の農業恐慌を起点として、農業生産を代表する農民中堅層が凋落の一途を辿ったのに対し、日本の一―三町歩耕作農戸を中心とする中堅層は、同時期の農業恐慌を切り抜け、一貫して漸増する趨勢を示している。この強固な合理的基礎を有する中堅層の存在こそが、中国と「決定的」に異なる点であり、これは「日本農業が恐慌切り抜けの過程で確立してきた一範疇」＝「適正規模の農家」の範疇である。自作農の実態をみても、「中国稲作農家経済における裕りなき窮屈さ」に対し、「明治以降の急速な経済発達に応処した日本農業の堅実な発達」が見てとれる。山田はさらに、「水稲地帯の最高水準にある日本農業における型」との比較から、中国の経営組織が小規模で脆弱であり、自家用部分が大きく「自然経済部分が濃厚」であると主張した。

『根本命題』では、以上のように技術水準から農家経済の実態までの分析を通して、中国稲作農家が、「戸」として独立するに至っていないことの論証が試みられた。ここで問題としたいのは、第二篇における中国農家経済検証の過程で登場した「適正規模農家」の範疇という概念である。当概念について『根本命題』では、恐慌を克服する過程で確立してきた範疇としか説明されていないが、『著作集』第三巻に収録されている資料「『中国における農業生産の規模、概要篇』——のための論議点要領」では、その基準を「農家の自家労力を十全に活用するに足るだけの規模」、および「農業所得のみで生計し得るだけの規模」に置き、「この範疇は同時にまた農業生産力増進の視角を内包したもの」と定義している。(43) これを山田が「小農」の範疇に込めた意味と比較すると、全く違いのないことが分かるであろう。すなわち、「小農」の範疇と「適正規模農家」の範疇とは、表現の違いはあれ、同一の態様を示しているのである。

綏化、肇州の農家で眼にした「血族的紐帯」の強固な存在と、中国本土における近代的国家体制の欠如から、山田は中国農業の特質を、「戸」にまで分解に至っていない点にあると判断した。曰く、稲作地帯は「北満」に比べると「非常に際だったすばらしさを持ってはいますが、その基礎にはなお一つの割り切れない、明瞭でない関係を蔵しているように考えられ」たのである。そこで、彼は「戸」として独立しているとされる日本農業との比較から、中国稲作農業の検証を試みることとなる。だが、資料を駆使して中国農家が「戸」に分解していないことを証明する過程は同時に、日本農業の「戸」が「適正規模農家」=「小農」の範疇として裏付けられてゆく過程でもあった。

現地報告の時点では、「戸」の範疇と「小農」の範疇とは、山田の頭の中で漠然と区別された概念であったかもしれない。確かに、同じマルクス主義的手法を用いながらも、『分析』と『根本命題』ではアプローチの仕方が異なっている。しかし、日中農家経済の比較をおこなう過程で、日本農家がモデルの「戸」の範疇は、「適正規模農家」の範疇へと具現化されていった。日本には成立していないとされた「小農」の範疇が、中国農業研究を通じて、図らずも「適正規模農家」の範疇という形で存在することとなったのである。

結

日本には、「ヨーマン階級」に匹敵する「小農」が存在しない。――戦後の日本社会科学における最大の課題は、この「小農」範疇の確立にあったといえる。イギリスが「典型的資本主義国」となった究極的要因をヨーマン＝「中産的生産者層」の両極分解に求め、これを基準として比較経済史を樹立したいわゆる大塚史学は、まさに山田が『分析』序言で描いた構図を、西洋史の立場から論証を試みた体系であった。また、近世儒教の自己分解過程の内に「近代的思惟」の成熟を読みとり、その定着を訴えた丸山政治学においても、『分析』から受けた影響の大きさは否定できないだろう。(44)

戦時中の実地調査により「現代支那の科学的研究がな」いことを痛感し、着手した山田の中国分析はすぐれて「科学的」なものであった。だが、「中国稲作の根本命題」を「戸」に分解していないことに見出し、その論証に努めた山田の中国農業研究は、これまでの考察で明らかにしたように、日本に「小農」の範疇の余地がない、とした『分析』の根本命題の再検討を迫ったのである。『分析』は正、反、合という弁証法的プロセスを経て、新たに書き直されるべきであった。

しかし、山田は戦後、中国農業研究をそれ以上掘り下げることはなく、日本農業は単に「稲作農業として、中国農業、南方農業に比して遙かに高位にある」が、「欧米の小麦作農業に比して範疇を異にするほどの低位にある」と解釈された。(45) 戦後日本の社会科学は、初発からアポリアを抱え込むこととなったのである。

注

(1) 石田雄『日本の社会科学』（東京大学出版会、一九八四年）「Ⅵ 敗戦後における社会科学の蘇生」、中野敏男『大塚久雄と丸山真男――動員、主体、戦争責任』（青土社、二〇〇一年）、小熊英二『〈民主〉と〈愛国〉――戦後日本のナショナリズムと公共性』（新曜社、二〇〇二年）第二章「総力戦と民主主義――丸山真男・大塚久雄」等。

(2) 『講座』や『分析』から受けた影響について、丸山と大塚は次のように述べている。「いわゆる『講座』の影響を、共産党とかコミンテルンの権威ということと不可分に説明する仕方が最近はやるけれども、また、そういう関係での影響力も事実あったのでしょうけれど、私なんかの実感は全くちがうんですね。三二年テーゼもコミンテルンもへったくれもないんです。全く日本資本主義の科学的分析という意味で、目からウロコが落ちる思いがしました」（『丸山真男座談』第五巻、岩波書店、一九九八年、二一九頁）。「私はこれだと思ったのです。これこそ比較経済史の一つの見事な模範ではないか。しかもその場合、比較を可能にしているのは、各国の資本主義がそれぞれに特有な「構造」をもち、独自な「型」に打ち出されているという、そういう考え方なのだ。こういう「構造」とその「型」という方法概念を媒介として、先生〔山田〕の見事な比較史的な立場が可能となっている。私はこれだと思ったのでした」（「山田理論と比較経済史学」（『土地制度史学』第九三号、一九八一年一〇月、二〇―一頁）。

(3) 代表的なものとして、大石嘉一郎編『日本産業革命の研究――確立期日本資本主義の再生産構造』上・下巻（東京大学出版会、一九七五年）、中村政則『近代日本地主制史研究――資本主義と地主制』（東京大学出版会、一九七九年）。

(4) 細貝大次郎「山田先生と農地改革」（『土地制度史学』第九三号、一九八一年一〇月、三一―二頁）。

(5) 山田盛太郎『日本資本主義分析――日本資本主義に於ける再生産過程把握』（岩波書店、一九三四年、『山田盛太郎著作集』〔岩波書店、一九八三―五年〕第二巻、一七二―三頁）。以下『著作集』と略記。

(6) A・S生「北満の大農経営に就て――山田盛太郎に聴く」（『北満合作』第一巻第三号、一九四〇年七月、一四七頁）

(7) 第五調査委員会「支那稲作農家経済の基調――支那稲作の根本問題」（『東亜研究所報』第一四号、一九四二年二月、三四頁）。なお、『著作集』収録版（戦後版）では「日本稲作技術における卓越性」でなく、「日本稲作技術における優位」と修正されている。

(8) 河上「満州・支那農業の基礎問題に就て――山田盛太郎氏の視察報告を聴く」（『北満合作』第一巻第三号、一九四〇年七月、『著作集』別巻、二八一頁)。

(9) とはいえ、戦前版と戦後版では、いくつかの無視できない修正が施されている。長岡新吉「『日本資本主義分析』の歴史と論理　一つの講座派批判」(『経済学批判』第八号、一九八六年六月) 参照。

(10) 長岡新吉『日本資本主義論争の群像』(ミネルヴァ書房、一九八四年、二七五頁)。

(11) 正田健一郎『日本における近代社会の成立』上巻 (三嶺書房、一九九〇年、二三四頁)。

(12) 杉山光信『戦後日本の〈市民社会〉』(みすず書房、二〇〇一年、二四頁)。

(13) 山田盛太郎『日本資本主義分析――日本資本主義に於ける再生産過程把握』(岩波書店、一九三四年、『著作集』第二巻、三頁)。

(14) 山田盛太郎『再生産過程表式分析序論』(改造社、一九四八年、『著作集』第一巻、五七頁)。

(15) 「マルクス経済学と私　宇野弘蔵氏に聴く②」(『エコノミスト』、一九五三年三月一四日、四七頁)、宇野弘蔵『資本論五十年』上巻 (法政大学出版局、一九七〇年、三二九頁)。

(16) 山田盛太郎「刊行のことば」(同編『日本資本主義の諸問題　小林良正博士還暦記念論文集』、未来社、一九六〇年、『著作集』第一巻、三二五頁)。なおここで山田のいう三大論争のうち、価値論論争は、マルクスの労働価値説を批判した小泉信三「労働価値説と平均利潤の問題。マルクス価値説に対する一批評」(『改造』、一九二二年二月) をめぐり繰り広げられた論争を、地代論論争は、マルクスの地代論を論難した土方成美「地代論より見たるマルクス価値論の崩壊」(『経済学論集』一九二八年四月) を起点として展開された論争を指している。

(17) 山田盛太郎「わが国における経済学発展の特異性」(『日本学士院創立百年記念講演集日本学士院紀要特別号』、一九七九年三月、『著作集』第一巻、二九六頁)。

(18) 同右書、三〇〇頁。

(19) 河上肇「福田博士の「資本増殖の理法」を評す」(『社会問題研究』第三一―四冊、一九二二年三―五月)。

(20) 山田盛太郎『日本資本主義分析――日本資本主義に於ける再生産過程把握』(岩波書店、一九三四年、『著作集』第二巻、一六六頁)。

(21) 山田が河上の『社会問題研究』を学生時代に読み、マルクス主義に目覚めたこと (「〈座談会〉『資本論』事始め」、『経済学論集』第三三巻第三号、一九六七年、九六頁)、また同郷の岩田義道が思想上の行き詰まりを打ち明けにきた際、『社会問題研究』数冊を貸したこと (「座談会　一革命家のプロフィル――岩田義道の生と死」、『現代と思想』第一五号、一九七四年、七七頁)、さらには河上が検挙された際に、「河上先生に『資本論』の翻訳を完成してもらいたいという一念」から弁護士の選定等に尽力したエピソード（住谷一彦「山田先生と河上肇先生」、『著作集』第五巻月報、六頁）等から、山田が河上に強い敬愛の念を抱いていたことが看取できる。

　頼み込んで担当した『序論』で、尊敬する河上の「行き詰りの理法」を批判することが、如何に大きな意味をもつかが窺い知れよう。なお、両者の具体的交流については、大野英二「河上肇先生と山田盛太郎先生」（『未来』一九九八年三月）参照。
(22) 山田盛太郎『再生産過程表式分析序論』（改造社、一九四八年、『著作集』第一巻、二二二頁）。
(23) 「〈座談会〉『資本論』事始め」（『経済学論集』第三三巻第三号、一九六七年、一〇七頁）。
(24) 山田盛太郎『日本資本主義分析――日本資本主義に於ける再生産過程把握』（岩波書店、一九三四年、『著作集』第二巻、三―四頁）。
(25) 同右書、五頁。
(26) 同右書、一三―四頁。
(27) 同右書、一四一頁。
(28) 同右書、一五一―二頁。
(29) 同右書、一六一頁。
(30) 同右書、一六五頁。
(31) 同右書、一八五頁。
(32) 南満州鉄道株式会社東亜経済調査局調査部資料課『農業問題に関する若干の資料――再生産表式と地代範疇。付録東亜食糧問題の見地よりする中国米穀調査（準備案）』（一九四〇年、『著作集』別巻、二五八頁）。
(33) 山田盛太郎「再生産表式と地代範疇――日本経済再建の方式と農業改革の方向とをきめるための一基準」（『人文』創刊号、一九四七年三月、『著作集』第三巻、四七頁）。
(34) 「理論」と「歴史」とをパラレルに捉える山田のスタンスについては、内田義彦が『範疇』発表後の早い段階で、「山田氏は、ケネーからマルクスへの理論的発展を、両者がそれぞれ直面した歴史的・客観的条件の発展に、一義的に帰せしめている」と指摘していた（「『市場の理論』と『地代範疇』の危機――日本資本主義分析における再生産論適用の問題によせて」、『内田義彦著作集』第十巻、一七一頁）。
(35) ここまでの考察で明らかなように、山田は少なくとも三部作執筆時点においては、「小農」経過以前・以後という非常に図式的な捉え方をしていた。この点に関して、内田義彦がすでに同右書の中で、「あまりにシェーマティッシュな

『経過点』理解」と批判しているが、いくつかの再批判がなされているので（山之内靖『イギリス産業革命の史的分析』、青木書店、一九六六年、一一六―七頁、内田芳明『ヴェーバーとマルクス――日本社会科学の思想構造』岩波書店、一九七二年、二七九―八〇頁）、この点を今一度、確認しておく必要がある。山田における「ヴェーバー的問題」といった評価は、おそらく戦後修正された見解に基づいてなされたものであろう。

(36) 河上「満州・支那農業の基礎問題に就て――山田盛太郎氏の視察報告を聴く」（『北満合作』第一巻第三号、一九四〇年七月、『著作集』別巻、二六五―六頁）。

(37) 東亜研究所第五委員会については、原覺天『現代アジア研究成立史論――満鉄調査部・東亜研究所・IPRの研究』（勁草書房、一九八四年）第一編「東亜研究所の歴史と研究業績」参照。

(38) 河上「満州・支那農業の基礎問題に就て――山田盛太郎氏の視察報告を聴く」（『北満合作』第一巻第三号、一九四〇年七月、一五二頁）。

(39) A・S生「北満の大農経営に就て――山田盛太郎に聴く」、河上「満州・支那農業の基礎問題に就て――山田盛太郎氏の視察報告を聴く」（『北満合作』第一巻第三号、一九四〇年七月、『著作集』別巻）。

(40) 河上「満州・支那農業の基礎問題に就て――山田盛太郎氏の視察報告を聴く」（『北満合作』第一巻第三号、一九四〇年七月、『著作集』別巻、二七五頁）。

(41) 河上「山田盛太郎氏『満州・支那農業視察』報告座談会（記録）」（『北満合作』第一巻第三号、一九四〇年七月、一六七頁）。

(42) 「支那稲作の技術水準――支那稲作の根本命題」（『東亜研究所報』第一一巻、一九四一年八月）、「支那稲作農家経済の基調――支那稲作の根本問題」（『東亜研究所報』第一四巻、一九四二年二月）。

(43) 「『中国における農業生産の規模、概要篇』――のための論議点要領」（発表月日不詳、『著作集』第三巻、六一頁）。

(44) 『分析』と大塚、丸山との関連については、近藤和彦『文明の表象　英国』（山川出版社、一九九八年）第一章「一日も早く文明開化の門に入らしめん　洋学と戦後史学」、およびインテルメッツォ「戦後史学の胚胎した場」参照。

(45) 外務省調査局「経済資料第六七号」（一九四五年一一月一六日、『著作集』第三巻、一七〇頁）。

11　日中近代化と河上肇

三田剛史

はじめに——日中両国の近代化と河上肇

日本は有史以来、中国の圧倒的な文化的影響下にあった。近代に至るまでの日中間では、文物は主に中国から日本へと流れた。しかし、日清戦争後、近代化のあり方を日本に学ぶという動きが中国側に起こり、日本の思潮が人と書物を通じて中国に伝わるようになった。中国人の日本留学は一八九六年に始まり科挙の廃止された一九〇五年以後急増した。さらに、夥しい数の日本の書物が中国語に翻訳されるようになり、中国の近代化に日本が多大な影響を与え始めた。中国の革命運動に与えた日本の思想的影響は大きく、とりわけ東アジアにおけるマルクス主義の先駆者、河上肇が中国共産主義運動に与えた影響は特筆すべきものである。(1)日中両国の近代化を思想面から考察するには、河上肇の思想とその中国への影響を研究することが不可欠である。中国は、清朝崩壊から三八年後には、中国伝統の思想を覆すマルクス主義の政党によって革命政権を樹立した。中国における社会主義政権の成立は、伝統思想からマルクス主義へという革命思想の一大転換が行われたことを示す。これは、中国そして東アジアという地域に特有の思想的伝統と、普遍性をその本領とする近代西洋の社会科学との相克の過程でもある。中国革命に先んじて、その思想的転化を体現した人物が河上肇である。

中国が社会主義革命を遂行する前提となったマルクス主義の知識の源泉は、東アジアで最初に近代化を開始した日本に多く求められた。(2) この流れの中で、特に中国へのマルクス主義伝播に与って力があったのは、河上肇の著作である。河上肇の著作の中国での翻訳出版は、五四運動の始まる一九一九年頃から本格化し、文化大革命期を経て改革開放時代の一九八八年まで約七〇年にわたった。五四運動の啓蒙期間には、日本での公刊とほぼ同時に河上肇の論文が陸続と『新青年』などの雑誌・新聞に訳載され、中国知識人へのマルクス主義の普及に大きな役割を果たしたと考えられる。一九三〇年代に活躍した中国の政治経済学者陳啓修による史上初の中国語訳『資本論』(崑崙書店、一九三〇年)は、河上肇・宮川實共訳の岩波文庫版『資本論』の重訳のようなものであったとされる。(3) マルクスの『賃労働と資本』の最初の中国語訳は、『資本論』に一一年先立つ一九一九年に、河上肇の日本語訳からの重訳されたものである。注目すべきは、李大釗、毛沢東、周恩来、郭沫若ら中国共産党の指導者を含む、多くの知識人や革命家が河上肇の著作に学んだという事実である。京都帝国大学においても、少なからぬ中国人留学生が、河上肇の講義を受けたと考えられる。河上肇は一九四六年死去したが、一九四九年の中華人民共和国成立後も、『資本論入門』や『経済学大綱』などが新たに中国語訳されている。

中国では現在もなお河上肇を、日本のみならず中国などへのマルクス主義の普及に貢献し、戦闘精神と高尚な人品を備える卓越したマルクス主義者であり、「中国人民が永遠に忘れることの出来ない友人」と評価している。(4) 中国近現代の思想史・マルクス主義史、あるいは日中文化交流史において、河上肇はいかにしてこのような位置を占めるようになったのであろうか。

本稿では、まず河上肇の思想形成の過程を概説する。つぎに、河上肇の著作がどれだけ中国語に翻訳されているのか、すなわち、中国における河上肇の受容について検討する。

一　河上肇の思想形成

一八九八年九月、東京帝国大学法科大学政治学科に入学した河上肇は、法律学とともに経済学を学び始めた。大学入学のために郷里の山口県岩国から上京して、都会での貧富の格差を知ったことで、河上肇は貧困の解消が現代の大きな問題であることを悟っていった。木下尚江や田中正造等の社会活動家に影響を受け、さらに幸徳秋水や安部磯雄等の社会主義者の存在を知ったことで、河上肇も社会主義に漠然とではあるが大きな関心を持つようになる。大学院に進学後、徳川期の経済思想を研究し、佐藤信淵をはじめとする徳川期の日本の経済思想家の中に、経世済民、経国済民の意志を見出したことにより、河上肇は経済学を自己に課した仕事に選んだ。経世済民の学としての経済学は、政治家を志して東京帝国大学に入学した河上肇の初志にかなう学問だったのである。

河上肇と唯物史観の出会いは、一九〇五年にアメリカの経済学者セーリグマンの『歴史の経済的説明』[5]を翻訳したことにもとめられる。当時河上肇の把握していた唯物史観は、経済的実体が倫理的観念を左右するということと、経済的な説明が歴史研究の上で主要なものでなければならない、という二点に集約される。つまり、唯物論を、第一に「衣食足りて礼節を知る」とか「恒産無ければ恒心無し」という東洋的道徳観と同じものと捉えたのである。当時の河上肇は、唯物史観を経済的史観として説明するために、しばしば中国古典を引用している。

このような唯物史観の理解を河上肇は一九二〇年代まで引きずった。

河上肇は一九一二年一〇月欧州留学に出発し、一九一四年二月に帰国した。英国を中心とする欧州留学から帰国後は、英国経済学史の研究を進め、英国経済学史を利己心是認の歴史と規定した。英国経済学を利己心是認の、あるいは個人主義の経済学と見做したのは、利己心是認の自由な経済活動の結果、社会全体の経済的繁栄をもたらすというアダム・スミスの思想を、英国歴代の経済学者が継承したからである。個人の活動の集積によって社会全体の活動が成り立つという個人主義の思想は、全ての物事を構成要素の集合と考える西洋思想に由来するものであり、個人主義もこの思想に由来する、と河上肇は考えた。欧州留学の結果、欧州の社会原理が個人主義であることを実地に見聞して確かめると、資本主義が個人主義に依って自然発生した経済原理であるとの見解に達し、社会主義を個人主義に対立するものと規定した。

一方、豊かな先進国英国にも貧困が存在することを知って、貧困問題こそ社会問題であり、貧乏退治が経済学の使命であるとの研究姿勢を確立した。社会問題への取り組みの最初の成果である『貧乏物語』（一九一七年）は、徳川期経済思想、英国経済思想史上最近に現れたラスキンやスマートの道徳的社会改造論、主にアメリカから輸入した需要供給の均衡論の研究の総合的成果である。(6)『貧乏物語』では、貧乏退治のために奢侈廃止と人心の道徳的改造を説いた。しかし、ロシア革命や米騒動という現実に遭遇することにより、河上肇の考え方は、社会問題解決のための社会革命に傾いていく。一九一九年には、マルクス主義を研究・普及するための個人雑誌『社会問題研究』を創刊した。河上肇が『社会問題研究』に最初に連載した論文は「マルクスの社会主義の理論的体系」であった。後述するが、この論文は中国語にも翻訳され、李大釗の論文「我的馬克思主義観」の下敷きとなり、中国人の本格的マルクス主義摂取の出発点ともいえるものとなった。続いて一九二二年には、マルクス経済学とロシア革命の研究成果として『社会組織と社会革命に関する若干の考察』を上梓する。さらに翌年には、英国経済思想史を叙述して個人主義の経済学の行き詰まりを闡明する『資本主義経済学の史的発展』をまとめ、『社会問になるのもちょうどこのころである。当時の河上肇の資本主義と社会主義に関する見解を、説明しておく。

河上肇は、個人主義を資本主義とほぼ同じ意味で使っている。そして、個人主義及び社会主義の社会の違いを、社会がその成員に対して、その物質的生活に責任を持つか否かによって分けている。[7] また、資本主義経済学と社会主義経済学は、その対象とする社会は同じく資本主義社会であるが、資本主義経済学は資本主義的組織を是認しその永遠性を主張することが特徴であり、社会主義経済学は将来これに代わって社会主義社会が必然的に出現すると主張することをその特徴としている。個人主義経済学の根本思想は二つあり、一つは現時の経済組織の是認、もう一つはこの組織下における個人の利己的活動の是認である。現在ある経済活動のあり方を否認するものが社会主義の経済学であり、利己的動機を否認しようとするのが人道主義の経済学であると考えている。河上肇が最も重視した資本主義社会と社会主義社会の差異は、道徳原理だったのである。科学的マルクス主義のよりどころとなる弁証法的唯物論については、河上肇はまだ一切論じていない。

河上肇は、一九二四年七月、櫛田民蔵の論文「社会主義は闇に面するか光に面するか」、及び一九二五年一月、福本和夫の論文「河上博士の唯物史観と経験批判論」によって、マルクス経済学の根底にある唯物史観理解の不徹底さを追及された。特に福本和夫は、ソビエトロシアのマルクス主義者を席巻していた弁証法的唯物論に対する河上肇の無理解を批判し、京都帝国大学の学生達も河上肇を離れ福本イズムに傾くようになった。それを受けて河上肇は、一九二七年から一九二八年にかけて『社会問題研究』に論文「唯物史観に関する自己清算」を連載し、レーニンやデボーリンなどのロシアマルクス主義者の著作を検討することにより、哲学的基礎からマルクス経済学の建て直しを図った。その結果、弁証法的唯物論と史的唯物論の出発点である実在とは、物質的生産過程即ち労働過程であることが明らかになり、ここにおいて河上肇は、マルクス主義哲学の出発点たる物質的生産過程即ち労働過程を解明するのが、マルクス主義の経済学であると理解した。河上肇は、マルクス主義の哲学的基礎である弁証法的唯物論を手中に収めると、社会主義が個人主義に対立するものではなく、生産力と生産関係の矛盾の結果生まれる新しい社会関係であるという見解に達し、社会問題解決の手段としての道徳的な人心の改造は放棄した。河上肇は、「唯物史観に関する自己清算」によって、自他共に認める科学的マルクス主義者になったのである。

一九二八年に京都帝国大学を辞職すると、プロレタリアートの啓蒙活動と、プロレタリアートとの実践活動を自己の仕事と定め、学問研究の場を離れて啓蒙的な著作執筆に力を入れ、一九二九年には『マルクス主義経済学の基礎理論』、一九三〇年には『第二貧乏物語』、『資本主義的搾取のカラクリ』などを著した。これらはすべて中国で翻訳出版されている。学問的著作としては『資本論入門』に取り組んだが、実践活動のために執筆ははかどらず、『資本論』第一巻に相当する部分が完成して出版されただけで、一九三三年逮捕投獄されることになり未完に終わってしまった。

以上見てきたように、河上肇の思想形成は、中国古典に淵源を持つ徳川期の経済思想によって経世済民の志を抱いて学問の道を歩み始めた人間が、国家学としてのドイツ歴史学派、個人主義の歴史としての英国経済思想史、トルストイやラスキンなどの人道主義、ソビエトロシアの弁証法的唯物論などを次々と受容し、科学的マルクス主義者へと転化してゆく道のりであった。しかし、河上肇は、単なる科学的マルクス主義者になったのではない。河上肇は晩年、人間にとっての真理は、科学的真理だけではなく、科学の範疇の外にある「宗教的真理」も認めなければならないと主張した。また、『第二貧乏物語』においては、労働時間の短縮や生産手段の共有の実現した共産主義社会における人間の疎外からの解放を、労働の遊戯化に求めた。河上肇の思想形成は、伝統思想から河上肇独特の思想を帯びたマルクス主義へと転化してゆく過程であった。このような河上肇の思想を、拙著『甦る河上肇――近代中国の知の源泉』では、「道学的マルクス主義」と論じた。

二　中国における河上肇の受容

一九一九年の五四運動の頃には、日本の社会主義文献が夥しく中国語に翻訳された。[8] 中でも、最も大量に継続的に翻訳されたのが河上肇の著作である。一九二〇年にロシア共産党のヴォイチンスキーが北京に派遣されると、中国の共産主義運動は、コミンテルンの支えを受けるようになり、マルクス主義の知識の源泉も日本のものよりボリシェビキ文献に求めるようになった。[9] ところが、河上肇の著作は、一九一九年以後中国語訳が活発化してから全く衰えることなく、一九六五年まで中国語訳され続けたのである。

河上肇の著作が中国語に翻訳されていることは、中国研究者実藤恵秀の研究[10]によって知られていた。五四運動期以来河上肇の著作が大量に中国語訳されていることに着目し、河上肇のどの著作が中国語訳されたかについての全体的研究に先鞭をつけたのは、中国文学者一海知義である。一海は、実藤の先行研究や中国人の証言などから中国語訳された河上肇の単行本を整理し、五四運動期の定期刊行物の内容を一覧にした『五四時期期刊介紹』(人民出版社、一九五八年)から河上肇の論文の中国語訳を抽出した。また、岩波書店の『河上肇全集』編集を担当した米浜泰英は、中国の研究者とも連絡を取りながら、一海と共に中国語に翻訳された河上肇の単行本の全貌に近いものを明らかにした。一海と米浜の調査結果は、一九八七年から一九八九年にかけて「中国語訳目録稿」として『河上肇記念会会報』で発表された。その後複数の研究者によって河上肇の論文の中国語訳の存在が新たに指摘され続け、筆者自身も現地調査を行い別稿で論じた。[11]

雑誌新聞等に翻訳発表された河上肇の論文などは、確認できただけで四二点ある。単行本の中国語訳は一九点三七種あり、他に講義ノートを中国語にしたものなどを含めると、河上肇の著作は八〇点以上の中国語訳を有している。そのうち最早期のものは、第一次世界大戦勃発直前の一九一四年年六月、『東方雑誌』第一〇巻一二号に掲載された「共同生活与寄生生活」である。最新のものは、「改革開放」時代に入った一九八八年に、人民出版社から発行された『資本論入門』である。河上肇の著作は、七〇年以上にわたって、中国語訳されて中国で刊行されてきたのである。一九一七年に原著が刊行された『貧乏物語』以後、ほとんど全ての単行本が翻訳されている。それればかりでなく、マルクス主義の原典を含む欧文文献の河上肇による日本語訳も中国語に重訳されており、中国におけるマルクス主義研究と普及の支えとなったと考えられる。

例えば、マルクスの『賃労働と資本』の中国における最も早い翻訳は、一九一九年の『社会問題研究』第四冊に掲載された河上肇による日本語訳を、食力が中国語に重訳し同年五月から六月にかけて、北京の新聞『晨報』に連載したものである。[13]

『資本論』の最初の中国語訳は、一九三〇年に上海の崑崙書店から出版された陳啓修訳の第一巻第一分冊とされる。同書の「訳者例言」では、一九二八年のカウツキー版により『資本論』の中国語訳を行ったが、翻訳に当たっては河上肇と宮川実による日本語訳を参考にしたと述べられている。[14]経済学者千家駒は、「陳先生の訳本は河上肇の日本語訳に基づいた重訳のようであった」と述懐している。[15]陳啓修は、一九三〇年には北平の中国大学で教鞭を執っていた日本留学経験をもつ政治学者である。陳啓修は、中国語訳『資本論』の訳者例言において『資本論』の難解さを述べ、読者に前提知識を提供するために、『資本論』そのものの序文や本文の前に「資本論旁釈」を挿入している。「資本論旁釈」には、河上肇著『資本論入門』の序説三と、岩波文庫版『資本論』第一巻第二分冊の河上肇による第一篇解題が、全文中国語訳されて収録されている。つまり、初の中国語訳『資本論』は、河上肇による日本語訳を参照して翻訳され、河上肇による解説を附されて刊行されたということになる。ただしこの訳業は、第一巻第一分冊のみで中断した。なお、陳啓修は中国語訳『資本論』第一巻第一分冊を河上肇に謹呈している。京都大学経済学部河上肇文庫が所蔵している謹呈本の扉には、陳啓修の手書きによると思われる献辞が記されている。献辞の日付は、一九三〇年四月二三日である。陳啓修はまた、陳豹隠の名で、一九二九年に上海の楽群書店から河上肇の『経済学大綱』の中国語訳本を上梓している。

このように河上肇の著作が大量に翻訳され、河上肇による日本語訳の影響下にマルクス主義の原典の翻訳が行われた。その結果、中国共産党史研究者の楊奎松によると、「唯物史観」、「剰余価値」、「生産力」、「生産関係」等のマルクス主義関係の用語は、河上肇の使用した日本語術語が中国でも通用するようになった(17)。

また、河上肇の著作は、河上肇自身がマルクス主義者に転化していく過程での著作と、弁証法的唯物論に基礎をおくマルクス主義者に転化した後の著作の両方が、中国で受け入れられている。しかも、河上肇の論文は日本での発表からわずかに遅れるだけで中国でも翻訳発表されている。この事実は、前述の河上肇の思想的転化がそのまま同時的に中国に伝えられていたことを示す。河上肇の著作が中国に本格的に翻訳紹介され始めた一九一九年頃は、河上肇はまだマルクス主義者への転化の過渡期の初めにあり、物心両面の改造を主張する人道主義者の色彩を強く帯びていたのである。五四時期の中国に伝えられた河上肇の諸論文にも、弁証法的唯物論という基礎はなく、物心両面の改造を主張するものが含まれていた。

三　中国知識人の河上肇観

中国経済思想史研究の第一人者胡寄窓は、河上肇の著作はマルクス経済学の中国への伝播に小さからぬ影響を与え、日本に留学して直接思想的影響を受けた中国人学生もおり、「我が国の一世代上のマルクス主義経済学者は、少なからぬ人がみな直接間接に河上肇の思想的影響を受けた」と述べている。[18]

日本への留学生を通じて、あるいは中国語訳された著作によって、河上肇が中国でのマルクス主義伝播に大きな役割を果たしたことは、周知のこととなっている。では、他の多くの日本の経済学者、マルクス主義者と比較して、なぜ河上肇が中国に特筆すべき影響力を持ったのであろうか。

中国においては、早くも一九世紀終わり頃から社会主義思想の紹介が始まっていた。日清戦争後、中国からの留学生が大挙して来日するようになると、日本の社会主義研究が中国にもたらされるようになった。日本においては、一九一一年の大逆事件結審後下火になった社会主義研究が、一九一七年のロシア革命以後、大正デモクラシーの雰囲気の下で、再びマルクス主義研究として本格化し、河上肇のマルクス主義研究が本格化するのもこの時期である。そしてこの時期が、中国においてマルクス主義の本格的な受容が行われる五四運動期[19]と重なっている。つまり、河上肇が中国に大きな影響力を持った理由の一つは、中国が日本を通じて本格的なマルクス主義の知識を摂取しようとしたとき、日本におけるマルクス主義研究の最前衛に河上肇がいたという、時期的な符合である。さらに重要なもう一つの理由は、河上肇の思想遍歴や、著作の作風、そしてマルクス主義の実践者としての姿勢が、中国知識人の大きな共感を呼んだと考えられることである。

さて、五四運動期、河上肇の著作に学んだ革命家の筆頭にあげられるのは、中国マルクス主義の先駆者李大釗である。李大釗のマルクス主義受容のうえで、河上肇の著作が大きな役割を果たしたことは、これまでもしばしば論及されている。

李大釗は、一九一三年から一九一六年にかけて日本に留学し、早稲田大学に学んだ。日本留学中から河上肇の著作を読み始めたが[20]、河上肇を通じてマルクス主義を摂取するのは中国への帰国後、一九一九年以後のことである。河上肇のマルクス主義研究の影響が顕著に看取される李大釗の論文の第一は、雑誌『新青年』第六巻第五号と第六巻六号で上・下二回にわたって連載された「我的馬克思主義観（私のマルクス主義観）」である。「我的馬克思主義観」は、「上」で経済思想におけるマルクスの地位、唯物史観、階級闘争などについて述べ、「下」では労働価値説などのマルクスの経済学説について論じている。「上」は、全七章の内、二・三・五章のほとんどと一・六章の一部が、河上肇の論文「マルクスの社会主義の理論的体系」の翻訳ないしは若干の要約となっている。[21]「下」は、福田徳三の著作を種本としている。[22] つまり、一九一九年の時点で、李大釗はマルクス主義に対する思想的理解を河上肇から学んでいた。経済学を、個人主義経済学、人道主義経済学、社会主義経済学の三つの流派に分けることも河上肇の議論を忠実に追っている。「我的馬克思主義観」には、弁証法的唯物論に関する言及が一切なく、唯物史観を経済決定論のようにとらえていることは、河上肇のマルクス主義理解のあり方を反映しているといえる。

河上肇の李大釗への影響を考える際に看過してはならないのは、河上肇の思想の非マルクス主義的な部分、とりわけ宗教や人道主義への関心である。

『社会問題研究』を創刊してマルクス主義の紹介を始めた一九一九年頃においても、河上肇は空想的社会主義への関心が強かった。一九一九年に発表された論文「「新しき村」の計画に就て」[23]で、河上肇は、オーウェンの「共産村」とアマナの「共産村」を比較し、前者が失敗し後者が成功した原因を考察した。河上肇は、アマナ社団が会員を厳選した純然たる宗教団体であったことをその成功の原因とし、オーウェンの「共産村」が失敗した原因を、その会員の選択が厳重でなかったことに求め、共産主義を実行するには、「会員」を厳選することが必要であると見ている。ただし、道路、講演、博物館などは既に社会の共有財産とされているのであり、国民全体あるいは人類全体が共産主義の方向に向かっていく可能性はある、とも述べている。

河上肇は、これら「共産村」の実験を、理知や道徳の力によって「新社会」を建設しようとするものであり、マルクス流の社会主義者とは異なるとしている。また、マルクス流の「物質的社会観」も武者小路実篤らの「精神的社会観」も、「各々反面の道理」があると考えている。これら「新しき村」の計画については、たとえ経済的に失敗したとしても、社会の人々の心に何らかの有益な刺激を与えるものであり、「失敗しても成効すべき事業」であると、支持を表明している。この論文の最後では、武者小路の「新しき村」は、「宗教団体に近き性質を有すれば有する程、成効の蓋然率は大となるであらう」と結論づけた。一九一九年頃の河上肇は、社会問題の解決に対して、マルクス＝レーニン主義的な、弁証法的唯物論に立脚する革命論ではなく、物心両面の改造を主張する立場に立っているといえる。社会改造に対する河上肇の観点は、社会組織の改造と同時に、人間の道徳的向上が必要であり、そのためは宗教も有効である、とまとめられる。そしてこの観点は、五四運動期の李大釗の主張に通じるのである。

一九二〇年に発表された李大釗の論文「美利堅之宗教新村運動」(24)は、「「新しき村」の計画に就て」と共通する内容を持つ。李大釗はまず、新開地であるアメリカが、社会改造の学説と方法の実験場となっていることを紹介し、二つの流派の社会主義がアメリカに流入したと述べている。一つはユートピア派であり、もう一つは歴史派である。ユートピア派は様々な「新村運動」を行ってその理想を実験しており、歴史派はマルクス主義の階級闘争理論によって様々な政治運動をしている。この論文は、「新村運動」を自国の「新村運動」家に紹介することが目的である。李大釗は、「新村運動」を四つに分類している。すなわち、「宗教的新村」、「オーウェン派の新村」、「フーリエ派の新村」、「イカリア派の新村」である。そのうち最も成功しているのが「宗教的新村」であると位置づけている。

李大釗はさらに一九二〇年の北京大学経済系での講演「社会主義与社会運動」(25)の中で、ラスキンをキリスト教社会主義者の系譜に加え、ラスキンの経済論を「美術的経済観」と紹介している。その中で、「ラスキンは貧困問題を、科学的経済学が解決しうる問題というだけでなく、科学・道徳・倫理の各方面の調和によって解決されるべきであると考えていた」と述べている。この一節は、李大釗と河上肇の思想との親和性を考える上で注目される。河上肇は『貧乏物語』において、貧困問題を道徳の向上によって解決することを提言した。これは、李大釗の着目しているラスキンの貧困問題解決のあり方と通じている。河上肇は、資本主義の社会を利己心是認の個人主義に基づいて自然発生的に成立した社会であると判断し、そのアンチテーゼとして、ラスキンの人道主義とマルクスの社会主義を挙げた。李大釗が何によってラスキンを知ったのかまだ定かではない。しかし、両者がともにラスキンに高い関心を払っていることは、何よりも二人の思想の近さを示すものである。五四運動期の河上肇と李大釗の思想が、人道主義的傾向と物心両面の改造という点で親和性を持っていたために、李大釗による河上肇を通じてのマルクス主義摂取、ひいては中国へのマルクス主義伝播を促進したともいえよう。

李大釗にやや遅れて河上肇からマルクス主義を学んだ革命家に、後の中国科学院院長・郭沫若がいる。自伝に述べられてるとおり、郭沫若は九州帝国大学に留学中の一九二一年、友人の李閃亭に『社会問題研究』を読むことを勧められ[26]、一九二四年には『社会組織と社会革命に関する若干の考察』を中国語訳している。郭沫若は、同書の翻訳を通じて社会科学と社会革命への認識を深め、マルクス主義に傾倒していった。また、中井政喜の論文「郭沫若「革命与文学」における「革命文学」提唱についてのノート（上）」[27]によると、河上肇のいう革命のための「精神的準備」を実践するため、郭沫若は革命文学を志したのである。

中国における五四運動時期は、河上肇の本格的マルクス主義研究の初期に当たるが、当時の河上肇の思想の変わり様を評価した人物に、光亮[28]がいる。光亮は、一九二一年九月二五日に『民国日報』附録「覚悟」掲載の「旅東随感録」で河上肇の「左傾」について、マルクスとは異なる思想から出発して日一日と革命的色彩を濃くしてマルクスに近づき、その著作からは、帝国大学教授という地位の制限上あからさまではないものの、ソビエトロシアへの賛意を看取できる、と論評した。

一九三〇年前後には、河上肇の単行本が相次いで中国語訳される。これら中国語訳本に附された訳者達の序言や跋文によると、当時の中国では河上肇をマルクス主義の啓蒙者ととらえていたことが看取される。

陳豹隠（陳啓修）は、河上肇の『経済学大綱』を翻訳し[29]、その跋文で河上肇を先進的かつ科学的なマルクス経済学者としてだけでなく、特に東洋の読者にわかりやすい啓蒙家と位置づけている。この点については一九二八年の河上肇の著作『マルクス主義経済学』を中国語訳した李季も、訳書[30]の跋文において同様のことを述べている。一九三〇年の河上肇の著作『第二貧乏物語』を中国語で抄訳[31]した潘敬業は、「編訳者序言」において、河上肇の文章がいかに労働者大衆にとってわかりやすいものであるかという点を強調している。同じく『第二貧乏物語』を中国語訳[32]した雷敢は、「訳者序」で、河上肇の啓蒙者としての側面を紹介するとともに、河上肇の唯物論者への転化に触れている。

このように、一九三〇年頃の中国においてはマルクス主義の啓蒙者としての河上肇の評価が確立していた。中国においてこのような評価が確立した理由は二つ考えられる。第一は河上肇の文章が非常に明快であったことである。第二の理由は、河上肇自身が倫理的宗教的な観念論者から唯物論者への思想的転化を長時間かけて成し遂げ、マルクス主義者への思想的転化を図ろうとする中国の翻訳者、読者に多大な説得力を付与したことである。さらに、潘敬業の序言では、河上肇が実践活動の中で日本帝国主義の官憲に逮捕投獄されたことが翻訳書の序文で報告され、河上肇は中国の読者の一層の共感を呼んだに違いない。北京の新聞『晨報』も、一九二八年四月一九日付で、河上肇が京都帝国大学辞職を迫られたことを報じている。この記事には、日本の新聞に発表されたものと全く同じ辞職に関する河上肇の声明が、中国語訳されて掲載されている。

上海で刊行された『経済侵略下之中国』（孤軍雑誌社、一九二五年）は、マルクス経済学の理論を用いて中国の直面している危機がどのようなものであるのかを経済的な側面から明らかにし、帝国主義による中国侵略の本質を暴露し、中国が危機から脱する方策を説こうとした書である。筆者漆樹芬は、京都帝国大学に留学し河上肇に学んだ人物である。

漆樹芬は、日本で経済学を学んで帰国すると、大学教員、新聞社主筆を務めるかたわら、国民革命軍に参加し、革命の実践に入っていった。しかし、『経済侵略下之中国』公刊の二年後には、三五歳の若さで反動勢力の手によって世を去った。これは実際に帝国主義の侵略下にあった中国において、当時の真摯な知識人の誰もが直面する「救亡と啓蒙」という問題に対して、河上肇に学んだマルクス主義の理論と思想を武器に、漆樹芬が正面から挑んだことのあらわれといえよう。漆樹芬とほぼ同時期に京都帝国大学で河上肇の指導を受けた王学文は、その回想録「河上肇先生に師事して」で、河上肇が学生に大変親切でしかも学生の批判にさえ謙虚に耳を傾ける学問的真摯さを備えた人物であり、人格的感化を大きく受けたことを強調している。[34] その王学文も、一九二七年には南昌蜂起に呼応して帰国し、「救亡」の一端を担わんとするのである。すると、漆樹芬や王学文をはじめとする中国の若い知識人は、河上肇の「啓蒙」に導かれ「救亡」の道を開いていったといえるかも知れない。実際に河上肇は、まずマルクス主義の啓蒙家として、中国での名声を確立するのである。大学教授の職を追われ、実際活動の中で帝国主義の官憲の迫害を受けたことにより、一九三〇年代以降は、マルクス主義の実践者として河上肇も中国からその「戦闘精神」を高く評価される。つまり、河上肇は「救亡」の実践者とも認められたのである。

河上肇が中国の近現代史、思想史、マルクス主義史において高い評価を受けるようになった理由は、近代中国知識人の理想である「救亡と啓蒙」を、自らマルクス主義によって実現しようとした姿にもあるのではなかろうか。

結びにかえて――河上肇と東アジアの思想的伝統

文化大革命終結後の一九七九年は、河上肇生誕百周年に当たり、中国でも河上肇を論じた文章が発表された。中国において河上肇研究が本格化するのは、これ以後のことと思われる。

一九八〇年代前半まで中国の研究者が重視したのは、『経済学大綱』や『資本論入門』などの筆者、マルクス＝レーニン主義の啓蒙者としての役割であり、日本軍国主義に果敢に抵抗したマルクス主義の実践者としての河上肇である。河上肇の思想の非マルクス主義的要素については、触れられないか否定的評価を与えられている。

一九八五年以後、特に哲学の角度から河上肇研究が進み、河上肇の思想は唯心論的傾向を帯びたものから、弁証法的唯物論の習得を通して科学的なマルクス主義へと転化していったということが、紹介されるようになった。河上肇が一九一九年頃にはまだその転化の過渡期にあったことも、中国において定説となりつつある。しかし、河上肇の思想の非マルクス主義的部分、すなわち河上肇の思想の独自性を積極的に評価し、中国へのマルクス主義伝播との関係で研究するという段階には至っていない。一方、王家驊の著作のように、河上肇の思想と新儒家の思想との共通点を指摘するという、日本の研究者にもない注目すべき新しい見解が中国において提出され始めている(35)。

河上肇と同時代の中国の知識人・思想家が、どのように河上肇の著作に接していたのかという研究はまだ不十分である。しかし、中国においては、河上肇の思想の非マルクス主義的部分に注目し、非マルクス主義的部分を東アジアの思想的伝統との関連で論じるという動きがすでに始まっている。ひいては、東アジアにおける思想の近代化という視点から、西洋近代社会科学としてのマルクス主義の伝播と、東アジアの思想的伝統との、矛盾と相克がいかなるものであったかという研究、及び日中両国を含む東アジアの思想界が独自のマルクス主義思想を練り上げていく過程についての詳細な研究が、中国においても可能となりつつある。河上肇への関心は中国において現在まで継続し、河上肇の著作は日中両国が共有する古典となりつつある。

中国語訳された河上肇の著作を検討すると、道学的・人道主義的傾向を帯びたマルクス主義から、唯物論に対する理解を深め、「科学的な」マルクス主義者といわれるまでの思想的転化を果たす河上肇の思想形成過程が、そのまま中国に伝わっていたことが分かる。近代化に後れをとった中国は、伝統的な循環史観から近代化を指向する進歩史観に転換し、人間の理性による社会革命の思想を受容する必要に迫られていた。一九二一年に中国共産党を結成し、社会主義革命の実践に漕ぎ出した中国は、伝統思想の特質を備えた人物が、唯物論を体得し、実践的マルクス主義者となる道程を河上肇に学んだといえる。換言すれば、河上肇の思想的転化は、中国における前近代的革命思想から近代欧州起源の革命思想へという歩みを一身に体現しているといえる。

河上肇は、二〇世紀初頭の日本にあって、西洋近代の社会科学とりわけマルクス主義を摂取した。西洋近代の社会科学は、普遍性を本領とし、法則定立を基本的な認識論とし、経済的なもの、政治的なもの、社会—文化的なものなどそれぞれに人間社会を分割して分析するという特性を持つ。[36] マルクス主義も西洋近代の社会科学の方法を体現するものである。つまり、河上肇は西洋近代社会科学の成果をある面で受け入れた。それでも、河上肇をとらえてはなさなかったのは、利己心と利他心の相克であり、「道を聞くこと」であり、「真個の心学」であり、「宗教的真理」であり、究極的には社会の理想像とそこに達する道筋を探ることであった。河上肇が忘れなかったのは、抽象化し得ない人間の姿である。河上肇の学問は、西洋近代の社会科学、とりわけマルクス主義の言葉によって、姿を与えられ語られるようになっていった。河上肇の思想形成は、東アジアの伝統思想から出発して近代西洋の成果を取り入れつつ河上肇の独創性を加味し、独特のマルクス主義へと転化してゆく過程であった。これは、普遍性を本領とする近代西洋の社会科学と、東アジアの思想的伝統との相克の過程であり、河上肇の思想の中国への伝播は、換言すれば、河上肇自身が立脚した思想的伝統の淵源への回帰の流れである。

注

(1) 拙著『甦る河上肇――近代中国の知の源泉』(藤原書店、二〇〇三年)においては、本稿の内容を敷衍し、河上肇の思想とその中国への影響について統一的に論じた。
(2) 五四運動期から中国共産党成立頃までの、中国へのマルクス主義伝播の経路と過程については、石川禎浩『中国共産党成立史』(岩波書店、二〇〇一年)第一章に詳述されている。
(3) この訳書については、第二節で詳述する。
(4) 宗山「河上肇」『中日文化交流事典』遼寧教育出版社、一九九二年、五七八頁。
(5) セーリグマン著、河上肇訳『歴史之経済的説明　新史観』昌平堂川岡書店、一九〇五年。
(6) 小林漢二『河上肇――マルクス経済学にいたるまでの軌跡』(法律文化社、一九九四年)、第三章参照。
(7) 河上肇『資本主義経済学の史的発展』(『河上肇全集』一三、三四二頁)。
(8) 石川禎浩、前掲書、附録一「日中社会主義文献翻訳対照表」参照。
(9) 前掲書、八八―八九頁。
(10) 実藤恵秀『中国人日本留学史』(くろしお出版、一九六〇年)など。
(11) 前掲拙著参照。
(12) 経歴等未詳。
(13) 「馬克思恩格斯著作中訳本(文)第一版書目」『馬克思恩格斯著作在中国的伝播』人民出版社、一九八三年。
(14) この「訳者例言」末尾には、「東京1,1,1930　陳啓修」と記されており、この訳業は亡命中の日本においてなされた可能性がある。
(15) 千家駒「三十年代翻訳『資本論』的経過」『馬克思恩格斯著作在中国的伝播』、八八頁。
(16) 現在の北京。一九二八年、蒋介石による南京遷都で北平と改称。一九四九年の人民共和国成立に際し、再び北京と改称し首都となった。
(17) 楊奎松「李大釗与河上肇」『党史研究』一九八五年第二期、四三頁。

(18) 胡寄窓『中国近代経済思想史大綱』中国社会科学出版社、一九八四年、四三七頁。
(19) 五四運動とは、狭義には、第一次世界大戦後のパリ講和会議で、山東のドイツ利権が中国に返還されず日本に付与されたことに反対する学生らが一九一九年五月四日天安門前で起こしたデモに端を発する、反日愛国運動を指す。広義には、一九一五年以来展開されてきた新文化運動を含む、文化・政治運動上の潮流といえる。本稿では、広義の五四運動を指す。
(20) 後藤延子「李大釗と日本文化――河上肇・大正期の雑誌」『国際化と日本文化』信州大学人文学部特定研究班、一九九〇年。
(21) 斉藤道彦「李大釗　私のマルクス主義観」『櫻美林大學　中國文學論叢』第二号、一九七〇年、註一。
(22) 後藤延子「李大釗とマルクス経済学」『人文科学論集』第二六号、信州大学人文学部、一九九二年。
(23)『河上肇全集』一〇所収。
(24)『李大釗文集』3（人民出版社、一九九九年）所収。
(25)『李大釗文集』4（人民出版社、一九九九年）所収。
(26) 郭沫若『創造十年　続・創造十年』松枝茂夫訳、岩波文庫、一九六〇年、九五頁。
(27)『言語文化論集』第XII巻第二号（名古屋大学総合言語センター、一九九一年）所収。
(28) 経歴等未詳。
(29) 陳豹隠訳『経済学大綱』（楽群書店、一九二九年）。この中国語訳本は、訳者から河上肇に謹呈された。陳豹隠の謹呈本は、先述の中国語訳『資本論』第一巻第一分冊と同様に、現在京都大学経済学部河上肇文庫が所蔵している。
(30) 李季訳『馬克思主義経済学』上海人民出版社、一九三二年。
(31) 潘敬業訳『馬克斯主意経済論初歩問答』華北編訳社、一九三三年。
(32) 雷敢訳『新社会科学講話』樸社、一九三六年。
(33) 祖国の危急を救うこと。
(34) 王学文「河上肇先生に師事して」『人民中国』一九八一年十月。
(35) 王家驊『儒家思想与日本的現代化』（浙江人民出版社、一九九五年）、第三節参照。
(36) イマニュエル・ウォーラーステイン著、本多健吉・高橋章監訳『脱=社会科学』藤原書店、一九九三年、一一頁。

補　中国語訳社会科学関連日本書籍群

【河上肇の著作が占める位置】

三田剛史

河上肇の著作の中国語訳は、雑誌や新聞に掲載された論文等四二点、単行本三七点が確認されている。[1]では、一九〇〇年前後から本格化する日本の書物の中国語への翻訳出版の流れの中で、河上肇の著作が占める比重はいかなるものであったのだろうか。この問題を考察するには、中国語訳された日本の書籍、特に社会科学関連の文献が、どれだけ出版されたのかを検証する必要がある。そこで、中国語に翻訳された社会科学関連の日本書籍の全体像に近づくため、二種類の目録から中国語訳日本書籍を抽出した。

目録の一つは、北京図書館編『民国時期総書目』（北京：書目文献出版社、一九八六—一九九六年、全一七巻二一分冊）である。『民国時期総書目』は、一九一一年から一九四九年九月、つまり辛亥革命直前から中華人民共和国成立までに中国で出版された、洋装・単行のあらゆる中国語図書を収録している。『民国時期総書目』収録の書目は、おもに北京図書館（現中国国家図書館）、上海図書館、重慶市図書館所蔵図書の調査に基づいている。もう一つは、実藤恵秀監修・譚汝謙主編・小川博編輯『中国訳日本書綜合目録』（香港：中文大学出版社、一九八〇年）である。[2]『中国訳日本書綜合目録』は、清末から一九七八年までに中国語訳されて単行の書として刊行された日本の書籍約六〇〇〇点を収録している。『中国訳日本書綜合目録』に収録された書目には、欧語等の文献の日本語訳からの重訳本を含むほか、線装本や日本人が漢文で著した書物が含まれ、日本国内で発行された書目も見られる。

『民国時期総書目』には線装本が含まれておらず、一九一〇年以前に刊行された書籍はほとんど収録されていない。[3]しかし、三図書館所蔵文献の直接調査に基づく目録であるだけに、記載事項の信頼性は高いと考えられる。一方『中国訳日本書綜合目録』は、日本人と日本人以外の著者の文章が一書に掲載されているような書籍を収録していない。また、掲載書目は必ずしも直接調査に拠ったものではなく、数々の図書館目録などの二次文献も参照されている。さらに、『中国訳日本書綜合目録』完成の時点で、『民国時期総書目』は刊行が開始されておらず、『中国訳日本書綜合目録』の編者は、『民国時期総書目』を参照していない。したがって、清末から人民共和国成立までの期間の日本語文献の中国語訳に関して、この両目録の内容は相互補完する関係にある。この時期の社会科学関連日本語文献の中国語訳の全容に近づくためには、さしあたって両目録を調査することが必須である。

今回は、『民国時期総書目』全一七巻のうち、「経済」、「社会科学（総類部分）」、「政治」、「法律」、「考古・地理・歴史・伝記」の歴史部分、「文化科学・芸術」の文化科学部分、「哲学・心理学」の哲学部分収録の四万七九八〇点の書誌に目を通し、日本の書籍の中国語訳、日本人の著作の収録されている書籍、欧語等の文献の日本語訳から重訳された書籍を選び出した。『中国訳日本書綜合目録』収録の書目は、九つに分類されている。そのうち、前述の『民国時期総書目』で選び出した分野に相当する、哲学類の心理学分野以外、応用科学類の商業・商学分野、社会科学類の軍事分野以外、史地類の歴史分野などから、一九四九年九月までに刊行されたものを抽出した。

両目録を調査した結果、一八七五年から一九四九年九月までに刊行された社会科学関連日本語文献の中国語訳は、合計一八六九点が見いだされた。(4) 内訳は、

経済	五一九点
政治	四一三点
歴史	三一二点
法律	二五五点
社会科学総類及び文化科学	一八五点
哲学	一八五点

となっている。約五万点の書目中の一八六九点では、当時の中国の出版物に占める中国語訳日本書籍の割合は、いかにも小さく見える。しかし、『民国時期総書目』には雑誌以外のあらゆる書籍、例えば各種統計資料や公布された法令、官公庁の職員名簿や電話帳などまで含まれており、取捨選択して出版される翻訳書の占める割合は必然的に小さくなる。そこで『民国時期総書目』の中でも、政治経済学、経済学通論、経済学各論、経済思想史など経済学の書目が収められている「経済総論」の項に注目して、日本の文献の割合を検証してみた。経済総論の項には、合計七三六点の書目が収められている。この七三六点中、日本語から翻訳されたものは一一四点である。『民国時期総書目』の示すところ、辛亥革命から人民共和国成立までの期間に中国で出版された「経済総論」書籍の一五・五パーセントが、日本語から

の翻訳、もしくは日本語からの翻訳文献を含む書籍だったのである。

一〇点以上の中国語訳を有する日本人著者を、中国語訳の多い順で**表**に示す。[5] 著述分野は、『民国時期総書目』の分類に拠っている。

清末から人民共和国成立までの期間の中国で、最も多くの中国語訳が出版された日本の社会科学者は、河上肇である。もちろん、翻訳点数の多少だけで、中国への影響力を論じることは避けなければならない。だが、翻訳点数の多さは、その著者への関心の高さを示すという一面も否定しえない。さらに、『中国訳日本書綜合目録』で、この一四人の著作の中国語訳出版情況を、一九四九年一〇月以降について調べてみると、河上肇が四点の訳書を有しているほかは、山川均、[6] 美濃部達吉、桑原隲蔵がそれぞれ一点を有しているのみである。[7] 人民共和国成立以後も、中国において河上肇に対する関心は継続しており、しかもその関心は、他の日本の社会科学者に対してよりも強いということがうかがえる。

近現代中国の学術、思想に与えた影響を考察する際、日本の社会科学者の中でもっとも重きをおかれるべき人物は、河上肇をおいて他はいない。中国語訳された著作の出版情況が、その強力な傍証である。

表

著者名	訳書点数	主な著述分野
河上肇	34	経済総論、マルクス主義哲学
山川均	25	経済総論、世界各国政治
梅謙次郎	19	民法
美濃部達吉	19	法学、憲法、行政学
高畠素之	19	経済総論、社会学
小林丑三郎	16	経済総論、財政
石浜知行	14	世界各国経済概況
堺利彦	14	労働者・農民・青年・婦人運動と組織
桑原隲蔵	13	中国史
岡田朝太郎	12	刑法
石丸藤太	11	世界各国政治
高橋亀吉	11	経済総論、世界各国経済概況
室伏高信	11	外交・国際関係
今中次麿	10	政治理論
		合計14人228点

注

（1）中国語訳された河上肇の著作については、拙著『甦る河上肇――近代中国の知の源泉』（藤原書店、二〇〇三年、二五六―二六三頁）掲載の「河上肇の著作中国語訳目録」参照。同書においては、河上肇の思想とその中国への影響について統一的に論じ、付録として筆者の作成した「中国語訳日本社会科学文献目録稿」を併収した。

（2）『中国訳日本書綜合目録』入手に際しては、上武大学田中秀臣氏の助力を得た。また、近代日本の経済学が中国に与えた影響については、同氏による問題提起的考察「日中経済学交流史――近代からの視線」『経済学史学会ニュース』第二〇号（二〇〇二年八月）がある。特に福田徳三の事例については、同じく「福田徳三の中国への紹介」『メディアと経済思想史』Vol. 2（二〇〇〇年十二月）がある。

（3）一九一〇年以前に刊行された書籍の再版本や、一九一〇年以前から継続して出版されている叢書類は含まれている。

（4）本稿では、河上肇と他の著者とを比較するため、『民国時期総書目』と『中国訳日本書綜合目録』所載の書目についてのみ論じる。

（5）五点以上九点以下の中国語訳を有する著者は、浮田和民、北沢新次郎、波多野鼎、高田早苗、和田垣謙三らをはじめ、五二人が確認された。

（6）一九五一年出版の山川均『資本論大綱』（傅千琛訳、上海・棠棣出版社）は、実物未確認であるが、英Edward Aveling 著"The Student's Marx"の重訳である可能性が強い。山川による"The Student's Marx"の和訳本は、一九三〇年に二種類の中国語重訳が上海で出版されている。

（7）『中国訳日本書綜合目録』出版後の一九八四年、高橋亀吉『戦後日本経済躍進的根本原因』（宋紹英訳、遼寧人民出版社）が出版されている。

Ⅳ　隣接領域からのコメント

12 アジア経済史の課題と方法

本野英一

一 「鏡としてのアジア」から「等身大のアジア」へ

かつて筆者の勤務先に新島淳良という教師がいた。魯迅、毛沢東研究者で中国革命に心酔し、その新中国礼讃は文化大革命に至って絶頂に達した。その後文化大革命の実情を知って絶望し、職を辞して「幸福会ヤマギシ会」に入り「幸福学園」運動を提唱した。しかしその後はここも脱退した。(1) 惚れた新中国に裏切られた理想主義者の悲劇である。筆者の学生時代には、これと良く似た「新中国シンパ」が、日本の大学に満ち溢れていた。彼等は、自らそこで生活の糧を得た苦労もないのに、ひたすら中国共産党の政治宣伝を信じたふりをして羽振りをきかせていた。

「新中国シンパ」(当時は「日中屋」、「人民屋」と揶揄されていた)には苦い思い出がある。大学二年生だった頃、偶然知り合った華僑から毛沢東統治下の中国社会の実情を聞かされた。幸運にも日本に移住出来たその華僑が話す恐怖政治の実態はあまりにおぞましく、竹内好やスノー、スメドレーが描く新中国像とはかけはなれていた。当時、毛沢東の「人民内部の矛盾を正しく処理する問題について」の訳読を教わっていたある教師にこの華僑の体験談を話した途端、「君はどうしてそんな中傷に耳を貸すのかね。君は何か。中国に被害者意識か敵意でもあるのか」と凄まれた。

大学卒業後、この教師と香港で再会した。香港総領事館付き分析官になっていたこの男は、新中国礼賛論者から中国文明滅亡論者に鞍替えしており、そのあまりの変貌ぶりに驚かされた。因にこの男は、その後日本を代表する中国共産党研究者となって現在でもある有名大学の教壇に立っている。中国の国内情勢に迎合しては自説を平気で変える現代中国研究者に不信感を抱き、歴史研究者の道を選んだ筆者の原体験の一つである。

今では信じられない話だが、一九七〇年代まで日米同盟に敵対する側にあったアジア大陸諸国は、日本の反体制知識人の礼讃の的であった。中国に限らず統一前の北ベトナムや北朝鮮は、松岡洋子、小田実、本多勝一等によって実態以上に賛美され、日米安全保障条約と歴代自民党政権に支配された日本社会の対極にある理想の地、「真に革命的な」勢力と讃えられていた。

しかし、「真に革命的な」勢力が行っていた恐怖政治、一九八〇年代以降のなりふりかまわぬ経済成長一辺倒体制になってはじめて見えて来たアジア大陸諸社会の現実、そこから取り残された北朝鮮が行なう恫喝外交は、日本の反体制知識人の観念的なアジア像を木っ端微塵にしてしまった。このことは、日本の反体制知識人が明治以来繰り返してきた、自己の理想像を外国に投影するという思想的営為が最終的に破綻したことを意味する。

現在の時代状況は、日本のアジア研究者、とりわけ近現代の社会経済史研究者に、今までとは違ったアジア史像の構築を迫っている。一九八〇年代以来少なからぬアジア人労働者が日本に生活拠点を構え、彼等独自の価値観に基づく行動をとる一方、数多くの日本企業がインド、東南アジアから中国沿岸部に生産拠点を移した結果、少なからぬ日本人が自分達のそれとは異なる制度、価値観、行動様式によって成り立つアジア大陸社会の現実に接するようになった。しかも、そのアジア大陸諸国は現在、日本社会と肩を並べるか、あるいはこれを上回る競争力をつけた企業、高等教育機関を持つようになっている。こうした現実そのものが、反体制知識人の手前勝手な理想の反映や、明治時代や高度成長時代の「成功談」の背景としてのアジア史像の変更を迫っているのである。

一九八二年以来繰り返される歴史教科書問題が示唆しているように、現在必要とされているのはアジア大陸社会の中に自分の見たいものだけを見る歴史解釈ではなく、中世以来のモンスーンアジア地域相互の交流、西洋諸国の進出以降の社会構造の変化を踏まえ、日本とアジア大陸社会の共通点と相違点を理論化した「等身大の」アジア史像なのである。

にもかかわらず、日本の近代アジア社会経済史研究は、こうした現実の要請に答えられないままである。一九七〇年代まで盛んだった西洋列強によるアジアの軍事的征服、「不平等条約体制」に依拠した外国企業による搾取を強調する歴史解釈はさすがに影を潜めたが、今度は逆にアジア社会独自の伝統的要素の強さばかりを盲目的に強調する「朝貢貿易」論(濱下武志)やアジアを日本の産業化の背景的存在としてしか描けない「アジア域内交易」論(杉原薫)がもてはやされるようになっている。

この二つの歴史解釈とて、アジアの中に自分が見たいものだけを見ようとしている点に変りはない。どちらも日本とアジアは所詮別個の文明であり、物的交流以外には縁がないという前提に立っている。しかし目下の日本のアジア経済史研究の課題は、「朝貢貿易」論のようないい加減な議論を踏み越え、アジア大陸文明固有の社会構成原理に基づく価値観、行動様式の由来を理論化することなのである。

二　アジア経済史の課題

周知の通り、インド亜大陸以東のモンスーンアジアは、一八世紀中期から二〇世紀中期にかけて西洋諸国による軍事征服を伴う体制変革を体験している。これがきっかけとなって、それ以前から受け継いで来た伝統的な社会構成原理に、アメリカ独立戦争・フランス革命以降の西洋社会のそれが加味された独得の混合文明が形成されて今日に到っている。その歴史的特徴を理解するには、一九世紀後半以降のアジア政治外交史を学ぶだけでは足りない。なぜなら、「独立」と革命の実現目標である「国民国家」の枠組み自体西洋文明の産物であり、アジア社会独自の国家形態はこれとは異質なものだったからである。この両文明秩序が出合った一八世紀後半以降のアジア社会の基層部分でどんな変化が生じていたかを政治外交史は解明できないからである。

西洋国民国家によるインド亜大陸、東南アジアの軍事征服やタイ、中国、日本に押し付けた「不平等条約」体制に対する抵抗と独立革命に至る過程ばかりを追究する政治外交史的アプローチは、アジアとイギリスを筆頭とする西洋列強の二国間交渉か、せいぜい現代に至るまでの政治権力者の事蹟の跡付に過ぎない。こんな研究では、現在のモンスーンアジア文明の歴史的特徴を説明できないことは、アメリカの中国国民革命研究者、ロイド・イーストマンが夙に指摘している。イーストマンは、その中国社会経済史入門書の序文の中で次のように述べている。

「中国近代史を教室で教えると、政治史の授業となってしまう。……学生は太平天国、五四運動、あるいは毛沢東が政権へと登る過程を学ぶだけで、こうした政治的な事件を経済・社会の文脈のなかで捉えることは、まずない。学生は、共産党による革命において、農民が重要な役割を果たし、これが農民の貧窮化と地主の搾取によるものであることを学ぶ。また、帝国主義が在来の手工業を破壊し、中国自身の近代的な工業の発達を阻害したこと、伝統的な読書人・郷紳階級が、一九〇五年の科挙試験の停止により、置き換えられたことなどを学ぶかもしれない。しかし、中国の近代的な政治的変化の元にある社会・経済の過程について、このような概説的な説明以上に把握する学生はほとんどいない。……社会・経済的な問題を研究すると、政治史で一般に用いられている時代区分を適用できないことが、すぐに明らかになる。例えば『近代』中国はアヘン戦争から、あるいは一七九三年のマカートニー使節団から始まるという考えは、何の役にも立たない。同様に、一六四四年に清朝の成立したことや、一九一一年の辛亥革命も、重要な転換点とは見なせない。……本書のために研究を始めた当初は、明代まで遡ろうとは思ってもいなかった。しかし、近代前期の社会・経済的変化を理解するためには、原形となる構造や制度にも言及しなければならないことが、すぐに明らかになった。……一六世紀は中国史における一つの時代の出発点であると思われたからである。それは、さまざまな社会的変化が相互に関連しつつ弾みをつけた時期であり、その後二〇〇年以上にわたって、社会の様相全体を決定的に変容させた時期である。商品経済と貨幣経済が進展し、海外との貿易が発達し、社会階級間の伝統的な区分が崩壊し、文盲率が低下し、人口が急増した。……[2]」

この説明にも明らかなように、中国に限らずモンスーンアジア全域で起こっている政治、経済、社会的現象は、一八世紀以前に形成された「伝統社会」から受け継がれて来た社会構成原理に基づく価値観、行動様式抜きで説明できない。ただ、「原形となる構造や制度」を論じるには、ロイド・イーストマンの設定する一六世紀でも十分とは言えないのである。

東アジアから東南アジア大陸部に形成された「伝統社会」の本質を現時点で最も的確に表現したのは、宮嶋博史の提唱する「小農社会」論である。ここにいう「小農社会」とは、自己および家族労働力のみをもって独立した農業経営を行なう小農が支配的な存在である社会をいう。「伝統社会」をこのように定義するならば、その成立は東アジア・東南アジア大陸部で一様でなく、最も早い中国で一三—一六世紀、最も遅いベトナムで二〇世紀だということになる。実に八〇〇年の幅がある。[3] この時間差がどれだけ巨大なものだったかは、東南アジア大陸部での「伝統社会」形成がまだ完成していなかった一八世紀段階に於いて、中国で「小農社会」の形成に伴う無制限な定住開発の結果、生態環境そのものが崩潰し始めていたという事実が如実に示す通りである。[4] この事実一つだけでも、岡倉天心の有名な言葉、「アジアは一つ」が歴史的に見て全くの誤りであることを証明できるであろう。「アジアは一つ」どころか、実は驚く程多種多様なのである。

残念なことに現在のアジア社会経済史研究は、筆者の知る限りモンスーンアジア社会の基本原理をまだ三つしか見いだしていない。その第一は、税役制度に関するもので、"Tributary mode of production"[5] あるいは「経済収益に対する正当性賦与」[6] と表現される。課税対象が所得や利潤、財産それ自体ではなくこれを獲得する権利にあることを明確化したものである。清末民初中国の関税、釐金、常関税の徴収システムの歴史的特徴を理念化した岡本隆司の「取引=徴税」概念、あるいは清朝地方政府官僚が有力同郷商人団体を介して行なった釐金の課税対象が個人の所得、財産ではなくこれを獲得する権利にあることを示した筆者の「何人も納税なくして事業を行なう権利なし (no one could claim the right of doing business without paying the tax imposed upon it)」という命題は、この発想の延長線上にある。[7] 二つめは、中国の土地所有制度の研究から抽出されたもので、所有権よりも使用権が優先されることである。[8]

そして三番目の原理は、自然災害による被害と地代徴収に対する農民の対応観察から抽出されたものである。すなわち、通常時により多くの所得を保証されるよりも飢饉に見舞われた時の被害規模が小さいことを保障される地代徴収システムを選ぶという価値観である。[9] 今後は、この三つの原理以外にも存在するアジア大陸文明の基本原理を様々な歴史的事象の中から抽出し、定式化すること、そしてこれらが「西洋の衝撃」を受けた後、如何なる変容を遂げたのかが明らかにされなければならない。単なる独立と革命に至る史実の発見、「産業化」やアジア全域の商品流通網を明らかにしただけでは、アジア経済史の主要課題を解明したことにはならないのである。

三　アジア経済史の方法

現代モンスーンアジア文明の歴史的特徴を「伝統社会」の形成と「西洋の衝撃」という二つの観点から説明しようとすると、その考察対象はどこまで広げられるであろうか。上述したモンスーンアジア社会の三つの基本原理中二つが適用可能な地域を検証していくと、従来の東アジア漢字文化圏よりも遥かに広い範囲が考察対象に含まれることが明らかとなる。すなわち、"Tributary mode of production"はインド・イスラーム文化圏にも貫徹していたし、[10]所得よりもリスク回避を優先する行動様式は東南アジア大陸部社会をモデルに定式化された。これに加えてモンスーンアジアに「衝撃」をもたらした文明が生まれた地域も考察対象に含めるとすると、考察対象は最低限インド亜大陸以東のユーラシア大陸全域と北西ヨーロッパ、大きく見るならばユーラシア大陸全域とアフリカ大陸、そして新大陸までが含まれることになる。

こうした思考から演繹的に導き出される結論は、漢字文化圏の歴史を考察対象とする従来の東アジア史の発想は、現代モンスーンアジア文明の歴史的把握には最早十分でないということである。これまで日本の東アジア史研究が依拠してきたのは、西嶋定生の「東アジア世界」論である。西嶋の提唱した「東アジア世界」とは、漢字、律令制、儒教思想、仏教を共有する文化圏のことであり、その最大の目的は、日本を中心とする天動説的な世界観からの脱却と地動説的な歴史観の確立にあった。さればこそ、西嶋定生は、「東アジア世界」論との対比に於いて交渉史と比較史の方法論的限界性を厳しく批判したのである。[11]

「東アジア世界」論は本来、世界が一体化する以前の段階の日本や中国の歴史をより客観的かつ包括的に論じるために考案された操作概念であった。モンゴル帝国崩潰に象徴される「一四世紀の危機」、これに続く「一七世紀の全般的危機」と一九世紀後半から二〇世紀中期に到る「西洋の衝撃」を経て形成された現代モンスーンアジア文明史にそのまま適用できないことは言うまでもない。事実、西嶋定生自身このことをはっきり認めている(12)。「一四世紀の危機」以降のモンスーンアジアに共通する指標は、水田稲作に立脚した小農社会と「西洋の衝撃」体験しかない。これほど多様な地域の社会を根底で規定する原理を発見するためには、再び交渉史と比較史の方法論を導入しない訳にはいかない。なぜならアジア経済史の課題として提唱したモンスーンアジア社会を構成する基本原理は、この地に生きる人間にとって、あたかも空気や水が存在するのと同じ位自明なことなので、これをそのまま定式化した史料など存在しないからである。

ある社会を成り立たせている価値観、基本原理がその姿をちらりと見せるのは、全く異なる文化的土壌に育った人間と軋轢を引き起し、その事後処理をめぐる外交交渉の場に於いてである。そしてその姿は、異文化側の人間がその意味を深く理解せぬまま記録した外交文書等に描かれている。それはちょうど、物理学研究者が超高速加速装置の中で加速した分子を激突させて、ほんの一瞬だけ姿を見せる素粒子の姿から宇宙の起源、物質の窮極の構成要素を明らかにしようとする手法に似ている。

以上の理由から、現代モンスーンアジア社会の基本原理を解明する方法論としてまず提唱されるべきは、従来の政治外交史研究とは違った角度からの外交文書の精緻な分析である。特に重視されるのは、最高権力者や条約起草段階の文書ではなく、末端の地方官と出先外交官が行なった交渉記録や、これに含まれた民間商人の書簡、あるいはこうした外交交渉の発端となった裁判訴訟記録などである。こうした文書史料は、西嶋定生が想定していたのとは全く異なったタイプの交渉史研究の有効性を示唆している。この種の外交交渉史研究は、交渉当事者の文化的土壌、両者の属する社会の基本原理の一端を抽出することが目的であるため、アジアと西洋列強諸国間の外交交渉だけでなくアジア諸国同士の外交交渉をも考察対象に出来、外交史研究に新たな領域を開くことが可能になる(13)。実際、近年のゲームの理論、制度経済学の理論的成果を踏まえた新しい研究が発表されている(14)。

交渉史研究同様、新たな角度からその有効性が再評価されるべきは比較史研究である。西嶋定生が比較史を批判していたのは、それが日本と他地域（主に近代以前の西ヨーロッパや清末中国）を対象とした恣意的なそれだったからである。比較規準さえ明確に設定すれば、モンスーンアジア全域と西ヨーロッパ文明、さらにはこの両者内部での細かな対比考察は依然として有効である。それではこの場合、設定されるべき比較基準は何か。最近のヨーロッパ史研究者が強調するように、それは生産要素（土地、資本、労働）市場と国家財政構造（とりわけ課税対象の違いと通貨機能）であり、この二つの主題こそ中世以来西ヨーロッパを上回る量的規模の商品経済を発達させながら一八世紀中期以降、「西洋の衝撃」を経験しなければならなかったモンスーンアジア文明の限界を把握するのに極めて有効な方法論である(15)。そして現在の日本人がアジア大陸諸国の人間と経済活動を通じて何か問題を引き起こすとするならば、取引契約の履行以外はほぼ確実に土地所有、資本市場、雇傭労働慣行をめぐる契約が原因であることは、一九世紀後半以来のアジア対外経済関係史が証明する通りである。実に、生産要素市場のあり方と国家財政構造を規定する様々な原理の定式化こそ、アジア経済史の真の課題と方法なのである。そしてそれは、単なる好事家的な歴史論ではなく、今後の日本人のアジア大陸諸国との平和的な関係と両者の持続的繁栄を決定するカギでもある。

注

（1）『毎日新聞』二〇〇二年四月二〇日一三版二五頁。

(2) ロイド・イーストマン著、上田信・深尾葉子訳『中国の社会』平凡社、一九九四年（原著刊行は一九八八年）前言。
(3) 宮嶋博史「東アジア小農社会の形成」（『アジアから考える6　長期社会変動』東京大学出版会、一九九四年、所収）、高谷好一「東南アジア大陸部の稲作」（『稲のアジア史2　アジア稲作文化の展開――多様と統一』小学館、一九八七年、所収）、桜井由躬雄「ベトナム紅河デルタの開発史」（同書所収）、同「一九世紀東南アジアの村落――ベトナム紅河デルタにおける村落形成」（『岩波講座世界歴史20　アジアの〈近代〉　一九世紀』岩波書店、一九九九年、所収）。
(4) 上田信「中国における生態システムと山区経済――秦嶺山脈の事例から」（『アジアから考える6　長期社会変動』東京大学出版会、一九九四年、所収）、同「山林および宗族と郷約――華中山間部の事例から」（『地域の世界史10　人と人の地域史』山川出版社、一九九七年、所収）、Robert B. Marks, *Tigers, Rice, Silk and Silt: Environment and Economy in Late Imperial South China* (Cambridge University Press, 1998)、Mark Elvin and Liu Ts'ui-jung eds., *Sediments of Time: Environment and Society in Chinese Society* (Cambridge University Press, 1998).
(5) Eric R. Wolf, *Europe and the People without History* (California University Press, 1982), pp. 79-82.
(6) 寺田浩明「中国近世に於ける自然の領有」（『シリーズ世界史への問い1　歴史に於ける自然』岩波書店、一九八九年、所収）。
(7) 岡本隆司『近代中国と海関』（名古屋大学出版会、一九九九年）、拙著 *Conflict and Cooperation in Sino-British Business, 1860-1911: The Impact of the Pro-British Commercial Network in Shanghai* (Macmillan/St. Antony's series, 2000).
(8) この観念は、土地所有だけに限定されず、民国時代から対外開放体制期の中国企業の株主と経営者の関係にも適用され、現在の中国社会を説明する上でも有効である。詳しくは季衛東『現代中国の法変動』日本評論社、二〇〇一年、第二部第二章、第三章参照。
(9) ジェームズ・C・スコット『モーラル・エコノミー――東南アジアの農民叛乱と生存維持』勁草書房、一九九九年、原洋之介『エリア・エコノミックス――アジア経済のトポロジー』NTT出版、一九九九年。
(10) M. N. Pearson, "Merchants and States," in James D. Tracy ed., *The Political Economy of Merchant Empires: State Power and World Trade, 1350-1750* (Cambridge University Press, 1991).
(11) 西嶋定生『中国史を学ぶということ――わたくしと古代史』吉川弘文館、一九九五年、一六―三二頁。
(12) 西嶋定生前掲『中国史を学ぶということ――わたくしと古代史』二八、六六頁。
(13) 上述の様な角度からアジア諸国間同士の外交交渉を分析した一例として、川島真「中華民国北京政府外交部の対シャム交渉――シャム華僑保護問題をめぐって」（『歴史学研究』六九二号、一九九六年一二月）を参照。

(14) ユキ・A・ホンジョー「幕末維新期開港場における内外商の取引関係——約束、合意、契約」、王穎林「一九世紀中国緒の対外取引と買辦制度」(いずれも岡崎哲二編『取引制度の経済史』東京大学出版会、二〇〇一年、所収)。

(15) Loren Brandt "Reflections on China's Late 19th and Early 20th-Century Economy" in Frederic Wakeman, Jr. and Richard Louis Edmonds eds., *Reappraising Republican China* (Oxford University Press, 2000); Richard Bonney ed., *Economic Systems and State Finance* (Clarendon Press, 1995); Richard Bonney ed., *The Rise of the Fiscal State in Europe c. 1200-1815* (Oxford University Press, 1999); Michael D. Bordo and Roberto Cortes-Conde eds., *Transferring Wealth & Power from the Old to the New World: Monetary and Fiscal Institutions in the 17th through the 19th Centuries* (Cambridge University Press, 2001).

13 ラッフルズの日本像
【国際システムの拡大との関連性を中心に】

ボアチ・ウリケル

はじめに

イギリスの植民地行政官で、シンガポールの建設者として知られるトーマス・スタムフォード・ラッフルズ（一七八一―一八二六）は、一八一四年にイギリス東インド会社に提出した報告において日本人の性格及び日本の文明レベルの高さに関して言及している。(1) この報告書の一部は一八二〇年のイギリス議会資料集にも載せられ、これもまたラッフルズの日本観を示す部分を含んでいる。(2) ラッフルズの日本観はこればかりではなく、他の著作にも見ることが出来る。(3) これらに現れる賞賛的な日本観は注目に値する。ラッフルズの伝記作家デメトリウス・チャールズ・ボウルガーは一八九七年に発行したラッフルズ伝にて、ラッフルズの日本観は「イギリス人による最も古い日本評価ではないか」と述べるほどである。(4)

ここで注目すべきなのは、ラッフルズは一体なぜそれほどにも日本を賞賛したのか、その論理的な理由は何だったのかというところだろう。ラッフルズはどのアジア諸国に関しても賞賛的な見方をしていたわけではない。マレー系や中国系に関しては大変厳しい、痛烈な言及をしている。中国人と日本人を比較し、前者に対して後者を高く評価する場合もある。ラッフルズの様々な民族、文化あるいは宗教に属する人々に関する言及の対象は、決してアジア系に限っているわけではない。アラタスはラッフルズの他文化に関する態度を分析し、その中でオランダ人やアメリカ人に対する彼の見方についても述べている。アラタスは中国系、アラブ系、マレー系、回教の民、オランダ人、そしてアメリカ人が、ラッフルズによって書き残された資料においてどのように描かれているのかを検討している。(5) その一方、アラタスの研究には日本人のケースが含まれていない。ラッフルズが著した資料において、日本人を除いたほとんどの他者はおとしめて描かれているのはアラタスの指摘のとおりであろう。この点に関して興味深いのは、ラッフルズは言及する他者それぞれに関して、何らかの直接的な接触経験をもつのに対して、日本人のみ間接的にしか接触経験のない存在なのである。したがって、ラッフルズの他者に関する言及は彼自身の個人的な経験、偏見、好みなどによる、とは説明しきれないはずである。少なくとも、彼自身接触のない日本人に関しての言及にはこういった説明は不十分だろう。

ラッフルズは、日本及び日本人に関する評価を複数の著作において繰り返し述べている。そこにある意味を読み解くには、彼が残したそれらの評価がいかなる状況、過程を経たことによるものなのかを追究する必要がある。彼の日本観の把握には、それがいつ、どこに、いかなる形で現れているのかを考察し、彼の日本に関する言及の位置付けを行うことが重要な糸口になるだろう。さて、上記に引用した言及はイギリス議会資料集に収められており、またそれはラッフルズがイギリス東インド会社に提出した日本遠征に関する報告集の一部であることも既述のとおりである。これと比べて日本遠征報告集は、遠征の計画から、実行、そして結果に至るまでの幅広い過程を含めた膨大な資料である。この資料を基にラッフルズの日本観、あるいは彼が日本に関して言及する際に用いた言葉を読み解き、再考するのは有意義であろう。

一　ラッフルズの報告書を読む

日本遠征報告集の最初にあるのは、ラッフルズがジャワ島占領を任命され本島に向かう途上に船から送った、一八一一年六月付の報告書である。本報告書の内容は、オランダによるバタビアと長崎との間の独占的貿易をオランダ東インド会社からイギリス東インド会社に委譲させる計画に関するラッフルズの推論及び、この計画に関して会社の許可を求める願書である。ナポレオン戦争の当時点では、オランダ本国がフランス軍によって占領された後、オランダの植民地であったジャワ島において権力争いが起こることが予測されていた。ラッフルズはこういった状況の中で副総監としてジャワ島の占領の任務を命ぜられ、彼の日本遠征計画もまたこのジャワ島占領と関連したものであった。ジャワにおけるオランダ政権がイギリス側に委譲されれば、ジャワ島と長崎の間に行なわれていた貿易関係もイギリス側に移るのではないかという考えは、日本遠征計画の軸となるものであった。ラッフルズの推論は、日本と公式の関係を持つことは経済的価値以外に戦略的にも大きな意味を持つと論ずるものであった。日本遠征計画を実行しなければ、極東においてロシアを優位に立たせる恐れがあることを強調したラッフルズの論策は、ジャワ島がフランス軍占領下になればイギリスの東南アジアでの貿易に多大な損失をもたらすため、ジャワ島を占領すべきだ、といったジャワ島遠征の論策と類似する。(6) 日本は、対外関係を最小限に抑えているため、世界における変化をすぐに感知できないと考えたラッフルズは、長崎のオランダ商館より、広東のオランダ商館に注意を向けるべきだと論じた。広東のオランダ商館が、アメリカやポルトガルの商人を用いて

長崎との貿易継続を働きかける可能性を警戒したのである。(7)

ラッフルズが、日本遠征計画のこの段階で、日本側がイギリス側との貿易関係の成立を歓迎するはずはないと考えていたことも同報告書からわかる。ラッフルズは日本がイギリスとの貿易を拒否する幾つかの要因があると思っていた。まず、イギリスと敵対していたオランダの長崎商館による日本への働きかけがあるだろうという予測があった。もう一つの要因は、対外貿易が日本側にとって不可欠な価値をもつものではないという考えだった。また、海外貿易で商利を獲得することに価値を置く、また商利の獲得が可能な組織や有力な階層が日本には存在していないため、海外貿易を国内政権に推薦してくれる味方は日本側にないという考えだった。この最後の一点については中国と比較され、日本の場合国家組織が堅固に機能しているため、中国・広東の商人のような利用価値のあるものが存在していないとみなした。(8)

こういった状況に加え、特に当時のイギリス東インド会社の日本貿易に対する消極的な態度も考えると、ラッフルズの日本遠征計画は決して期待されたものであったとはいえない。当時の会社の態度は、日本との貿易では利益は上がらないという見方だった。(9)こういった状況にあったラッフルズは、日本遠征計画に対する会社の態度を変えることは難しいと感じたに違いない。この点はラッフルズが記した報告書に現れる日本像の描き方を把握するのに大変有意義であろう。ラッフルズは本報告書を作成するにあたり、日本に関して様々な媒体から知識を得る努力をしただろう。報告書で多く引用しているのはオランダ人商人ファン・ブラーム、そしてバロン・フォン・イムホッフの報告書である。ラッフルズは、彼らの報告をもとに、日本遠征の価値を会社に納得させるよう説伏に挑んだのである。彼は日本との貿易は、すぐに得られる利益よりも、将来的な利益が期待できるものだと訴えた。日本と正式に貿易関係を結ぶことに成功すれば、インドやヨーロッパの市場で生じるイギリスの生産物の余剰分を販売できる市場が日本に開けると指摘した。日本への輸出物の対価として、恒常的価値のある銀や銅

といったものを獲得でき、会社には有利な黒字貿易となることを強く主張したのである。(10)

ここで結果からいえば、ラッフルズは会社の許可を得ることに成功し、実に長崎へ二隻の商船を派遣したわけである。しかし、イギリス国旗を掲げての日本遠征隊の派遣は、計画の最初から失敗する恐れが十分あるため避けられた。オランダ国旗を揚げた二隻の商船に、前長崎オランダ商館長を務めたオランダ人ワルデナールも同行し、現長崎オランダ商館長に計画を受容させた上で日本遠征の成功を計る構えであった。ワルデナールの任務は三つあった。その一つは、日本側にヨーロッパの現状、特にオランダ本国がフランス軍に占領されたこととそれに伴うイギリス東インド会社によるジャワ島の占領を提示し明白にした上で、日本側の承知を得て長崎湾に入港すること。二つ目の任務は、日本側にこれからもジャワ島との貿易を継続するよう説得すること。三つ目は、イギリス人のエインスリー博士がオランダ人商館長に代わり出島に滞在することを承知してもらうよう日本側との交渉を計ることであった。(11)

派遣された二隻、マリア号とシャルロッテ号は一八一三年七月二三日に長崎湾に入港した。この二隻はバタビアからの到来としては一八〇九年以来初の商船であった。しかし、長崎オランダ商館長ドゥーフの抵抗もあり、遠征の目標を完全に達成できない結果となったのである。ドゥーフはラッフルズの命令書を認めず、オランダ商館をイギリス側に引き渡すことを拒否したのであった。ドゥーフの頑な姿勢、および交渉の結果、ドゥーフの長崎滞在が決定した。そして、ドゥーフは日本側に働きかけ、翌年もイギリス支配下のバタビアから商船を到来させることの許可を得た。ドゥーフはバタビアから一隻の商船も到来がなかった四年間の間、商館長としての収入もなく、日本側の援助なしにはやっていけず経済的に非常に苦しい状況に置かれていた。今回の二隻の商船による取引の売上から、自身の借金や収入を確保する構えで激しく交渉したドゥーフは、これに成功した。これがまた、ラッフルズの日本遠征計画で予測された利益が実現されなかったことの一要因となった。

翌年もまたバタビアから商船が派遣され長崎湾に到来したが、これがイギリス支配下でのジャワ島からの最後の派遣となった。ラッフルズの日本遠征計画がこれで終わりとなったのは、ヨーロッパでの戦争の展開でオランダ本国が独立国家として復帰したことの結果であった。ヨーロッパにおける国際勢力の均衡上、オランダの主権国家としての存続がイギリスにとって優先的政策となり、オランダが経済的に存続できるようその植民地のオランダへの返還が決定されたのである。一方、ラッフルズは日本遠征計画が失意に終わったことをまた、一八二四年に著した、自身がイギリス東インド会社に勤めた時期を語った自伝にも明白に著している。この中で、日本との貿易に関して第一歩を踏み出すことに成功したと述べた上で、当時の会社本部の消極的な姿勢があったがため、十分に望ましい成果を上げるに至らなかったと、遺憾の意を表している。会社側が彼の方針でこの計画を実行にうつしていれば利益を得たに違いない、と自分の計画に自信を持っていたことを明白に述べている。[12] 実際、会社本部側はラッフルズの日本計画を承認したが、オランダ本国の復帰と重なったため、計画の実行には至らなかった。

ラッフルズが計画した日本遠征が部分的に成功したか、失敗に終わったかを別にして、ここで注目すべきなのは彼の日本像である。本稿の最初に引用した日本及び日本人に関するラッフルズの賞賛の言葉（注1参照）は、彼がイギリス東インド会社に提出した報告集の第一五章に記載されている。この第一五章は一八一三年に派遣されたマリア号とシャルロッテ号がバタビアに戻ったのちに、その年の成果を評価した報告書である。即ち、ラッフルズの日本観の現れと見なされるこの日本像は、既述のように、イギリス東インド会社の消極的な姿勢、その中で派遣された収支の合わない、しかもオランダ商館長ドゥーフの抵抗で対日貿易をオランダからイギリス側に委譲させることも失敗のままに終わったという状況のもとで作成された報告書なのである。一方、ラッフルズ自身は第一回目の遠征には成果があり、継続して商船を派遣する価値があることだと確信していた時期でもあった（注12）。こういった状況から考えるとラッフルズは日本遠征計画を、最初のコスト、あるいはマイナス点にも拘わらず、有意義であるといった自らの立場を固めるために日本をそれだけ評価すべきものとして描いたのではないか。

ここでまた注目すべき点がある。それは、ラッフルズが描いた日本像が根拠のない評価であったわけでもないことである。彼が当時得られる情報を収集したことは、著した報告等に載せた引用からわかる。ラッフルズは特にケンペルの日本史を使用したようだ。そして、ここで取り上げた報告集第一五章では一八一三年の遠征の後、日本に約四ヶ月間滞在したエインスリー博士がラッフルズに提出した報告も度々引用されている。これらの情報源は報告集のみならず、彼が著した他の著作にも現れる。(13) 国家としての日本は組織化のレベルがかなり高い国であり、国の組織が非常に機能的であったことは、ラッフルズの想像というより、彼の情報源に裏付けられたものであった。ラッフルズが計画に消極的であった東インド会社の反対を避け、承認を得るがために、意識的に日本を賞賛しその価値を高くみせようとしたと見えるとしても、その日本像が全く根拠に基づかず作り出されたと確言はできないだろう。

アラタスはラッフルズの思想をこう定義付けている——「ラッフルズの思想には啓蒙思想も、キリスト教の価値観も重要な影響を及ぼしたわけではない。彼の思想は典型的な帝国主義者の、一九世紀の熱狂的愛国者の、マキャヴェリー式の帝国主義者のそれであった。……彼はイギリスに対して危険性のある、反抗的、あるいは競争し得る存在と見なした民を好ましく思わなかった。……一方、弱者、イギリスにとって利益の望める、または好意的な民にはかなりの同情と寛容を示した」。(14) アラタスは、ラッフルズの中国系、アラブ系やオランダ人に対する偏見、またブギ族、ニア族やバタック族に対する同情の基にはこの思想があったと主張している。アラタスの解釈は、その対象となる諸民族に関しては有意味であるだろう。日本がその対象から外れていることについては、ここで注目すべきである。上記にも述べたようにアラタスは中国系、アラブ系、マレー系、回教の民、オランダ人、そしてアメリカ人に関するラッフルズの姿勢を分析しているが、その分析は彼が取り扱っていない日本の場合にも有効であろうか？　報告集を見ると、ラッフルズは対日貿易が東インド会社にとって有利なことだという見方をしているが、それは逆の姿勢を示していた会社本部に対する彼の反論なのではないか。日本との貿易はあくまでも見込みであったこと、そしてラッフルズが報告書を著した段階では期待された利益が上がらなかったことを忘れるべきではない。ラッフルズの日本像は、言うなれば帝国主義者といった思想に根ざしたというより、商品の販売のため宣伝する販売者の姿勢にみたてられるのではないか。

二　国際システム及び日英関係

上述した課題は、イギリス東インド会社による日本との貿易関係の復帰を計る志の一例としても扱えよう。ラッフルズの試みをより広範囲な視点から考察し、それ以前の日英関係の過程のなかで取り上げると、国際システム論の視点から異議のある点が見えてくる。ラッフルズ以前の日英関係の各エピソードには、時代も状況も異なっていたにも拘わらず一つの共通点がある。イギリス東インド会社は、一六七三年に日本との貿易再開に挑んだ。しかし、日本側はポルトガル皇室とイギリス皇室が一六六二年に婚姻関係となったことを理由にイギリスの要求を拒否した。また、一七九二年になるとマカートニーは中国に派遣される際、国交の樹立を目的に日本にも行くよう任務を命じられたが、イギリスはフランスと戦争下にありマカートニーは日本への使節を派遣することさえできなかった。そして、一八〇八年のフェートン号事件もヨーロッパの国際システムにおける展開と深く関連するものであった。イギリスの軍艦フェートン号がオランダ船捕獲の目的で長崎湾に侵入したのは、ナポレオン戦争でフランスの属国となったオランダが、イギリスの敵側となったため、その商船もイギリスの攻撃を受けることになったのである。したがって、この事件も英仏戦争の余波を受けた事件として見なされる。そして、上記に述べたラッフルズの日本遠征計画もまたヨーロッパでの戦争状態の影響を強く受けたものであった。このような過程のなかから共通する点を認めることができる。それは、アジアにおける国際秩序とヨーロッパのそれとの関連性である。言うまでもなくイギリスは、ヨーロッパ国際システムの一員であるので、アジアを舞台としたイギリスの各政策、その起因又は結果はヨーロッパのシステム内の出来事に影響され、また影響を及ぼすこともある。

ここで、国際社会と国際システムという二つの概念の定義と共に、上記の共通点の意味合いを探ることにしよう。国際関係論のイギリス学派の代表的な学者であるヘドリー・ブルは、その著作『インターナショナル・アナーキー』において「国際システム」と「国際社会」という二つの概念に分けている。「国際システム」における関係とは、アクター（国家）が互いの存在を認識し、関係を保つ国際関係を指す。一方、「国際社会」における関係では、相互認識のみならず、関係をもつことによって相互に利益が生じるという認識をもって、相互関係を支配するノーム（基準）を共同で決定し保障する。したがって、社会タイプの国際関係はシステムタイプより一層高い組織化を表す。社会に参加するというのは、その組織及びその基準を公認しそれに参加するということになる。イギリス学派においてその組織というのは、ディプロマシー（外交）や、多国籍組織や、約束を守るというルール等を指す。したがって、国際社会には関係を保つことに相互利益があるといった認識を越え、相互関係の実行に必要となる組織や思想の点でも共通認識が現れる。上記の組織や基準は近代西洋国際システムの中から生まれ、次第に全世界に拡大し、現代国際社会を生み出していった。[15] こういう定義を持った国際社会論に従えば、国際社会の拡大に関する感覚も一段と開けたものとなるであろう。即ち、国際社会の拡大というのは、相互関係を持った国々の思想やそれぞれが使用する組織に関する共通点が増えてくるエピソードだといってもよいだろう。

ここで注15で長く引用したブルの概念定義に従うと、上記に述べた日英関係は国際システム的な過程を示すのではないか。日本にしてもイギリスにしても、ヨーロッパにおける出来事とアジアにおける出来事が両方の政策の作成・実行・結果に多大な影響を及ぼしたことは既述のとおりである。両者に相互認識が充分にあった以上、両者は共通のシステムに参加していたにちがいないだろう。このように見れば、一般的に論じられる、日本は開国以降国際システムに参加し、一九世紀末の日英同盟以降国際社会に参加していったという説を再考しなければならない。したがってここで考えるべきなのは、日本はむしろ一七世紀以来ヨーロッパの国際システムと関連した国際システムに、ヨーロッパの国際システムを成した国々とともに入っていたのではないかということである。この国際システムは、アジアにおける国際システムとも、ヨーロッパにおける国際システムとも関連した、独自性をもつ、また別の国際システムと見なすべきではないだろうか。

注

(1) "The Character of the Japanese has evidently been misinterpreted... they are a Race of People remarkable for Frankness of Manner and Disposition, for intelligent Enquiry and Freedom from Prejudice ; they are in an advanced State of Civilization, in a Climate where European Manufactures are almost a necessary Comfort, and where long Use has accustomed them to many of its Luxuries... Japanese appear entirely free from any Prejudices that would stand in the Way of a free and unrestricted Intercourse with Europeans... " Report on Japan to the Secret Committee of the English East India Company - with Preface by John Paske Smith, C. B. E. pp. 83-84.

(2) Raffles, 1991, p. 181.

(3) Raffles, 1991, Raffles, 1978.

(4) Raffle's views "... constitute perhaps the earliest appreciation of the Japanese by an Englishman", Boulger, 1973, p. 97

(5) Alatas, 1971, pp. 28-33.

(6) "France looked to Java, as the point from whence her operations might be most successfully directed, not only against our political ascendancy in the East, but likewise against our commercial interests, both abroad and at home. " Raffles, 1978, p. 7.

(7) "... As Japan however is almost totally secluded from the rest of the world it is not probable that these events will be speedily

communicated to them by the Dutch factory. A more probable event is that immediately on the fall of the Island of Java the Dutch Factory at Canton will endeavour to avail themselves of the opening, in conjunction with the Americans, and perhaps the Portuguese, to invest a part of their dormant capital for the Japan market, and advise the Dutch factory at Nangasakie to keep the deception and put the Japanese on their guard against the overtures of the English. " Raffles, 1929, p. 3.

(8) " [t] heir foreign trade supplied them with no articles of imperious necessity and is of no advantage to any great national body. Indeed the only persons who have any serious interest in it is the Corps of the Dutch Interpreters, a small body who follow this hereditary occupation and have no important influence in the State... " Raffles, 1929, pp. 2-3.

(9) Beasley, 1995, p. 4.

(10) "... It may reasonably be contemplated that if we are successful in once obtaining a footing, there will be no serious difficulty in extending the exportation to many commodities the produce of British India, for which there is no sufficient vend in Europe. One striking feature in this commerce is that it takes off bulky produce, otherwise of inconsiderable value and unsaleable, and returns principally a value [sic ? valueable] metal, for which there is constant demand, thus leaving the balance of trade wholly in favor of the European possessions" Raffles, 1929, p. 11.

(11) Raffles, 1929, pp. 58-59.

(12) "With respect to Japan, I need only state that I was fortunate enough to open an intercourse with that country, and to submit to the Authorities at home important information regarding its resources, and in particular, the means by which we might gain admission to a trade with it ; and that I feel perfectly satisfied, had the measures which I recommended been adopted with promptness and ability, the latter object would have been effected. So far, indeed, was I convinced in my own mind of the practicability of the measure, notwithstanding I held the reins of the general government at Batavia, I offered my own services to proceed in person to Japan, with the view of accomplishing it : a proceeding which nothing but the importance of the undertaking, and an almost certain conviction of its success, was likely to have called for or warranted on my part. " Raffles, 1978, pp. 18-19.

(13) 例えば、ラッフルズのバタビア・ソサエティーの集合で行なった演説、あるいは Statement of the Services of Sir Stamford Raffles, p. 181.

(14) "... Neither the philosophy of Enlightenment nor Christian values played a dominant role in his thinking. His was the typical philosophy of the empire builder, the 19th century chauvinist, the Machiavellian imperialist. ... Those people he found

defiant, dangerous or competitive to the English he disliked... On the other hand those who were weak, fruitful or friendly to the English, he would express his sympathy and tolerance to a remarkable degree. " Alatas, 1971, pp. 31-32.

(15) ここにてヘドリー・ブルによる「国際社会」(複数) 及び「国際システム」(複数) という概念の定義を引用する。*The Anarchical Society—A Study of Order in World Politics*, 1977, pp. 9-10 : "A society of states (or international society) exists when a group of states, conscious of certain *common interests and common values*, form a society in the sense that they conceive themselves to be bound by a common set of rules in their relations with one another, and share in the working of common institutions. If states today form an international society, this is because, recognizing certain common interests and perhaps some common values, they regard themselves as bound by certain rules in their dealings with one another, such as that they should respect one another's claims to independence, that they should honor agreements into which they enter, and that they should be subject to certain limitations in exercising force against one another. At the same time they co-operate in the working of the institutions such as the forms of procedures of international law, the machinery of diplomacy and general international organization, and the customs and conventions of war. *An international society in this sense presupposes an international system, but an international system may exist that is not an international society. Two or more states, in other words, may be in contact with each other and interact in such a way as to be necessary factors in each other's calculations with out their being conscious of common interests or values*, conceiving themselves to be bound by a common set of rules, or cooperating in the working of common institutions. Turkey, China, Japan, Korea, and Siam, for example, were part of the European-dominated international system before they were part of the European-dominated international society. That is to say they were in contact with European powers, and interacted significantly with them in war and commerce, before they and the European powers came to recognize common interests or values, to regard each other as subject to the same set of rules and as cooperating in the working of common institutions. " (イタリックは引用者)

"A system of states (or international system) is formed when two or more states have sufficient contact between them, and have sufficient impact on one another's decisions, to cause them to behave -at least in some measure- as parts of a whole. *Two or more states can of course exist without forming an international system in this sense* : For example, the independent political communities that existed in the Americas before the voyage of Columbus did not form an international system with those that existed in Europe; the independent political communities that existed in China during the period of warring states (circa. 481-221 BC) did not form an international system with those that existed in Greece at the Mediterranean at the same time.

But where states are in regular contact with one another, and where in addition there is interaction between them sufficient to make the behavior of each necessary element in the calculations of the other, then we may speak of their forming a system. The interactions among states may be direct -as when two states are neighbors, or competitors for the same object, or partners in the same enterprise. *Or their interactions may be indirect -the consequence of the dealings each of them has with a third party, or merely of the impact each of them makes on the system as a whole*. ... The interactions among states by which an international system is defined may take the form of cooperation, but also of conflict, or even neutrality or indifference with regard to one another's objectives. The interactions may be present over a whole range of activities -political, strategic, economic, social- as they are today, or only in one or two ... "（イタリックは引用者）

システム・社会にしろ、センター・ペリフェリー・セミペリフェリーにしろ完全に独立した存在ではない。当たり前のことである。しかし、それぞれがお互いに及ぼす影響を明白に定義するのは簡単なことではない。ここで紹介したい概念は“Holon”（ホロン）あるいは「ホロニック構造」又は、「ホロニックシステム」である。ホロニックシステムズという概念は理科科学、特にロボティックスに使用される概念である。「ホロン」という単語はアーサー・ケストラーの著作 *Ghost in the Machine* で初めて誕生する。Hol ＋ on で Hol は〝全体の〟〝完全な〟という意味、on は〝微分子（neutron や proton のような）〟という意味を表す。その二つを一つの単語で組合わすことによって〝全体でありながら同時に部分でもあるもの〟、〝超システムでありながら同時にサブシステムでもあるもの〟を指す。私は、国際システム及び国際社会、又はそれぞれのユニットをこういった組み合わせの中で考える価値があるのではないかと思う。

参考文献

Alatas, Syed Hussein. *Thomas Stamford Raffles, 1781-1826, Schemer or Reformer?* Angus and Robertson. 1971.

Beasley, W. G. *Great Britain and the Opening of Japan 1834-1858*. Kent, Classic Paperbacks. Japan Library. 1995.

Boulger, Demetrius Charles. *Life of Sir Stamford Raffles*, edited and introduced by Adrian Johnson. Charles Knight and Co. Ltd. London. 1973.

British Parliamentary Papers, Extract of a Letter from the Lieutenant Governor of Java to the Secret Committee of the Court of Directors of the East India Company, dated the 11th February 1814. London. 1820.

Bull, Hedley. *The Anarchical Society -A Study of Order in World Politics*. Columbia University Press. 1977.

Raffles, Lady Sophia. *Memoir of the Life and Public Services of Sir Thomas Stamford Raffles*, with an introduction by John Bastin.

Oxford University Press, Singapore. 1991.

Raffles, Sir Stamford. *Statement of the Services of Sir Stamford Raffles*, With an Introduction by John Bastin. Oxford University Press. 1978.

—— *Report on Japan to the Secret Committee of the English East India Company*, with Preface by John Paske-Smith, C. B. E. J. L. Thompson & Co. (Retail), Ltd. 1929.

14 アジア海域世界と西海

【ネットワーク時代の歴史的背景】

清水 元

一 アジア海域世界の伝統的交易ネットワーク

「アジア通貨危機」による一時的頓挫はあったとはいえ、二〇世紀最後の十数年間のアジア太平洋地域に注目すべき経済発展があったことは否定できない。域内貿易の比重の高まりとともに、この地域の経済の相互依存性は確実に深化しており、国際産業連関過程を含む内生型経済発展の萌芽すらみられる。そうした経済の成長力と相互依存をもたらした原因の一つに、国境を越えて移動する多国籍企業やコンピューター・ネットワークの発達によるボーダーレス・エコノミーの進展があることは疑いない。目覚ましいコンピューター通信網革命は、空間の概念を一変させた。人と人を結び付けるネットワークはますます領土とは無関係になり、富とパワーの源泉は、分離している多種多様な経済取引のネットワークをいかにたくみに結び付けるかにかかってきている。

だが、もとより、ネットワークの形成、利用は、現代の資本主義に限られたものではない。歴史を振り返ってみれば、前近代社会の商業資本主義が、多様な地域間で成立していた異なる価値体系の差異を利用・搾取することから多くの利潤を獲得していたことはよく知られている。こうした視点から眺めた場合、日本を取り巻く東・東南アジアの海域世界は伝統的にネットワーク社会を形作っていたという意味で注目に値する。

地図を見れば明らかなように、東アジアから東南アジアにかけての地域は、東シナ海、南シナ海、そして、スールー海、セレベス海、ジャワ海など、多くの小さな海がつながっている海域世界である。大陸、半島、島嶼などが入り混じるこれらの海は、海の中に島があるというより、「島の中の海」という表現がむしろ相応しい地域といえる。ここには、さまざまな陸地と海とが緊密な関係を持ち、本来国境のない海を人びとが自由に往来し交易する世界があった。これらの海における距離感は実に微妙だ。それぞれの陸地は相互に影響を及ぼし合うほどには接近しているものの、さりとてまったく同一化してしまうというほどには近くはない。この絶妙な距離感こそが、アジア海域の交易ネットワークを有効に機能させた要因だったことに間違いはない。価値を生み出すに十分な差異と相互の交流を促すに足る共通性、この両方を備えていたがゆえに、古くからこの海域の人びとは広範囲にわたって交易関係を結び、モノ・カネ・ヒト・情報のネットワークを通じて、国家への帰属を越えた有機的相互関係を発展させてきたのである。それは、政治的・文化的境界を越えて往来する商人の交換によって保障された自立的な交易圏だったという意味で、フランスの社会史家フェルナン・ブローデルのいう"économie-monde"(「世界=経済」)に近い世界だったといえよう。

二　アジア「交易の海」における西海の中・近世史

長崎県を中心とする九州西北部（以下「西海」と呼ぶ）は、こうしたアジアの海域世界をつなぐネットワークの結節点の一つであった。日本列島の西端に位置し、対馬を介して朝鮮半島とつながり、東シナ海を挟んで中国大陸と面すこの地域は、古くから、海に生きる海人の根拠地として知られる。いうまでもなく、西海の地は、潮と風を媒介として、朝鮮半島・中国大陸・東南アジアと潜在的に深く結びついている。この海域では、夏季には、東シナ海南部から中国の大陸棚に沿って北北東に進む黒潮（対馬海流）が、五島列島の西側から対馬海峡をぬけ、日本海に注ぎ込む。対馬海流が弱まる冬季には、反対に、朝鮮半島西岸で南下する海流が強まり、中国大陸沿岸でも南西方向に流れる沿岸流が強くなる。したがって、黒潮の勢力が強く、南風の吹く日も多い夏に中国沿岸から出た船が漂流した場合は、西九州あるいは朝鮮半島に流れ着く可能性が高く、反対に、冬に九州から出た船は、冬季の偏西風である北西季節風の影響もあって、中国南部、ベトナム、タイ、フィリピンあたりまで流される可能性がある。このことは、遣唐使以来の漂流船の記録にはっきり示されているが、今日でも中国南部やインドシナ半島からのボート・ピープルがしばしばこの地域に漂着するのはそのためでもある。

西海の人びとが海に生きる海人だったことは疑いない。おそらく平地の少ない西海では定住はまれで、船を住居とする「船住まい」がごく普通の生活形態だったと想像される。西海の家船の例はさまざまな史料にも伝えられているが、五島地方ではつい最近まで夫婦そろって漁に出るのが普通だったという事実ほど、西海における「船住まい」の痕跡を物語るものはない。夫婦共働きこそ、居住場所＝生産現場である「船住まい」による漂泊移動漁業の顕著な特徴だからである。西海の海人の多くが「船住まい」をしていたと考えられる傍証の一つは、かつて海人が居住していた地域には、尼崎市や輪島市海士町などのように、語頭に「アマ」という音がついた地名が残っている土地が多いにもかかわらず、西海にはそのような地名がまったく存在していないことである。むろん、このことは、この地域が海や海人と無関係だったことを意味しているのではない。むしろ反対に、海への依存度がきわめて高く、陸上に住居や生業を持つことがほとんどなかったために、陸地にそのような海人ゆかりの地名が残らなかったのである。

古代律令制の下では「贄人」として、中世以降は「御厨」に組織され、天皇家・寺社勢力に海産物を貢納し続けた西海の海人は、この地域に「松浦党」と呼ばれる特異な武士集団が形成された一一世紀末——一二世紀初以降に、歴史の表舞台に登場する。特筆すべきは、中世「倭寇」におけるその役割であろう。一三・四——一五世紀半ば頃に朝鮮半島を侵した「前期倭寇」の主力は松浦党であった。また、一六世紀に東シナ海域・東南アジアを跳梁した中国人・朝鮮人を主力とする「後期倭寇」にしても、その根拠地は松浦氏の支配する平戸にあった。松浦党の対外的海賊行為の記録は、朝鮮李朝の『経国大典続録』にみられ、松浦、壱岐、対馬、五島に根拠を置く海賊が高麗朝期に朝鮮半島を侵したことを伝えている。

しかし、松浦党にとって最大の関心事は、対外貿易、とりわけ中国、朝鮮とのそれであった。大宰大弐時代の平清盛の傍らにあって、大宰府における宋貿易に携わって以来、松浦党は対外貿易のうま味をよく知っていた。したがって、取引が事なく行われているかぎり、あえて力に訴え、海賊行為に及ぶ必要はない。むしろ、暴力に頼った取引では経常的利益は望めない。武力の行使や略奪は、おおむね取引の上でトラブルが発生したときに限られた。中国の史書『江南経略』が、「倭と商は同じ人なり。市通ずれば倭転じて商となり、市禁ずれば、商転じて倭となる」と記しているのは、この間の事情を端的に物語るものにほかならない。事実、松浦党と朝鮮との貿易が盛んに行われていた一一世紀後半頃には倭寇活動は起こっておらず、朝鮮側が、資源の枯渇と産業の破綻を恐れて、貿易を途絶して以降、正常な取引手段を奪われた松浦党は倭寇化したのである。

東アジアの交易ネットワークに跋扈した「後期倭寇」の頭目の一人王直が、松浦隆信（道可）の招きにより、松浦家の賓客として館を構えた一六世紀後半の平戸には、中国名と日本名の両方を持ち、いずれの国の人間かさえ判然としない行動様式をとる者がひしめく一種の「国際社会」が現出していた。そもそも、松浦党と中国人との間には、通婚も決して珍しくないほどの深いつながりが存在した。例えば、一説に松浦氏の始祖といわれる松浦久の長男直は、平戸にいた宋船の中国人船頭の後家と再婚、その子を養子にしたというから、この養子松浦連は中国人または日中混血児ということになる。村井章介によれば、倭寇は、国籍や民族への帰属を越えたところに一体感を持つ「マージナルマン」としての人間集団である。彼らは、「倭服」を共通のいでたちとして身にまとい、共通言語としての「倭語」をあやつり、国家の境界を越えて往来した「市場交易」の担い手であった。「後期倭寇」が活躍した一六世紀中葉は、世界史においても大航海時代の幕が開き、ポルトガル人をはじめとするヨーロッパ人が盛んにアジアに進出し、伝統的なアジア人の域内海上交易に参加して行く時代であった。西海は、この新しい時代の潮流に緊密に結びつけられ、急速に発展した。王直の手引きによる一五五〇年のポルトガル船の来航にはじまり、幕府の「鎖国」政策の強化によってオランダ商館時代のおわる一六四一年まで、平戸が大いに繁栄し「西の都」と呼ばれたことはよく知られている。

また、近世の鎖国時代にあっても、アジア海域の交易ネットワークは跡絶えることはなかった。この海域では、〈薩摩―琉球―台湾―東南アジア・中国〉ルート、〈対馬―朝鮮―中国〉ルート、あるいは長崎出島貿易を通じて、実質的にかなり活発な通商・交流が行なわれていた。さらに、最近の研究では、こうした公式の貿易ルートに加えて、「抜け荷」と言われた密貿易も、江戸時代後期には随処で行われていたことも明らかにされている。

三　西海の近代と二一世紀の展望

近代に入ってからの日本と東・東南アジアとの関係、ヒトとモノの移動も、その初期においては、このようにアジアの海域世界に形成されていた伝統的交易ネットワークと深い関わりを持って開始されたといってよい。伝統的な「交易・交流の海」としての東アジア海域を開国後に最初に渡って行った人々は、主として天草・島原出身の「からゆきさん」と呼ばれた出稼ぎ娼婦たちである。また、近代初期における日本の対アジア貿易の端緒も、アジア海域世界の地縁・血縁による商業ネットワークを利用し、旺盛な経済活動を行っていた華僑たちによって開かれた。

しかし、明治以降に成立した近代国民国家としての日本は、一方では、西海を辺境として国境の内に取り込み、アジア海域を渡って行く「からゆきさん」を「密航婦」として国家の統制の下に置こうとした。中世倭寇の跳梁や近世密貿易の横行を許してきた、この地域における支配の空隙は、西欧からもたらされた国家の論理によって充填されたのである。このとき、古代律令国家が陸の大道を軸に日本列島の交通体系を制度化することによって作り出した行政単位としての「西海道」は、その意図に沿うものとしてはじめて完成されたといえるかもしれない。

だが、民族国家、主権国家、領土国家の三位一体性を特徴とする国民国家とは、近代のヨーロッパにのみ典型的に成立しえた特殊な概念にすぎない。これに反して、西海の海人が棲息・活動していた海域は、国境をまたぐ「国家的ないし民族的な帰属のあいまいな」境界地域であって、ヒトとモノが頻繁に行き交う自然的生活圏であった。そのような外部経済性と文化的類縁性こそが生活圏としての「地域」の基礎条件であってみれば、政治的国境は「地域」を画するものとして必ずしも適切ではない。にもかかわらず、明治国家は、この海域に西欧の帝国主義が押し寄せてきた時代のやむをえざる選択だったとはいえ、国境を確定し、海人の生活文化圏であり経済地域であった西海までをも、西欧流の国民国家の論理で律しようとしたのである。近代日本の国家の論理は、それが国内で貫徹されるにとどまらなかった。この論理はさらに拡張・肥大化され、アジアへの「帝国意識」として噴出した。

しかしながら、それから一世紀半が経過したいま、二一世紀を迎えた現代世界には、経済のボーダーレス化の進行とEUをはじめ国家を越えた地域主義の胎動がみられる。アジアもその例外ではない。そのような動きのなかで、われわれは再び地域と国家との関係を考え直す必要に迫られている。たしかに、国境を越えて動くモノ、カネ、ヒト、情報の中で、「家族や生活を抱え、生れた地域への愛着や文化的こだわり」を持つヒトの可動性が他の三者に比べて低いことを考えれば、主権国家の重要性がそう簡単に失われるとは思われない。だが、現在のアジアにおける経済の成長力と相互依存性の深化を背景にした地域主義のうねりは、後戻りさせることのできない歴史的潮流であることは否定できまい。とすれば、「国境を意識したうえで、国境をこえたクロスボーダー・ネットワークをどう作るか」ということが、これからの現実的課題になることはほぼ間違いのないところであろう。また、文化や外部経済性に基礎を置く「地域」が復権し、近代国民国家の論理を凌駕するようになれば、日本列島の「中心―周辺」関係にも変化が生じるかもしれない。そのとき、古代律令制国家および明治国家によって西の辺境に位置づけられた西海が、中世・近世にそうであったように、再び経済・文化活動の最前線に躍り出て、新たな中心の一つになる可能性もないとは断言できない。しかし、それは、日本がかつての「交流の海」、「共生の海」へ回帰していくことを意味することになるのか、それとも、再び勢力圏としてのアジア太平洋への「帝国意識」を甦らせることになるのか。予断を許さない。

15　ロシアにおけるアジア

【一九世紀における「アジア」概念】

鈴木健夫

ドストエフスキーは、死後三日目に公表された『作家の日記』最終号（一八八一年）において、「アジアは我々にとってそもそも何であるか」という一文を書いた。それは、勝田吉太郎『近代ロシヤ政治思想史』に述べられているように、露土戦争後のロシアの中央アジア征服に歓喜する文豪（五九歳）が自国の将来をアジアに見ようとした「政治的遺言状」であった。

ロシアは、ヨーロッパとアジアに跨っている。ロシア人は、ヨーロッパではアジア人とみられ、アジアではヨーロッパ人である。このロシア人は、自らのすべてを注ぎ込んだヨーロッパからは仲間と認められず、アジアにおいてこそ文明普及者としての使命をもつ。そのためには、「まず手始めとして、二本の鉄道を敷設すればよい。一本はシベリアへ、他は中央アジアへ」。アジアは、ロシア人にとっては、発見される前のアメリカと同じであり、アジアに力を注げばロシア人の精神は高揚し、力が復活してくる。「未来において、アジアは我が国の救いであり、そこに我々の富が蔵せられ、そこに我々の大洋がある。ヨーロッパではただ土地が狭いというだけの理由で、彼ら自身の嫌悪する屈辱的な共産主義が、必然的に発生してくるであろう」。

このように説くドストエフスキーは、同時に、「コンスタンチノープルは我が国のものたるべし」と主張しており、彼のアジア主義はロシアの世界制覇という議論の一環であったと言えようが、その際の「アジア」は、実際には何処を指していたのであろうか。

* * *

このドストエフスキーの「政治的遺言状」より二〇年ほど前、社会主義社会を目指した革命思想家チェルヌィシェフスキーは、農奴解放前夜の一八五九年、論文「迷信と論理の法則」を書き、ロシア社会における「アジアートストヴォ」を厳しく批判した。「アジアートストヴォ」とは、アジア的性格、アジア的秩序あるいはアジア的制度と訳されようが、それは、まさしくツァーリ専制を意味していた。

農奴解放に際して伝統的な農村共同体（ミール）を廃止すべきか否かの議論が激しくなるなかで、チェルヌィシェフスキーは、共同体の存置を強く主張した。共同体は、廃止論者の言うように農業停滞の原因ではない。それどころか、未来の社会主義社会の基盤になり得る。しかし、それには、社会革命が必要であった。農業停滞の真の原因である農奴制を廃止するだけでなく、国民生活を仮死状態にしている「アジアートストヴォ」を変革しなければならない。

「アジアートストヴォ」にあっては、「いかなる法秩序もいかなる権利の不可侵性も存在せず、人格も労働も所有も専横から守られていない。法律はまったく無力である。法律に依拠することは破滅を意味する。そこではもっぱら強圧が支配している」。このチェルヌィシェフスキーの言う「アジアートストヴォ」の特徴は、同僚ドブロリューボフの『闇の王国』で論及される「サモドゥールストヴォ」（暴君的行為、ツァーリ専制の隠喩）――ドブロリューボフが高く批評した劇作家オストロフスキーの造語「サモドゥル」（頑迷固陋の分らず屋）に由来――であり、最強者の際限ない「サモドゥールストヴォ」の下で、人々は追従・従順・卑屈を強いられる。

ところで、この非難すべき「アジアートストヴォ」の本拠「アジア」は具体的には何処を指していたのであろうか。チェルヌィシェフスキーは、「アジアートストヴォ」について論及する段において、「ヨーロッパ・トルコはヨーロッパに位置しながら本質的にアジア国家である」と述べ、また、それに続いてアナトリア、シリア、メソポタミア、ペルシア、カブール、ブハラ、ヒワ、コーカンドといった地名が挙げられるが、その他に、自ら特別に、次のように注記している。「ここで〃アジア〃というのは、地理学的にこの名称で知られている地域全体ではなく、昔からわが国民がよく知っており、そしてアジアートストヴォについて知ることのできる地域のみを指す。すなわち、中国より西に、そしてインドより北にある国々であり、アジアのとくにイスラム地域である。法律が手薄ゆえに慣習が強固になっている中国は視野の外におかれ、トルコ、ペルシア、ヒワそしてコーカンドに類似した国々だけが考慮されている」。

* * *

もとより、ロシア精神史において「西」と「東」の問題は重大であり、その「東」に「アジア」がどのように意識されたかは、ドストエフスキーやチェルヌィシェフスキーだけでなく、自国の運命について議論したあらゆるロシア知識人（インチェリゲンツィヤ）の思想自体にかかわっていたと言えるかもしれない。先の勝田氏の研究によれば、右の二人より以前にすでに、ニコライ一世から「狂人」と宣告されることになるチャアダーエフは、一八三〇年前後に書いた『哲学的書簡』のなかで、ロシアのアジア的停滞性の原因をビザンチン主義（皇帝教皇主義・専制）に求め、その排斥を要求した。西欧派の文芸評論家ベリンスキーは、一八四〇年代末のある書簡のなかで、ピョートル大帝による西欧化以前に存在した「シナ・ビザンチン式君主主義」を指摘し、同時代の「厭うべきロシアの現実」を「物質的、動物的生活のシナ王国」と形容した。ここには、彼のアジア認識を垣間見ることができよう。他方、後年、特異な保守的思想家レオンチェフは、中国の軍事力とヨーロッパの共和主義とに挟撃されることになるロシアの未来を悲観的に想定しつつ、また、晩年は君主主義的社会主義になるロシアの未来を予測しつつ、チャアダーエフとはまったく逆に、ロシア救済の原理をビザンチン主義に見出した。レオンチェフは、加えて、ロシアは「東方の異種族や人種的孤児、アジアのイスラム教徒」を援助すべきであり、また、ロシアは、有害な西欧文明（個人主義・平等主義）を凌駕することによって、始まったばかりの中国人や日本人の西欧模倣を短期に終息させる先例となるべきだ、と主張した。そして、このころ、「東方派」（ヴォストーチニキ）が台頭する。ニコライ皇太子の極東旅行にも随行したウフトムスキーは、ロシアはアジアの一部であり、アジアの人々は「血の点でも、伝統の点でも思想の点でも」ロシアのものである、とさえ述べ、探険家プルジェヴァルスキーは、蒙古人などの「貧しいアジア人たち」はロシアの権力の進出を待望している、と主張した。

加えて、マルクスの「アジア的生産様式」概念がロシアに導入され、マルクス主義者プレハーノフは、田中真晴『ロシア経済思想史研究』によれば、それを東洋的専制主義と同義とし、その視角からロシア社会史論を展開した。レーニンは、彼が「アジア的生産様式」という概念をどのように評価したかの問題は別にして、「アジア的性格」という用語を「後進性、緩慢なテンポの発展」と同義としてしばしば使用している（福富正美編訳『アジア的生産様式論争の復活』）。

ここでも、それぞれの知識人が「アジア」概念によって空間的・時間的に何を具体的に意味づけようとしたのかが、より厳密に問われよう。

＊　＊　＊

一八世紀初頭にモスクワで出版された地理書（『地理学、すなわち地球に関する短い記述』一七一〇年）には世界の四大地域として「ヨーロッパ、アジア、アフリカ、アメリカ」が挙げられており、いうまでもなく、ロシアにおいて、地理的アジアについて、概念の明確さはともかくとして、その認識は古くからあったと考えられる。そして、なによりも、現実のロシアの歴史がアジアとの深い関わりをもった。

ビザンチン帝国のギリシア正教を国教としたキエフ・ロシアはアジア系遊牧民族との抗争を繰り返し、そして、なによりも、ロシアの国土は、約二五〇年間のモンゴルの支配（タタールのくびき）の歴史をもつ。「第三のローマ」として専制体制を確立したモスクワ・ロシアは、ヴォルガ流域のカザン・ハン国とアストラハン・ハン国を占領し、シベリア征服を遂行した。そして、南下政策・東方政策を推し進めるピョートル大帝以降のロシア帝国は、幾度かオスマン帝国と戦火を交え、一九世紀にはカフカース、中央アジアをその版図に編入、社会主義ソ連もそのアジアの領土を引き継いだ。日本との間でも、文化交流、戦争等々、関係は深い。その間、本書で高橋周氏が取り上げている物産だけに言及するならば、テン皮を求めてシベリアへ向かったロシア人は、一八世紀にはラッコ皮を求めてベーリング海の島々にまで達し、四〇を超える会社――一七九九年に国策の「露米会社」に統合――を組織し、主として中国（キャフタ経由）向けに、後にはアメリカ向けにも、大量のラッコ皮取引を行なった。「露米会社」によるラッコ、海狸などの獣皮の交易は、アメリカやイギリスの会社との競争が激しくなるなかでも一九世紀中葉までは続けられ、ロシアは、いわば、「アジア太平洋経済圏」の経済活動に参加していたとも言えよう。

しかし、地理的アジアとの関わりとは別に、先に見てきたように、一九世紀ロシアの知識人の抱いた「アジア」概念は複雑である。一般的には広く「アジア的」と言えば、ロシア人にあってもヨーロッパ人にとってと同様、「野蛮」をも意味したが、本小論で何度か問いかけたように、ロシアの知識人それぞれがイメージした「アジア」は具体的に何処を指していたのであろうか。そうした問いかけについては、ロシアから離れるが、マルクスの「アジア的生産様式」概念にたいして、かつてヴァルガが「マルクスがこの概念を適用したのはアジア全体にたいしてではなく、降水量が農業生産にとって十分ではなかった諸地方にのみである」と問題提起したことも、想起されよう（福富正美編訳前掲書）。

ロシア人の、あるいはヨーロッパ人の「アジア」概念をロシア中心主義・ヨーロッパ中心主義あるいはオリエンタリズムとして批判することは、サイード『オリエンタリズム』やサーヘリー『ロシアのオリエンタリズム』といった研究があらわれたいまとなっては、さほど困難ではないかもしれない。しかし、そうした色彩を帯びた彼らの「アジア」概念それ自体が彼らの歴史を物語っているのであり、さらには、彼らの「アジア」概念の内容をさらに厳密に見極めることによって、それを新たな学問的営為に活用できるかもしれない。そして、なによりも、我々は、「アジア」概念の空間と時間をより厳密に設定しつつ議論していくことによって、実りある学問的成果を得ることができよう。門外漢が愚考するところである。

あとがき

本書の領域は「アジア経済史」というべきであろう。経済史の新しい領域である。大学の講義では「西洋経済史」「日本経済史」を主要科目、「東洋経済史」を特殊科目とするのが慣例である。しかし近年、いくつかの有力大学で「アジア経済史」が新設されている。十年余り前に大阪市立大学で新設されたのを皮切りに、早稲田でも慶応でも西洋経済史、日本経済史と並ぶ主要科目として設置されている。

だが、どの大学でも担当教授がまだ『アジア経済史』と銘打った教科書を著していない。対象をどう絞り、どういう方法論に立つのか、的を絞り切れていないというのが本音であろう。共通しているのは日本とアジアとをあわせて論じること、太平洋（アメリカ）や西洋などとの地域間関係に目を配るといったことである。なかでも日本を「アジアの中の日本」という時空でとらえる姿勢が際立っている。イギリス人、フランス人、ドイツ人などは「ヨーロッパ」という地域に立脚して自国を認識し世界を把握してきた。同様に、われわれはさしあたって「アジア」という地域に立脚した地域間関係の中で自国を認識し世界を把握する試みを始めている。西洋史をモデルとして「後進日本」「低開発アジア」をとらえていた経済史研究はわれわれにとっては今や昔話である。

本書に寄稿された本野英一氏は早稲田大学政治経済学部で「アジア経済史」を講じる気鋭の教授である。本野氏と同じく、新分野の開拓に従事するわれわれの研究に、本野氏の同僚として「西洋経済史」を講じられる鈴木健夫教授、「日本経済史」を講じられる清水元教授がコメントを寄せて下さった。何よりの激励である。本野氏、鈴木氏、清水氏に心から感謝申し上げる。

執筆者の多くはかつて早大の同じ研究室で切瑳琢磨した同学の士である。また、国際日本文化研究センター(日文研)での共同研究「大英帝国・英連邦の比較文明論的研究」の研究仲間でもある。日文研のスタッフ諸氏には、この場を借りて、厚く御礼を申し上げる。

われわれは先にフランク『リオリエント』(藤原書店、二〇〇〇年)が邦訳出版された機会をとらえ、同様の問題意識を共有する若手の学者とともに『グローバル・ヒストリーに向けて』(藤原書店、二〇〇二年)を世に問うた。これが縁で本書を世に送れるのである。

というのも、本書の原型は一九九九年五月に京都大学で開催された社会経済史学会の年次大会での共同報告であったが、陽の目を見ないままでいた。ところが『グローバル・ヒストリーに向けて』の基になったシンポジウムに集まった本書執筆陣を間近にした藤原良雄氏はその実力と学問の意義をたちどころに認められた。そして、松島泰勝『沖縄島嶼経済史』、三田剛史『甦る河上肇』など、若手研究者の関連研究書を世に出す努力を惜しまれなかった。本書もその一環である。感謝の言葉もない。藤原氏に対してとともに、辛抱強く本書の編集に当たって下さった刈屋琢氏に対し、執筆者一同を代表して、深甚の謝意を表する。

川勝平太

二〇〇三年春

執筆者紹介

島田竜登(しまだ・りゅうと)　1972年生。早稲田大学大学院経済学研究科博士後期課程在籍中。国際経済史。論文「19世紀における日本の銅貿易と東アジア」(『明治維新とアジア』2001)他。

高橋周(たかはし・ちかし)　1971年生。早稲田大学大学院経済学研究科博士後期課程在籍。大東文化大学・武蔵野女子大学非常勤講師。日本経済史。論文「蝦夷地直轄政策にみる幕吏の『日本経済』観」(『日本経済思想史研究』2号)他。

金子晋右(かねこ・しんすけ)　1970年生。県立広島女子大学大学院非常勤講師。近代日本・アジア経済史。論文「戦前期の世界生糸市場を巡るアジア間競争——インドの蚕糸業と輸入生糸市場を中心に」(『アジア研究』第48巻第2号,2002)他。

辻智佐子(つじ・ちさこ)　1970年生。城西大学経済学部非常勤講師。日本経済史。論文「明治初期における米綿移植の挫折」(『社会経済史学』第66巻4号)他。

久米高史(くめ・たかし)　1967年生。東京大学大学院経済学研究科博士課程修了。東京大学東洋文化研究所研究機関研究員。近現代日本経済史・アジア経済史。論文「幕末維新期の『外圧』と和泉木綿」(『日本研究』第25集,国際日本文化研究センター,2002)他。

四方田雅史(よもだ・まさふみ)　1972年生。早稲田大学大学院経済学研究科博士後期課程満期退学。日本学術振興会特別研究員。日本経済史。論文「1930年代における神戸・横浜の外商と世界市場」(『アジア研究』第46巻第3・4合併号)他。

中村宗悦(なかむら・むねよし)　1961年生。大東文化大学経済学部助教授。日本経済史・日本経済思想史。共著『戦前期日本の貿易と組織間関係』(新評論,1996)他。

宮田敏之(みやた・としゆき)　1963年生。天理大学国際文化学部助教授。タイ社会経済史。論文「戦前期タイ米経済の発展」(『岩波講座東南アジア史６』2001)他。

松島泰勝(まつしま・やすかつ)　1963年生。在パラオ日本大使館専門調査員を経て,東海大学海洋学部助教授。アジア太平洋経済史。著書『沖縄島嶼経済史——12世紀から現在まで』(藤原書店,2002)他。

武藤秀太郎(むとう・しゅうたろう)　1974年生。総合研究大学院大学文化科学研究科国際日本研究専攻博士課程在籍。日本経済思想史。

三田剛史(みた・たけし)　1971年生。日本学術振興会特別研究員。経済思想史。著書『甦る河上肇——近代中国の知の源泉』(藤原書店,2003)論文「中国におけるウォーラーステイン」(『グローバル・ヒストリーに向けて』藤原書店,2002)他。

本野英一(もとの・えいいち)　1955年生。早稲田大学政治経済学部教授。アジア経済史・中国近代史。著書Conflict and Cooperation in Sino-British Business, 1860-1911 (Macmillan/St.Antony's series 2000)他。

ボアチ・ウリケル(Bahadir Bogac Ulker)　1973年生。総合研究大学院大学文化科学研究科国際日本研究専攻博士課程在籍。日本外交史・オスマン帝国外交史の比較。論文 "The Tokugawa Japan and the British School: Within or Outside International System?"他。

清水元(しみず・はじめ)　1941年生。早稲田大学政治経済学部教授。日本経済史,日本・東南アジア関係史。著書『アジア海人の思想と行動』(ＮＴＴ出版)他。

鈴木健夫(すずき・たけお)　1943年生。早稲田大学政治経済学部教授。ロシア社会経済史。著書『帝政ロシアの共同体と農民』(早稲田大学出版部)『近代ヨーロッパの情熱と苦悩』(共著,中央公論新社)他。

編　者

川勝平太（かわかつ・へいた）

1948年生。国際日本文化研究センター教授，元早稲田大学教授。比較経済史。著書に『海洋連邦論』（ＰＨＰ研究所）『文明の海洋史観』（中央公論新社）『海から見た歴史』『グローバル・ヒストリーに向けて』（編著）『アジア交易圏と日本工業化』（共編著）『新しい「日本のかたち」』（共著，以上藤原書店）ほか多数。

アジア太平洋経済圏史《たいへいようけいざいけんし》　1500–2000

2003年5月30日　初版第１刷発行©

編　者　川　勝　平　太

発行者　藤　原　良　雄

発行所　株式会社　藤　原　書　店

〒162-0041　東京都新宿区早稲田鶴巻町523
電　話　03（5272）0301
ＦＡＸ　03（5272）0450
振　替　00160-4-17013

印刷・製本　モリモト印刷

落丁本・乱丁本はお取替えいたします
定価はカバーに表示してあります

Printed in Japan
ISBN4-89434-339-8